신토익 출제경향 100% 반영한
새 토익에 맞는 NEW 공부법

키 新 토익
RC PART 7

DAILY
TRAINING
BOOK

언제나 답은 영어다

토익 전면 개정 소식에 많은 사람들이 불안해 하고 있습니다. 그 이유는 첫째, 시험이 더 어려워질 것이라는 예상과, 둘째, 그동안 공부해왔던 교재에 없는 새로운 문제 유형 탓에 토익 공부를 처음부터 새로 해야 하는 것은 아닌가 하는 걱정 때문일 것입니다.

하지만 新토익은 문제 유형이 변수가 되는 시험이 아니라, 기초부터 탄탄히 다져진 영어 실력이 관건이 되는 또 하나의 '영어 시험'입니다. **토익이 바뀌어도 변하지 않는 핵심은 단연 '영어를 공부하는 방법'입니다.**

EFL(English as a Foreign Language) 환경에서의 영어 학습을 위한 효율적인 방법을 오랫동안 연구해 온 키출판사는 그간의 노하우를 바탕으로 가장 효과적인 '영어 학습법'에 초점을 맞춘 교재를 기획했습니다.
이 교재는 어휘와 구문으로 기본기를 다지고 생각하며 읽는 습관을 통해 빠른 시간 내에 정확하게 읽고 이를 기반으로 체계적으로 문제를 푸는 연습을 할 수 있도록 합니다.

新토익을 준비하는 정답은, 결국 영어입니다.
키출판사 키 영어학습방법연구소만의 영어 학습법으로 이제 토익이라는 허들을 뛰어넘으십시오. 생각했던 것보다 쉽게 뛰어넘을 수 있게 된 것을 깨닫고 깜짝 놀랄 것입니다.

왜 '어휘 & 구문' 학습인가?

다음 이메일을 읽고 해석해 보세요.

> To: All staff
> From: Gregor Samsonov
> Re: Acquisition by HugeCorp
>
> As many of you have probably already heard, our firm, Sysinter, will be acquired by HugeCorp as the result of a recently negotiated deal between two companies. This will result in a period of difficult transition as we all learn to adapt to new policies and expectations. However, Bruce Norris, the CEO of HugeCorp, has personally assured me that all staff currently on payroll will be retained. After all, we have been acquired precisely because our team works so well together and does its job so well. In fact, entry-level employees will likely see an eventual increase in benefits. HugeCorp has appointed Pauline Redding to act as an interim division director to oversee the transition, and to make adapting to HugeCorp's existing business model as painless as possible for us. I expect that you will all give her your full cooperation as we begin this new phase of our corporate existence. HugeCorp is especially keen to make sure everything goes smoothly given the amount of media attention that will likely focus on us once the details of our deal become public.
>
> Sincerely,
> Gregor Samsonov

지문의 대략 몇 %를 이해했나요? _____ %

시간은 얼마나 걸렸나요? ____ 분 ____ 초

왜 '어휘 & 구문' 학습인가?

지문의 주요 어휘와 구문을 살펴보세요.

Acquisition 인수 합병
negotiated 협상하다
transition 이행, 과도
adapt 적응하다
expectations 기대
currently 현재, 지금
retained 유지하다
appointed 임명하다
division 부서
oversee 감독하다
cooperation 협조
phase 단계
corporate 기업의
goes smoothly 순조롭게 진행되다
focus on ~에 집중하다

다시 한 번, 같은 이메일을 읽고 의미를 파악해 보세요.

지문의 대략 몇 %를 이해했나요?　　　_____%
시간은 얼마나 걸렸나요?　　　____분 ____초

어휘와 구문의 기본기를 갖춘 상태에서 독해를 하면 더 빠르고, 정확한 독해가 가능해집니다.
이것이 어휘와 구문에 주목해야 하는 이유입니다.
더욱 그 중요도가 높아진 **Part 7**에서 어휘와 구문으로 독해의 기본을 탄탄히 하고, 이를 기반으로 체계적으로 독해를 하는 연습을 시작하세요.

교재의 특징과 활용법

1. Before the Step으로 주제별 빈출 어휘 학습

입사부터 여가 생활까지 주제별로 구성하여 어휘와 구문을 스토리 흐름에 따라 자연스럽게 학습할 수 있습니다. 해당 주제의 빈출 어휘를 학습하고 이 어휘들로 이루어진 지문을 읽고 해석하면서 문제 풀이를 할 준비를 하는 단계입니다.

2. Step 1 지문의 주요 어휘와 구문 학습
Step 2 실제 토익 문제 풀어보기

Step 1에서는 해당 주제의 어휘와 구문을 학습합니다. Step 2는 Step 1에서 학습한 어휘와 구문을 바탕으로 실제 토익 문제를 푸는 단계입니다. 어휘와 구문이라는 기본기를 갖추고 나면 어떤 유형의 지문도 쉽게 해석하고 풀 수 있습니다.

KEY 01 — 입사 지원서

STEP 1 어휘와 구문 — 지문의 주요 어휘들을 살펴보고 그 어휘를 활용하여 구문을 완성해 보세요.

어휘	뜻	구문	해석
apply	통 지원하다	write to _apply_	지원하기 위해 쓰다
editorial	형 편집의	apply for the _____ position	편집직에 지원하다
post	통 게시하다	_____ on website	웹사이트에 게시하다
attach	통 첨부하다	_____ your cover letter	귀하의 자기소개서를 첨부하세요
application	명 지원	a job _____	구직

STEP 2 주제별 예제

Questions 1-2 refer to the following e-mail.   난이도 ★★☆

To: kundson@yrhealth.com
From: michael@super.com
Date: November 26, 2015
Re: Editorial position

Dear Mr. Kundson,

I am writing to apply for the editorial position, which I saw posted on JobFindAsia.com. As requested, I've attached a completed job application, certification, and references from associates.

I have several qualifications that entitle me to be considered as a qualified applicant for

교재의 특징과 활용법

③ Step 3 해석과 정답 확인

해석을 읽으면서 함께 표시되어 있는 주요 구문을 다시 한 번 복습하는 단계입니다. 정답 근거 문장 확인으로 문제 풀이까지 점검해 보고, 문제를 맞았더라도 정답 근거 문장을 제대로 찾지 못했다면 다시 풀어보아야 합니다. 정답과 해설 코너에서는 문제를 체계적으로 푸는 방법을 확인할 수 있습니다.

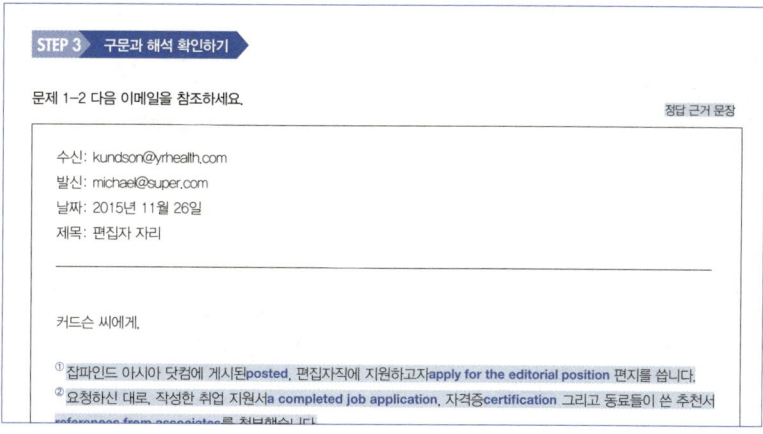

④ One more Step으로 주제별 어휘 확장

해당 주제의 주요 어휘들을 유의어 및 관련 어휘들과 함께 학습할 수 있도록 그래픽으로 제시하고 있습니다. 학습한 어휘들을 Short Quiz로 점검하여 본인의 어휘 실력을 한 단계 더 발전시킬 수 있습니다.

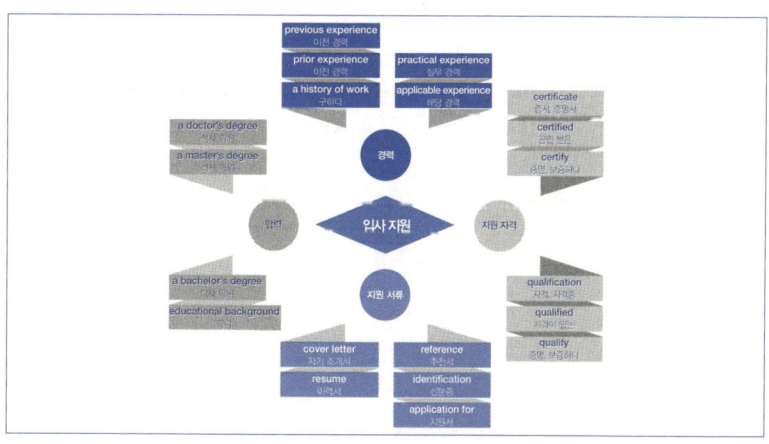

PART 7 목차

UNIT 1
사회인이 되기 위한 첫걸음
채용 공고

KEY 01 입사 지원서   36
KEY 02 면접 결과 기다리기   40
KEY 03 채용 공고, 지원 & 면접   44

UNIT 2
회사 생활의 시작
신입사원 OT

KEY 04 고용 계약서   54
KEY 05 인사 이동   58
KEY 06 새 부서장 안내 & 공지   62

UNIT 3
진짜 업무란 이런 것
회의록

KEY 07 안내 편지   72
KEY 08 보고서 피드백   76
KEY 09 항의, 웹 채팅 & 대책   80

Practice Test 1
신유형 집중 탐구

회의 일정 변경   87
정보 요청 & 답장   88
채용 공고, 지원서 & 불합격 통보   90
사직서   92

UNIT 4
능력을 발휘할 순간
계약서

KEY 10 기업의 인수와 합병   96
KEY 11 박람회 초대장   100
KEY 12 회의록 & 이메일   104

UNIT 5
성공을 위한 필수 과정
신제품 출시

KEY 13 홈페이지   114
KEY 14 기업의 성공 요인   118
KEY 15 컨설팅 광고, 의뢰 & 가격표   122

UNIT 6
끊임없는 연구와 개발

연구 제안서

KEY 16 학회 프로그램	132
KEY 17 새로운 기술 개발	136
KEY 18 최신 제품 광고 & 리뷰	140

Practice Test 2
신유형 집중 탐구

불참자에게 회의 내용 전달	147
자동차 비교 & 리뷰	148
업무 지시, 안내문 & 쿠폰	150
특정 인물을 소개하는 기사	152

UNIT 7
비용의 지불과 청구

사내 공지

KEY 19 연체 알림과 독촉	156
KEY 20 송장	160
KEY 21 광고, 제품 주문서 & 항의	164

UNIT 8
건물과 시설 유지

랜드마크

KEY 22 보수 공사 알림	174
KEY 23 도시 계획에 대한 항의	178
KEY 24 입찰 공고 & 건축 제안서	182

UNIT 9
휴식도 필요한 법

별장 광고

KEY 25 사내 스포츠 팀 창단	192
KEY 26 공연 단체 관람	196
KEY 27 여행 광고, 안내 & 신청서	200

Practice Test 3
신유형 집중 탐구

호텔 재개장 공지	207
도서 연체 알림 & 반납	208
뮤지컬 정보, 기사 & 초대	210
재고 조사표	212

Actual Test

215

新토익이란?

TOEIC은 Test Of English for International Communication (국제 의사소통을 위한 영어 시험)의 약자로, 영어가 모국어가 아닌 학습자를 대상으로 일상생활 또는 비즈니스 상황에서 필요한 실용영어 능력을 평가하는 시험으로 2016년 5월 29일 정기시험부터 일부 문항이 업데이트되어 시행됩니다.

1. 新TOEIC 시험 구성

토익은 총 200문제로 구성되어 있으며, Listening Comprehension 100문제, Reading Comprehension 100문제로 구성되어 있습니다.

영역	파트	문제 유형	문항수		시간	점수
Listening Comprehension	Part 1	사진 묘사	6	100	45분	495점
	Part 2	질문-대답	25			
	Part 3	짧은 대화	39			
	Part 4	설명문	30			
Reading Comprehension	Part 5	단문 공란 채우기	30	100	75분	495점
	Part 6	장문 공란 채우기	16			
	Part 7	단일 지문	29			
		복수 지문	25			
Total				200문제	120분	990점

∗ 총 문항 수와 문제 풀이 시간, 점수는 이전 토익과 그대로이지만 파트별 구성이 변경되었습니다.

2. 출제 범위 및 주제

구분	상세
전문적인 비즈니스	계약, 협상, 마케팅, 세일즈, 비즈니스 계획, 회의
제조	공장 관리, 조립라인, 품질관리
금융과 예산	은행, 투자, 세금, 회계, 청구
개발	연구, 제품개발
사무실	임원회의, 위원회의, 편지, 메모, 전화, 팩스, **E-mail**, 사무 장비와 가구
인사	구인, 채용, 퇴직, 급여, 승진, 취업 지원과 자기소개
주택 / 기업 부동산	건축, 설계서, 구입과 임대, 전기와 가스 서비스
여행	기차, 비행기, 택시, 버스, 배, 유람선, 티켓, 일정, 역과 공항 안내, 자동차 렌트, 호텔, 예약, 연기와 취소

3. Part 7 어떻게, 얼마나 바뀌었나?

기존 토익 ➡ 新토익

단일 지문 — 총 28문항
- 9개의 단일 지문
- 지문 당 2 ~ 5개 문제 출제

단일 지문 — 총 29문항
- 10개의 단일 지문
- 지문 당 2 ~ 4개 문제 출제

이중 지문 — 총 20문항
- 4개의 이중 지문
- 지문 당 5문제 출제

이중 지문+삼중 지문 — 총 25문항
- 2개의 이중 지문
- 3개의 삼중 지문
- 지문 당 5문제 출제

(1) 문제 수의 증가
단문에서 빈칸을 채우는 Part 5의 비중이 줄어든 반면 지문이 주어지는 Part 6과 7의 비중이 늘어났습니다. 읽어야 할 지문의 길이가 길어진 것과 동시에 Part 7의 총 문항 수가 48문항에서 54문항으로 증가하였습니다. 제한 시간이 그대로인 것을 고려했을 때 시간 관리의 중요성, 그리고 정확하게 빨리 읽는 힘이 중요합니다. 이를 위해서는 결국 독해의 기본기인 어휘와 구문이 뒷받침되어야 합니다.

(2) 삼중 지문의 등장
수험자들이 가장 크게 느꼈을 변화는 삼중 지문의 등장입니다. 그러나 지문의 전체 길이가 유지된다는 원칙을 고려했을 때 각 지문의 길이가 짧아질 것임을 예측할 수 있습니다. 연계 문제의 경우, 기존과 다르게 세 지문 모두를 읽어야 풀 수 있거나 세 지문 중 두 지문을 읽어야 풀 수 있는 문제가 등장할 것이므로 지문간의 논리적 관계를 파악하는 전략적인 독해가 요구됩니다.

(3) 새로운 지문 유형의 등장
문자 메시지와 온라인 채팅이라는 새로운 유형의 지문이 등장할 예정입니다. 이 유형은 기존의 독해 지문보다 길이가 짧으므로 개별 문제의 난이도로 보자면 쉬운 유형의 문제가 될 것이므로 부담을 가질 필요는 없습니다. LC 영역의 스크립트를 읽는다는 느낌으로 접근해 보세요.

4. TOEIC 시험 준비 사항

- **시험 준비물:** 규정 신분증(주민등록증, 운전면허증, 기간 만료 전의 여권, 공무원증), 연필, 지우개, 손목시계(아날로그)
- **입실 시간:** 9:20am까지 입실(오전시간일 경우 / 9:50am 이후 절대 입실 불가)
- **성적 확인:** 시험일로부터 약 19일 후 온라인과 ARS로 성적 확인이 가능합니다.

Part 7 자세히 뜯어보기

1. Part 7 지시문

> **PART 7**
>
> **Directions:** In this part you will read a selection of texts, such as magazine and newspaper articles, letters, and advertisements. Each text is followed by several questions. Select the best answer for each question and mark the letter (A), (B), (C), or (D) on your answer sheet.

● Part 7의 시작에 앞서 만나게 될 지시문입니다. Part 7의 지시문은 간단합니다. 다양한 유형의 글을 읽고 지문 다음에 나오는 문제를 풀게 될 것이며, 4개의 보기 중에서 가장 적절한 1개를 고르는 것임을 알려주는 내용입니다.

2. 단일 지문 (single passage)

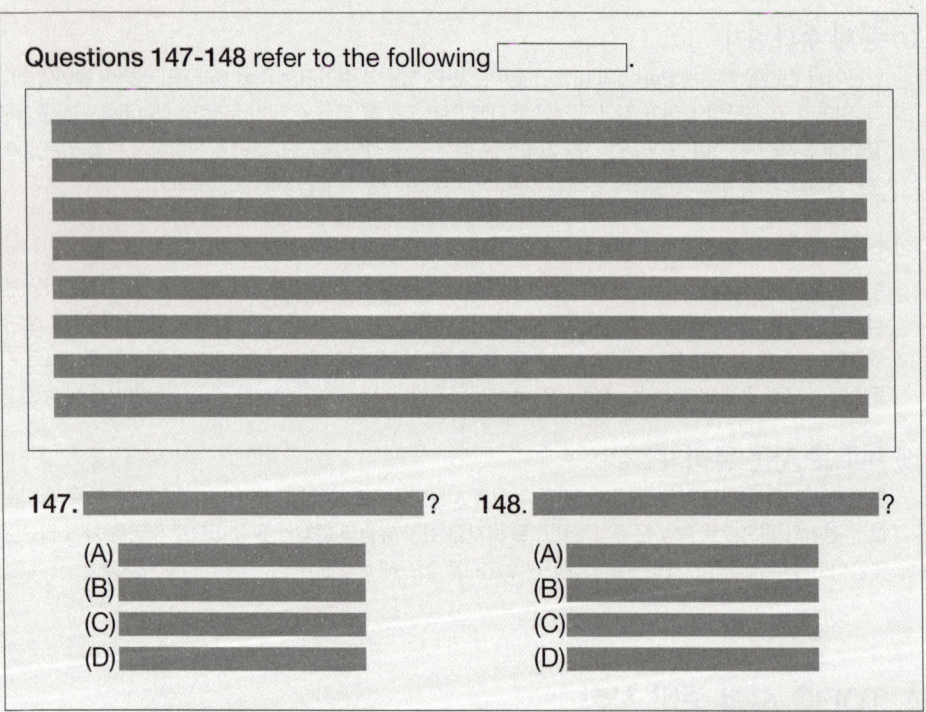

● 147번부터 Part 7 영역이 시작됩니다. 지시문의 빈칸을 통해 다음에 제시되는 지문이 어떤 유형인지 알 수 있습니다. 단일 지문은 총 10개의 지문이 출제되며 지문 1개에 2 ~ 4개의 문항이 출제됩니다.

● 10개 지문에서 총 29개의 문항이 출제됩니다. 이 구성이 어떻게 될 것인지에 대해서는 여러 예상이 있는데 2문항 지문 4세트, 3문항 지문 3세트, 4문항 지문 3세트가 출제될 수 있습니다. 또는 2문항 지문이 3세트, 3문항 지문이 5세트, 4문항 지문이 2세트 출제될 수도 있습니다.

3. 이중 지문(double passages)과 삼중 지문(triple passages)

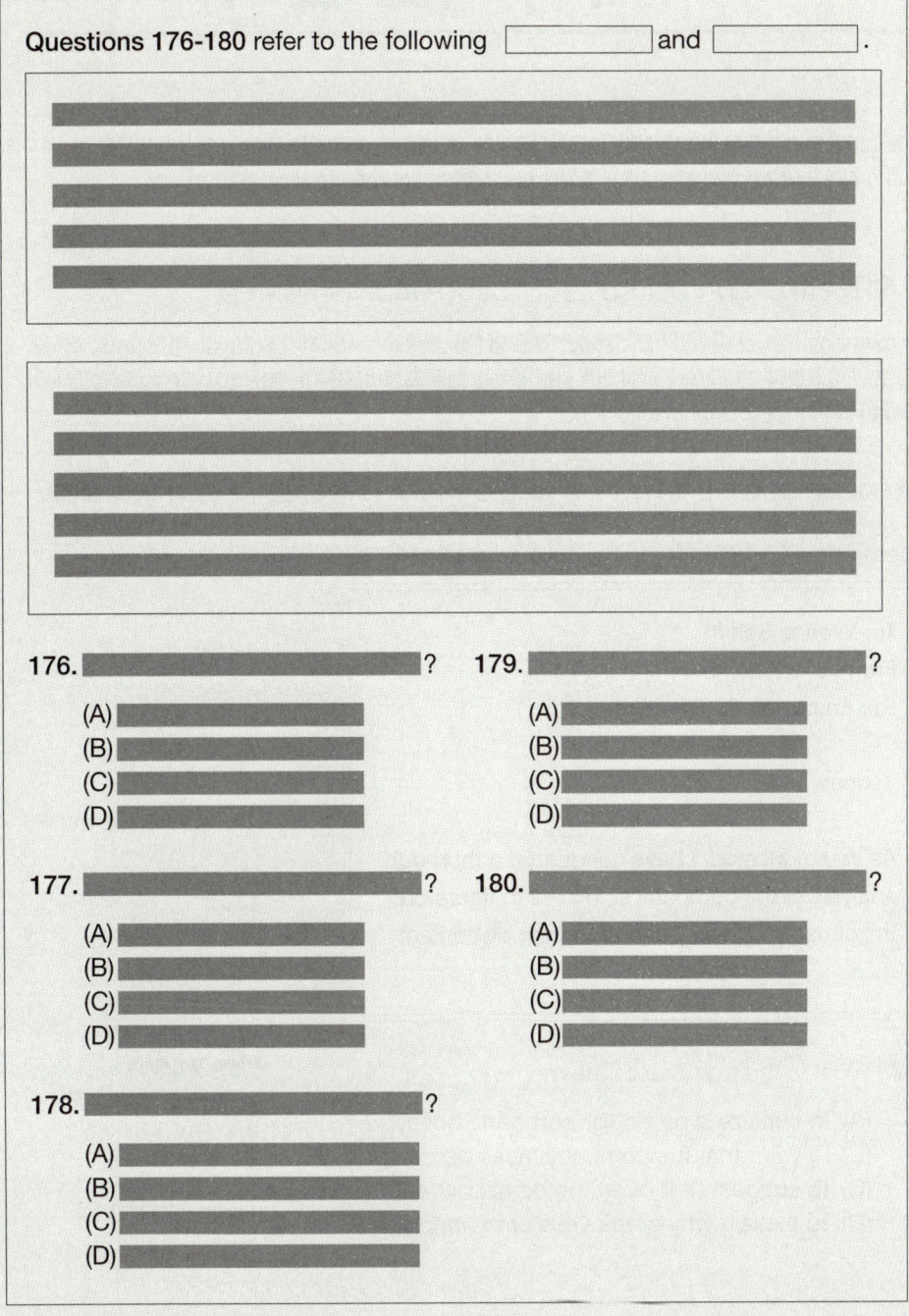

- 176번부터는 다중 지문 유형이 출제됩니다. 다중 지문 유형에는 연관된 지문이 두 개인 이중 지문이 있으며 시행되는 新토익에서 새롭게 추가된 유형인 삼중 지문이 있습니다. 이중 지문이 2세트, 삼중 지문이 3세트 출제될 예정입니다. 모든 다중 지문에는 5개 문항이 출제됩니다.

- 다중 지문의 문제가 단일 지문과 다른 점은 지문 1개가 아닌 여러 지문을 읽고 답해야 하는 '연계 문제'가 출제된다는 점입니다. 1세트의 지문에서 1개 이상 출제될 예정이므로 빠르고 정확한 독해 능력이 더욱 중요해졌습니다.

Part 7 독해의 기본 원리

新토익의 **Part 7** 독해 영역을 정복하기 위해 우리가 기억해야 할 기본 원칙들이 있습니다. 본문을 학습하기 전에 **Part 7**을 미리 접해보면서 동시에 토익 독해의 기본기를 학습해 보세요.

1. 재표현(paraphrasing) 원칙   정답은 다른 말로 바뀌어 나온다.

paraphrasing, 익숙한 어휘인가요? 영어는 같은 어휘를 반복해서 사용하지 않습니다. 마찬가지로 토익에서도 본문의 표현이 그대로 보기에서 반복되는 경우는 매우 드물며, 대부분 본문의 표현(phrase)을 유사하게(para) 바꾸어 표현(paraphrase)합니다.

● TOEIC Part 7의 지문과 문제를 보면서, 이 재표현 원칙이 어떻게 토익에 적용되고 있는지 확인해 보세요.

Questions 177-180 refer to the following e-mail.

> To: Yvonne Schiff
> From: Dirk Adams
> Re: Employee Satisfaction
>
> Yvonne,
>
> As you requested, I have conducted a thorough analysis of the company's policies to figure out the cause of our employees' recent discontent.
> ......

177. What is the purpose of the memo?

    (A) To criticize a particular company policy
    (B) To warn that the company faces hardship
    (C) To suggest that overtime be abolished
    (D) To explain why employees are unhappy

본문의 *discontent* (불만족)이라는 어휘가 문제의 보기에서는 *unhappy* (불만스러운)라는 다른 어휘로 표현되고 있는 것을 볼 수 있습니다.

그렇다면 어떤 전략으로 이 원칙에 대비해야 할까요?

Critical KEY

① paraphrasing이 사용된 예시를 일일이 암기하기 보다는 다양한 어휘를 구문과 함께 익히고 유의어도 함께 살펴봅니다. 본 교재의 **One more Step** 코너를 적극 활용해 보세요.
② 지문에서 반복된 어휘는 오답일 가능성이 높으므로 눈에 익다고 해서 답으로 고르기 보다 '의미'에 집중하세요.

2. 지문 속 정답 원칙   정답은 반드시 지문 속에 있다.

토익에만 해당하는 것이 아니라 모든 독해 영역에서 당연하면서도 중요한 원칙은 '정답은 지문 속에 있다'는 것입니다. 이 원칙은 매우 당연한 것 같지만 많은 학생들이 실수하는 부분입니다.

토익의 문제 유형 중에서 '추론', '진위 추론' 유형이라고 하는 것을 들어보신 적이 있나요? 사실, 이 유형은 추론이나 유추를 할 수 있는 논리적 사고력을 보는 것이 아니라 지문에 있는 근거 문장을 재표현(paraphrase)한 보기를 찾을 수 있는지를 확인하는 유형입니다.

●TOEIC Part 7의 지문과 문제를 보면서, 이 지문 속 정답 원칙이 어떻게 토익에 적용되고 있는지 확인해 보세요.

Questions 196-200 refer to the following letter.

Gregor Samsonov
439 Darkent Street
Boulder, CO, 35563

Dear Mr. Samsonov,

······I find it difficult to credit your claim that HugeCorp's takeover will not result in any job losses for us. If that is true, it would be the first time in HugeCorp didn't have dramatic lay-off······

196. Why does David Santiago believe HugeCorp will eventually fire him?

(A) The new division manager has taken a dislike to him.
(B) The media has portrayed HugeCorp negatively.
(C) The company has a record of laying people off.
(D) The company has publicly announced upcoming layoffs.

만일 그 말이 사실이라면 휴즈코프사가 직원들을 대량으로 해고하지 않은 첫 번째 사례가 될 것이라고 본문에서 언급했습니다. 이를 보기에서는 '그 회사는 대량 해고를 한 기록이 있다'고 표현하고 있습니다.

그렇다면 어떤 전략으로 이 원칙에 대비해야 할까요?

독해를 할 때에는 지문 속에서 각 문제를 해결할 수 있는 '정답 근거 문장'을 체크하면서 문제를 풀어보세요. 문제를 풀 때에 찾지 못했다면 복습을 할 때에 꼭 확인합니다. 본 교재의 **Step 3 구문과 해석 확인하기** 코너를 활용해 보세요.

Part 7 독해의 기본 원리

3. 문제 풀이 순서 원칙   문제를 푸는 효과적인 순서가 있다.

지문 유형 확인 ▶ 문제 유형 확인 ▶ 지문 읽기 ▶ 문제 풀이

(1) 지문 유형 파악
지시문을 읽으면 지문의 유형을 알 수 있습니다. 특정 지문(편지 / 이메일, 광고, 공지)은 내용 전개 방식이 정해져 있기 때문에 유형에 따른 지문의 특징을 먼저 파악하면 이해가 보다 쉬워집니다. 본 교재의 **지문 유형별 전략**을 참고하세요.

(2) 문제 유형 파악
지문 하단 혹은 옆을 보면 지문에 대한 문제들을 확인할 수 있습니다. 각 문항을 읽으며 키워드에 표시해 두면 더 효율적으로 문제를 풀 수 있습니다.

대표적인 문제 유형으로는

① 주제/목적 찾기
② 육하원칙(what, when, where, why, who, how)을 포함하는 세부 정보 확인하기
③ 추론하기
④ 진위 추론하기
⑤ 유의어 찾기가 있습니다.

새롭게 추가된 유형으로는

⑥ 문장의 위치 찾기
⑦ 구나 절의 의미 찾기 유형이 있습니다.

문제 유형은 지문에서 어떤 정보를 집중적으로 찾아야 하는지를 알려주는 단서가 되어 더 효과적으로 지문을 읽을 수 있게 해 주기 때문에 반드시 지문보다 먼저 읽어야 합니다.

(3) 지문 읽기
질문의 키워드를 염두에 두고, 지문을 읽으면서 정답의 근거가 되는 문장에 표시하며 읽습니다. 최근에는 지문 전체를 이해해야 풀 수 있는 문제들이 많아지고 있으므로 질문에 따라 부분적으로만 지문을 골라 읽다가는 문제에 따라 여러 번 지문을 읽게 될 수도 있습니다. 결과적으로 독해에 더 많은 시간이 걸리게 되므로 지문을 골라 읽어 시간을 줄이려 하지 말고, 한 번에 정확하게 읽는 연습을 해야 합니다.

(4) 정답 고르기
앞에서 배운 독해의 기본 원칙, 재표현(paraphrasing) 원칙과 지문 속 정답 원칙에 유의해 정답을 고릅니다.

Part 7 독해의 기본 원리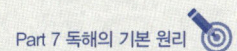

4. 복습의 원칙   틀린 문제를 다시 보지 않는다면 또 틀리게 된다.

채점 → 오답 분석 → 정답 근거 문장 비교 → 지문 분석

(1) 정답 확인 후 채점
문제를 푼 후, 정답을 확인하고 채점을 합니다.

(2) 오답 분석
틀린 문제는 왜 틀렸는지 고민해 보고 그 이유를 구체적으로 적어봅니다. 다음에 유사한 문제를 만났을 때 틀리지 않기 위해 꼭 필요한 과정입니다.

(3) 정답 근거 문장 비교
문제를 풀면서 표시해 두었던 정답 근거 문장이 맞는지 확인해 봅니다. 교재의 **Step 3 해석과 구문 확인하기** 코너와 정답과 해설을 활용하여 책의 정답 근거 문장과 나의 정답 근거 문장을 비교합니다.

(4) 지문 분석
시간을 들여 지문을 다시 읽고 해석하면서 틀리게 해석한 부분은 없는지 살펴 봅니다. 몰랐던 어휘와 구문은 따로 정리해 두고 꼼꼼하게 문장 단위로 분석합니다. 지문 속의 표현이 문제의 지시문 혹은 보기에서 어떻게 재표현(paraphrase)되었는지 확인해 보고 잘 몰랐던 부분이 있다면 따로 정리해 보세요.

5. 시험장 당일의 Tip   시험장에서는 어떻게 해야 할까?

(1) 집중력 유지는 필수
Part 7은 2시간 진행되는 토익 시험에서 가장 마지막 파트이기 때문에 집중력이 떨어지기 쉽습니다. 뒤로 갈수록 점수 배점이 큰 만큼 마지막까지 집중력을 유지하는 것이 Part 7의 관건입니다. 2시간 동안 집중력을 유지할 수 있도록 실전문제를 시간에 맞춰 푸는 연습을 미리 해 두세요.

(2) 시간 분배는 항상 기억할 것
Part 7을 풀 수 있는 시간은 54분이며 총 54문제입니다(마킹 시간 5분, Part 5&6 16분 기준). 즉, 대략 한 문제를 1분 내외에 풀어야 한다는 뜻입니다. 특히, 마지막에 다중 지문이 배치되어 뒤로 갈수록 더 많은 풀이 시간이 필요하므로 단일 지문에서 너무 많은 시간을 소비하지 않도록 주의해야 합니다.

(3) 자신에게 맞는 문제 풀이 순서를 파악할 것
Part 5&6를 먼저 풀고 Part 7을 푸는 방법과, Part 7을 먼저 풀고 Part 5&6를 푸는 방법이 있는데 개인에 따라 선호하는 순서가 다르기 때문에 실제 토익을 치르기 전에 연습을 통해 자신에게 맞는 방법을 찾는 것이 좋습니다.

유형별 지문 분석 이메일 / 편지

이메일 / 편지는 **Part 7**에서 가장 많은 비중을 차지하는 유형입니다. 비지니스 상황에서의 이메일이나 편지는 일정한 형식을 따르고 있으므로 이를 미리 살펴본다면 예측하며 읽을 수 있어 효과적입니다.

● 핵심 어휘와 구문

주제에 따라 다양한 어휘를 활용할 수 있으나 편지를 쓴 목적을 설명하는 어휘들은 반복 출제 됩니다.

단어	품사	뜻	예시	해석
write	동	쓰다	I'm _____ ing to~	~하기 위해 편지를 씁니다
inform	동	알리다	pleased to _____	알리게 되어 기쁘다
require	동	요구하다	_____ to contact the company	회사에 연락할 것을 요구하다
settle	동	해결하다	_____ the matter	문제를 해결하다
apologize	동	사과하다	_____ for your inconvenience	불편에 대해 사과하다
additional	형	추가의	_____ services	추가적인 서비스
attach	동	첨부하다	_____ the application forms	지원서를 첨부하다
contact	동	연락하다	do not hesitate to _____ me	주저 말고 제게 연락하세요

● 이메일 / 편지의 구조

❶ 기본 정보의 확인
이메일 / 편지의 기본 정보는 날짜, 제목, 발신자, 수신자 정보입니다. 특히, 상단과 하단에 있는 발신자와 수신자 정보와 관련된 문제가 자주 출제되므로 이 부분도 꼭 확인하도록 합니다.

❷ 글을 쓴 목적
글의 목적은 대부분 첫 문장 혹은 도입부에서 제시됩니다. 그러나, 글의 중반부에 이를 제시하는 경우도 있으므로 주의가 필요합니다.

❸ 세부 사항 확인하기
도입부에서 글을 쓴 목적을 밝혔다면, 그 이후에는 이 목적의 세부적인 내용을 설명합니다. 글의 마지막에서는 추가 요구사항을 덧붙입니다.

● 기본 구조를 익히고 나면 지문을 읽을 때 앞으로 어떤 정보가 나올 것인지 예측하며 읽을 수 있습니다.

● Think Aloud! 실전 지문에서 독해의 기본 전략 따라하기

Questions 1-2 refer to the following letter.

Michael Taylor
CEO of New Software

                                                             March 6

Dear Mr. Taylor:

I'm writing to invite you to the upcoming Frankfurt International Trade Fair.

Each company will be provided with a table, chairs, electricity, and wireless Internet connectivity. Please feel free to contact me if your company requires any additional services.

I am attaching the application forms to this e-mail. Please submit all applications by May 1. We look forward to seeing you there.

Yours faithfully,

Elisabeth Schneider
Event Organizer
Frankfurt International Trade Fair

- 글의 종류
- 받는 사람 정보
- 서론: 글의 목적
- 본론: 세부 정보
- 결론: 추가 정보
- 보내는 사람 정보

마이클 테일러 씨
뉴 소프트웨어의 최고 경영자

                             3월 6일

친애하는 테일러 씨,

귀하를 다가오는 프랑크푸르트 국제무역박람회에 초대하고자 이 서한을 씁니다.

각 회사는 탁자, 의자, 전기, 무선 인터넷 연결이 포함된 진열대를 제공받게 됩니다. 귀사에서 필요한 추가 서비스가 있으시면 주저하지 마시고 제게 연락 주십시오.

신청서 양식을 이 이메일에 첨부해 드립니다. 5월 1일까지 모든 신청서를 제출해주십시오. 귀하를 뵙기를 고대하겠습니다.

엘리자베스 슈나이더
행사 주최 담당
프랑크푸르트 국제 무역 박람회

예측하며 읽기

❶ 글의 종류는 편지네.
그럼, 발신자, 수신자, 날짜 정보를 먼저 확인해야겠다! 박람회 주최자인 Schneider가 New Software의 CEO인 Taylor에게 3월 6일 보내는 편지네.

❷ 이제 지문을 빠르게 읽어볼 차례!
첫 문장에 "I'm writing to ~"가 나왔네! 프랑크푸르트 국제무역박람회에 초대하려고 쓰는 편지구나.
그럼 본문에 나올 내용을 추측해 보면, 박람회를 소개하는 내용과 참가 방법 등이 나오겠구나.

유형별 지문 분석

광고

> 광고는 크게 제품이나 서비스를 판매하기 위한 광고와, 인재를 채용하기 위한 채용 공고로 나눌 수 있습니다. 웹 페이지나 광고 전단 등도 지문이 제시되는 포맷은 다르지만 내용으로 볼 때 광고로 분류할 수 있습니다.

● 핵심 어휘와 구문

채용 공고에서는 일자리의 채용 조건, 자격 요건, 지원 방법 등을 설명하는 어휘들이 출제되고 제품이나 서비스 광고에서는 그 제품의 장점이나 특이점을 강조하는 어휘들이 출제됩니다.

어휘	뜻	예시	해석
wanted	구함(구인 광고)	Massage therapist _____	마사지 치료사 구함
responsibility	명 업무	primary _____	주요 업무
requirement	명 요구 조건	a _____ for the job	일자리의 요구 조건
application	명 지원	the _____ form	지원서
available	형 이용 가능한	_____ on opening day	개장일에 이용 가능한
affordable	형 저렴한	produce _____ cars	저렴한 차를 생산하다
sophisticated	형 뛰어난	the _____ cell phone	가장 뛰어난 휴대폰
specialize in	~을 전문으로 하다	_____ database management	자료 관리를 전문으로 하다

● 광고의 구조

❶ 제목의 유무
광고에 제목이 있는 경우, 이는 전반적인 내용과 대상을 예측할 수 있는 단서가 됩니다.

❷ 본론의 내용
제품이나 서비스 광고는 그 제품의 장점을 강조하는 내용을, 채용 공고라면 그 자리에 지원하기 위해 필요한 자격 요건을 본론에서 제시합니다. 여러 정보가 나열되는 부분으로 세부 정보를 묻는 문제가 자주 출제될 수 있습니다.

❸ 추가 요청 사항
지원 방법이나 마감일, 광고 주체인 기업이나 상점의 정보(연락처, 홈페이지, 이메일 등)가 제시될 수 있습니다.

- 기본 구조를 익히고 나면 지문을 읽을 때 앞으로 어떤 정보가 나올 것인지 예측하며 읽을 수 있습니다.

● **Think Aloud!** 실전 지문에서 독해의 기본 전략 따라 하기

Questions 1-2 refer to the following advertisement.   　글의 종류

Massage Therapist Wanted

제목: 광고 대상

Getaway Spas is looking for people trained in massage therapy to fill three masseur/masseuse positions at our Broadview branch, located at the corner of Delmar Avenue and Broadview.

광고대상 구체화

Beyond the responsibility of providing high quality massages to spa guests, the position also entails helping with the day-to-day running of the spa. Applicants must be team players who are comfortable working as part of a diverse and dynamic group. Applicants must also be willing to work a flexible schedule. Previous experience working in spa is a definite asset, but not required.

자격 요건

Applicants should send a cover letter and résumé to getawayspas@tough.com. Please ensure that any attachments are in proper form.

지원 방법

마사지 치료사 구함

겟어웨이 스파는 델마가와 브로드뷰가의 모퉁이에 위치한 저희 브로드뷰 지점의 마사지사 3명을 충원하기 위해 마사지 치료 훈련을 받은 사람을 구하고 있습니다.

이 자리는 스파 손님들에게 양질의 마사지를 제공할 책임뿐 아니라, 또한 온천의 일일 운영을 돕는 일도 필요합니다. 스파 제품의 재고 조사 및 보충을 돕는 일이 포함될 수 있습니다. 지원자는 다양하고 활력 있는 팀의 일원으로서 편하게 일하는 팀 플레이어여야 합니다. 지원자는 또한 유동적인 근무 일정에 따라 일할 수 있어야 합니다. 스파에서 일한 경험이 있으면 분명 유리하기는 하지만 필수 사항은 아닙니다.

지원자는 자기소개서와 이력서를 getawayspas @tough.com으로 보내셔야 합니다. 첨부 파일이 올바른 형태로 오도록 하십시오.

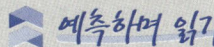 예측하며 읽기

❶ 글의 종류는 광고네.
제목을 보니 마사지 치료사를 구하고 있구나. 첫 문단에서 겟어웨이 스파의 한 지점에서 마사지 치료사를 세 명 구하고 있다고 알려주고 있네.

❷ 이제 지문을 빠르게 읽어볼 차례!
그럼 본문에서는 이 자리에 지원하기 위한 자격 요건이 나오겠구나. 그 다음에는 어떻게 지원해야 하는지와 추가 요청 사항에 대해 알려줄 거야.

유형별 지문 분석

공지 / 회람

공지나 회람은 특정 정보를 전달하고자 하는 글입니다. 회사 내에서 직원들에게 인사 이동이나 정책의 변경 및 시행을 알리기 위해 쓰는 경우가 많으며 고객을 대상으로 하는 경우 특정 행사나 사건에 대한 정보를 제공합니다.

● 핵심 어휘와 구문

주제나 대상에 따라 다양한 어휘가 활용됩니다. 먼저 가장 자주 출제되는 어휘부터 확인해 보세요.

어휘	뜻	예시
remind	동 상기시키다	_____ you of important dates 중요한 날을 상기시키다
notify	동 알리다	be pleased to _____ 알리게 되어 기쁘다
schedule	동 일정을 잡다	_____ a meeting 회의 일정을 잡다
commence	동 시작하다	_____ next week 다음 주에 시작하다
implement	동 시행하다	_____ the new system 새로운 시스템을 시행하다
maintenance	명 유지, 보수	_____ of the building 건물의 유지 및 관리
policy	명 정책	discuss payroll _____ 급여 정책을 논의하다
take over	인수, 인계하다	_____ the maintenance of the site 그 사이트의 관리를 인계하다

● 공지 / 회람의 구조

❶ 제목의 유무
공지나 회람은 보통 전달하고자 하는 내용을 간략하게 쓴 글이므로 제목을 통해 글의 중심 소재를 쉽게 추론할 수 있습니다. 회사 내의 공지인 경우 수신자와 발신자, 날짜와 같은 정보가 명시되는 경우도 있습니다.

❷ 본론
공지의 중심 소재, 혹은 글을 쓴 목적이 도입부에 제시되며, 본론에서는 세부 정보를 전달합니다. 예를 들어, 사내 보수 공사를 알리는 글이라면 공사의 목적, 기간, 그로 인한 영향 등을 설명합니다.

❸ 추가 정보
글의 마지막에서는 본문의 내용을 정리하고 추가 요청 사항, 주의해야 할 점 등이 제시됩니다.

● 기본 구조를 익히고 나면 지문을 읽을 때 앞으로 어떤 정보가 나올 것인지 예측하며 읽을 수 있습니다.

● Think Aloud! 실전 지문에서 독해의 기본 전략 따라 하기

Questions 1-2 refer to the following memorandum.

> TO: All Staff at Be Fit Sports Complex
> FROM: Brian Woods, General Manager
> SUBJECT: Renovations
>
> We wanted to remind you all that the planned renovations to the sports complex will commence next week. We will be expanding the complex.
>
> We hope to have the first phase of the renovations completed by mid-March. There will be a second and final phase of renovations running from early July to late August. Please note that we will be closing for three weeks beginning on August 2.
>
> We are confident that you will enjoy the new facilities once they are finished and we apologize in advance for any unavoidable disruption caused during the renovation period.

글의 종류

제목: 글의 주제

글의 목적: 공사 알림

세부 정보: 공사 기간

마무리: 불편에 대한 사과

수신: 비피트 스포츠 콤플렉스의 전 직원
발신: 총무부장 브라이언 우즈
제목: 수리

여러분 모두에게 예정되었던 스포츠 단지의 수리가 다음 주에 시작될 것임을 알려드리고자 합니다. 저희는 단지를 확장하게 될 것입니다.

수리의 첫 단계가 3월 중순까지 완료되기를 바라고 있습니다. 7월 초부터 8월 말까지 두 번째 및 마지막 단계의 수리가 있을 것입니다. 8월 2일부터 3주 동안은 문을 닫게 됨에 유의하십시오.

일단 완공되면 새 시설을 좋아하시리라 확신합니다. 그리고 수리 기간에 생기는 불편함에 대해 미리 사과 드립니다.

예측하며 읽기

❶ 글의 종류는 회람이구나.
  수신자, 발신자 정보가 있는 걸 보니 회사 내에서 이메일의 형태로 전달된 회람이네.

❷ 제목을 보니 회사 내의 어떤 시설에 대한 보수 공사가 진행될 예정이구나.

❸ 이제 지문을 빠르게 읽어볼 차례!
  첫 문장에서 보수 공사가 시작될 것이라고 알려주고 있으니, 그 다음에는 공사를 하는 이유나 이 공사가 언제 시작해서 언제 끝날지 같은 세부 정보가 나올 거야.

新토익의 문제 유형 미리 보기

1. 세부 정보 확인하기

육하원칙에 해당하는 세부 정보를 찾는 문제는 가장 많은 비중을 차지하는 유형이면서 지문의 내용에 따라 질문의 형태도 다양하게 제시됩니다.

What are employees **asked** to do?	직원들이 하라고 요청 받은 일은?
Who will be the **last speaker** at the event?	행사의 마지막 연설자는 누구인가?
Where is the ceremony **held**?	기념 행사는 어디에서 열리는가?
When does this ticket **expire**?	이 티켓은 언제 만료되는가?
How will the employee **be paid**?	직원들은 어떻게 돈을 지급받는가?

● 주로 글의 본문에 등장하는 세부 정보를 확인하는 유형으로 keyword를 중심으로 해당하는 정보를 지문에서 찾아야 합니다. 지문의 특정 부분에 단서가 있는 경우가 많으므로 가장 먼저 해결해야 합니다.

2. 추론하기

주어진 정보를 기반으로 추론할 수 있는 것을 고르는 문제로 지문의 특정 부분을 이용하거나, 글 전체를 읽고 해결하는 유형으로 나눌 수 있습니다.

What is **suggested** about the event?	행사에 대해 암시되는 것은?
What can be **inferred** about Sarah Johnson?	사라 존슨에 대해 추론할 수 있는 것은?
What is **implied** about the festival?	축제에 대해 암시되는 것은?
For whom is the notice **most likely intended**?	이 공지는 누구를 대상으로 한 것인가?
What will **most likely happen** on May 5?	5월 5일에 가장 일어날 가능성이 높은 것은?

● 특정 대상에 대한 추론 문제는 세부 정보 확인하기 유형과 유사하게 접근할 수 있습니다. 포괄적인 정보에 대한 추론을 해야 하는 경우에는 글 전체에 정보가 흩어져 있으므로 지문을 모두 읽은 후에 푸는 것이 좋습니다.

3. 글의 주제/목적 찾기

글의 주제나 글을 쓴 목적을 묻는 문제로 글 전체를 읽고 추론하는 문제의 비중이 증가하고 있습니다.

What is the main **purpose** of the letter?	이 편지의 주요 목적은 무엇인가?
What is the main **idea** of the letter?	이 편지의 주제는 무엇인가?
What is mainly **discussed**?	주로 논의된 것은 무엇인가?
What is the notice **about**?	이 공지는 무엇에 대한 것인가?
Why was the letter **sent**?	이 편지가 발송된 이유는 무엇인가?

- 글의 주제/목적은 주로 앞쪽에 있는 경우가 많으며 제목이나 소제목이 단서가 될 수 있습니다.
- 주제가 중반 이후에 나오거나, 접속사를 기준으로 내용이 반전되어 글 전체를 읽어야 하는 경우도 있으므로, 다른 문제를 먼저 풀고 마지막에 이 유형을 푸는 것이 효과적입니다.

4. 진위 추론하기

보기 중에서 사실인 것을 고르거나 사실이 아닌 것 혹은 언급되지 않은 것을 고르는 문제로 난이도는 비교적 낮지만 다른 유형에 비해 풀이 시간이 다소 깁니다.

What is **indicated** about Aden University?	아덴 대학에 대해 언급된 것은?
What is **true** about the passage?	이 지문에 대해 사실인 것은?
What information is **NOT necessary** for submission?	제출에 필요하지 않은 정보는 무엇인가?
What is **NOT** mentioned about Mr. Howard?	하워드 씨에 대해 언급되지 않은 것은?

- 사실인 것을 고를 때는 지문을 먼저 읽고 옳은 보기를 하나 고릅니다. 언급되지 않은 것을 고르는 경우, 보기와 지문의 정보를 대조하면서 언급된 것을 하나씩 소거하면서 푸는 것이 좋습니다.

5. 유의어 찾기

| In the advertisement, the word "-------" in line 5, is **closest in meaning to** | 광고에서, 5행의 단어 '-------'와 의미상 가장 가까운 것은? |

● 유의어 찾기는 주어진 단어가 해당 문맥에서 어떤 의미로 쓰였는지를 묻는 문제입니다. 사전적 의미로 풀기보다는 앞뒤 문맥을 고려하여 해당 위치에 넣었을 때 가장 자연스러운 어휘를 고릅니다.

6. 문장 위치 찾기

| In which of the position marked [1], [2], [3] and [4] does the following sentence **best belong**? | [1], [2], [3] 그리고 [4]로 표시된 위치 중에서 다음 문장이 들어가기에 가장 적절한 곳은? |

● 주어진 문장의 위치를 찾는 문제는 新토익에서 새롭게 추가된 유형으로 글의 흐름을 파악할 수 있는지를 묻는 문제입니다. 주어진 문장의 앞이나 뒤에 단서가 있으므로 주어진 위치의 앞이나 뒤의 문장을 주의 깊게 읽어야 합니다.

7. 문장이나 어구의 의미 찾기

| At 12:15, what does Mr. Brown **mean** when he writes, "-------"? | 12시 15분에 브라운 씨가 "-------" 라고 한 것은 어떤 의미인가? |

● 새롭게 추가된 유형의 하나로 기존의 유의어 찾기와 유사하게 특정 어구나 문장의 문맥상의 의미를 묻는 문제입니다.

● 출제되는 지문 역시, 새롭게 추가된 문자 메시지나 웹 채팅 유형의 지문에서 구어적인 표현을 묻거나 혹은 일반 지문에서 숙어나 구동사의 의미를 묻는 유형이 될 것으로 예상하고 있습니다.

독해의 실전

Part 7 독해의 기본원리, 유형별 지문 분석, 그리고 문제 유형 미리보기에서 학습한 모든 전략이 독해를 하는데 필요합니다. 그렇다면 이 전략을 어떻게 적용하면 좋을지 연습해 보세요. 교재 앞 부분에서 지문에 대한 해석을 미리 제공해 주었으니 어휘와 구문 연습은 아직 걱정하지 마시고 전략을 복습하는 것에 집중하세요. 시작해 볼까요?

Question 1-2 refer to the following letter.

Michael Taylor
CEO of New Software

March 6

Dear Mr. Taylor:

I'm writing to invite you to the upcoming Frankfurt International Trade Fair.

Each company will be provided with a table, chairs, electricity, and wireless Internet connectivity. Please feel free to contact me if your company requires any additional services.

I am attaching the application forms to this e-mail. Please submit all applications by May 1. We look forward to seeing you there.

Yours faithfully,

Elisabeth Schneider
Event Organizer
Frankfurt International Trade Fair

Think aloud!

① 지시문을 보니 글의 종류는 편지구나.

② 문제는 두 문제가 출제되었고 하나는 목적을 묻는 문제이고 다른 하나는 등록을 하면 어떤 것을 받을 수 있는지 세부 정보를 묻는 문제네.

③ 이제 지문을 빠르게 읽어볼 차례! 편지니까 첫 문장에 글을 쓴 목적이 있을거야.

첫 문장에서 국제 무역 박람회에 초대한다고 하고 있네.

④ '재표현 원칙'을 기억해야지! I'm writing to invite you~(당신을 초대하고자 씁니다)를 가장 잘 나타내는 보기는 동사 invite를 명사 invitation로 바꾼 (C)야!

⑤ 이제 본문에서는 이 박람회에 대한 정보를 줄거야.

음, 책상과 의자, 전기, 무선 인터넷을 주는 구나.
이 중에서 보기에 있는 것은 (A) 하나 밖에 없네!

1. What is the purpose of the e-mail?

   (A) To make an employment offer
   (B) To order stalls and other equipment
   (C) To make a formal invitation
   (D) To announce an application deadline

2. What do registered companies receive?

   (A) Internet access
   (B) Leadership training
   (C) Application forms
   (D) Support staff

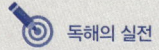

독해의 실전

유형별 지문 분석에서 학습했던 지문으로 다시 한 번 연습해 보세요. 이번에는 회사 내에서 이루어지는 회람입니다. 해석이 기억나지 않는다면 교재 앞 부분을 참고하세요.

Question 1-2 refer to the following memorandum.

TO: All Staff at Be Fit Sports Complex
FROM: Brian Woods, General Manager
SUBJECT: Renovations

We wanted to remind you all that the planned renovations to the sports complex will commence next week. We will be expanding the complex. We hope to have the first phase of the renovations completed by mid-March. There will be a second and final phase of renovations running from early July to late August. Please note that we will be closing for three weeks beginning on August 2.

We are confident that you will enjoy the new facilities once they are finished and we apologize in advance for any unavoidable disruption caused during the renovation period.

Think aloud!

① 지시문을 보니 글의 종류는 회람이구나.

② 문제는 두 문제가 출제되었고 하나는 목적을 묻는 문제이고 다른 하나는 보수 공사가 언제 끝날지를 묻는 세부 정보 확인하기 유형이네.

③ 이제 지문을 빠르게 읽어볼 차례! 회람이니까 첫 문장에 바로 글의 목적을 제시해 줬을 거야.

첫 문장에서 예정되어 있던 보수 공사를 알려 준다고 하고 있네.

④ '재표현 원칙'을 기억해야지! planned renovation(예정된 보수 공사)를 가장 잘 나타내는 보기는 upcoming building work(곧 있을 건축 공사)인 (A)지.

⑤ 이제 다음에는 이 보수 공사에 대한 세부 정보를 제시해 줄 거야.

음, 마지막 단계가 늦은 8월까지 끝날 것이라고 하고 있네. August(8월)은 고유명사니까 재표현 원칙을 생각할 필요가 없지. 정답은 (D)야.

1. What is the purpose of the memo?

   (A) To inform staff of the upcoming building work
   (B) To announce the end date of the renovations
   (C) To explain the eating arrangements
   (D) To apologize for the disruption that has been caused

2. When are all the renovations due to be finished?

   (A) By mid-March
   (B) By early July
   (C) By early August
   (D) By late August

유형별 지문 분석에서 학습했던 지문으로 다시 한 번 연습해 보세요. 이번에는 채용 공고입니다. 해석이 기억나지 않는다면 교재 앞 부분을 참고하세요.

Question 1-2 refer to the following advertisement.

Massage Therapist Wanted

Getaway Spas is looking for people trained in massage therapy to fill three masseur/masseuse positions at our Broadview branch, located at the corner of Delmar Avenue and Broadview.

Beyond the responsibility of providing high quality massages to spa guests, the position also entails helping with the day-to-day running of the spa. Applicants must be team players who are comfortable working as part of a diverse and dynamic group. Applicants must also be willing to work a flexible schedule. Previous experience working in spa is a definite asset, but not required.

Applicants should send a cover letter and résumé to getawayspas@tough.com. Please ensure that any attachments are in proper form.

Think aloud!

① 지시문을 보니 글의 종류는 광고구나.

② 문제는 두 문제가 출제되었고 하나는 목적을 묻는 문제이고 다른 하나는 NOT이 있는 걸 보니 보기와 지문의 정보를 비교하는 진위추론 유형이네.

③ 이제 지문을 빠르게 읽어볼 차례! 제목이 있으니까, 글의 목적을 바로 알 수 있겠어.
제목이 '마사지 치료사 구함'이니까 채용 공고구나.

④ '재표현 원칙'을 기억해야지! 채용 공고를 낸다는 건 비어 있는 자리가 있다는 뜻이니까 (B) To announce a job opening(공석 알려주기)야.

⑤ 이제 다음에는 채용 조건이나 지원 방법과 같은 정보들이 나오겠구나.

⑥ 문제가 지원자에게 필수가 아닌 것을 물어보는 거였지.
채용 조건을 읽어보니 이전 경력이 있으면 좋지만 필수는 아니라고 했네.
이번에도 '재표현 원칙'! 이전 경력을 가장 잘 나타낸 것은 (A) 스파에서 일한 경험이야.

1. What is the purpose of the advertisement?

    (A) To give driving directions to a job interview
    (B) To announce a job opening
    (C) To provide details about a spa
    (D) To recommend someone for a job

2. What qualification is NOT essential?

    (A) Experience working in a spa
    (B) A certificate in massage therapy
    (C) The ability to work well with others
    (D) Very good conversation skills

어휘 & 구문 자가 진단 테스트

자가 진단 테스트로 자신의 현재 독해 실력을 가늠해보고, 그에 맞는 학습플랜을 선택하세요.

- **진행방법**: 다음 어휘 및 구문을 눈으로 빠르게 훑어보며 '모르는 어휘'에 체크(✓)하세요.
  (2초 이내에 어휘의 의미가 떠오르지 않으면 '모르는 어휘'로 간주합니다.)
- **제한시간**: 2분

☐ accomplish	☐ downturn	☐ performance
☐ accurate	☐ due	☐ phase
☐ advanced	☐ effective	☐ preserve
☐ affordable	☐ excessive	☐ prompt
☐ alternative	☐ exclusive	☐ qualify
☐ annual	☐ expertise	☐ quarter
☐ appoint	☐ guarantee	☐ renowned
☐ attach	☐ headquarters	☐ replacement
☐ attribute	☐ immediately	☐ representative
☐ authorize	☐ implement	☐ resolve
☐ bid	☐ incur	☐ revision
☐ budget	☐ inform	☐ salary
☐ candidate	☐ innovative	☐ secure
☐ certification	☐ invoice	☐ serve
☐ collaborate	☐ labor	☐ settle
☐ commence	☐ launch	☐ ship
☐ commit	☐ leak	☐ statement
☐ comparable	☐ mandatory	☐ subscription
☐ compile	☐ manufacture	☐ superb
☐ constraint	☐ merge	☐ supervise
☐ corporation	☐ monitor	☐ temporary
☐ courteous	☐ negotiation	☐ transaction
☐ current	☐ outstanding	☐ unanimously
☐ delegate	☐ overview	☐ valid
☐ division	☐ payroll	☐ withdraw

체크된(✓) 모르는 어휘 개수를 세어 보세요.   모르는 어휘 개수 _____ 개

어휘 & 구문 자가 진단 테스트 결과

모르는 어휘 0~5개	어휘와 구문실력이 갖추어져 독해할 준비가 충분히 된 학습자입니다. 제한 시간에 맞춰 정확하고 빠르게 독해하는 연습이 필요합니다.	하루에 Key 2개씩 학습하면서, 어휘와 구문을 체계적으로 정리하고, 지문, 문제, 정답 근거 문장을 꼼꼼하게 분석하면서 실전 토익을 대비한 연습을 합니다.
모르는 어휘 6~19개	기본 어휘는 알고 있으나 어휘량이 부족하여, 독해의 흐름이 끊겨서 시간이 부족한 학습자입니다. 이 단계에서는 어휘와 더불어 최대한 많은 구문과 문장을 접하는 것이 중요합니다. 이 책의 3단계 접근 (어휘>구문>독해)을 충실히 따르면서, 어휘, 구문을 완벽 암기하고 지문을 분석해봅니다.	하루에 Key 1개씩 공부하면서 토익 어휘와 구문의 약점을 극복하고 실전 독해로 나아갈 준비를 합니다.
모르는 어휘 20개 이상	기본이 되는 어휘, 구문량이 제한적이어서, 독해를 하는 데 어려움이 있는 학습자입니다. 이 단계에서는 독해의 기본이 되는 어휘, 구문을 최대한 반복적으로 접하여 어휘량을 늘린 후 독해를 하는 것이 중요합니다. 이 책의 모든 어휘, 구문을 암기한다는 목표를 가지고 학습하세요.	하루에 Key 1개씩 공부한 이후에, 다시 한 번 처음부터 Key 2개씩 2회독을 하여 어휘, 구문 실력을 탄탄하게 쌓도록 합니다.

KEY 新토익 Daily Training Book 스케줄표
매일매일 학습한 양을 스케줄표에 체크하며 진도를 확인하세요.

	Day 1	Day 2	Day 3	Day 4	Day 5	Day 6	Day 7
Week 1	☐ Key 1	☐ Key 2	☐ Key 3	☐ Key 4	☐ Key 5	☐ Key 6	☐ Key 7
Week 2	☐ Key 8	☐ Key 9	☐ Practice Test 1	☐ Practice Test 1	☐ Key 10	☐ Key 11	☐ Key 12
Week 3	☐ Key 13	☐ Key 14	☐ Key 15	☐ Key 16	☐ Key 17	☐ Key 18	☐ Practice Test 2
Week 4	☐ Practice Test 2	☐ Key 19	☐ Key 20	☐ Key 21	☐ Key 22	☐ Key 23	☐ Key 24
Week 5	☐ Key 25	☐ Key 26	☐ Key 27	☐ Practice Test 3	☐ Practice Test 3	☐ Actual Test	☐ Review Day

- 기본 5주 과정이나, 실력에 따라 하루에 Key 2개씩 2.5주만에 끝낼 수 있습니다. 쉽게 느껴지더라도 모든 페이지를 소홀히 하지 말고, 책을 끝낸 후 한 번 더 학습하여 2회독을 한다면 훨씬 효과적입니다.
- 독해는 매일 일정한 양을 꾸준히 연습하는 것이 가장 좋은 방법이라는 것을 명심하세요.
- 학습 후, '복습의 원칙'을 활용한 복습도 잊지 마세요.

UNIT 1
사회인이 되기 위한 첫걸음

KEY STORY

사회 생활의 첫 관문은 회사에 입사 join the company 하는 것이겠죠?

회사 company 는 직원 employee 들을 채용 recruit 하고, 공석인 자리 position 를 충원 fill 하기 위해 채용 공고를 올립니다.

지원자 applicant 들은 자기소개서 cover letter 와 이력서 résumé 같은 지원 서류 application form, 그리고 추천서 reference 나 자격증 certification 같은 첨부서류 attachments 를 준비하느라 정신없이 시간을 보냅니다. 서류를 제출하기 전에 어떤 자격 qualification 이 필수 essential 이고, 선호되는지 preferred 꼼꼼하게 읽어보세요.

서류 전형을 통해 선발된 selected 사람들만이 면접 interview 기회를 얻을 수 있답니다.

자신이 얼마나 뛰어난 promising 인재인지 알릴 수 있어야 합격자 successful applicant 가 되는 기쁨을 누릴 수 있습니다.

Before the Step

지문의 주요 어휘들을 살펴 보고 그 어휘들을 활용하여 구문을 완성해 보세요.

opening	명 공석	job ___opening___ 채용 공고
innovative	형 획기적인	an _____ marketing firm 획기적인 마케팅 기업
expand	동 확장하다	_____ business 사업을 확장하다
professional	형 전문적인	a _____ marketing manager 전문적인 마케팅 책임자
initiative	명 주도권	take marketing _____s 마케팅 주도권을 잡다
position	명 일자리, 직책	marketing related _____ 마케팅에 관련된 일자리
supervise	동 관리하다	_____ the team 팀을 관리하다
implement	동 실행하다	_____ marketing plans 마케팅 계획을 실행하다
candidate	명 지원자	successful _____ 합격자
responsibility	명 책임	major _____ 주요 책임
requirement	명 필요 조건	_____s for applicants 지원자 필요 조건
applicant	명 지원자	requirements for _____s 지원자 필요 조건
résumé	명 이력서	submit the _____ 이력서를 제출하다
cover letter	자기소개서	résumé and _____ 이력서와 자기소개서
attachment	명 첨부물	in the same _____ 같은 첨부 문서에
interview	명 면접	be called for an _____ 면접 요청을 받다

JOB OPENING
Be a part of Brooks & Tray!

Brooks & Tray is an innovative marketing firm founded in 2012. We are currently expanding our business and are therefore looking for a professional marketing manager to take our marketing initiatives to the next level. Major responsibilities include supervising the marketing team in implementing all marketing activities. The successful candidate will be innovative, creative, and have a passion for marketing.

Requirements for applicants:
· Strong communication and presentation skills
· Bachelor's Degree or higher in Marketing, Business, Journalism or a related field
· A minimum of 5 years' experience in marketing-related positions

The interested candidates should submit their résumé and cover letter in the same attachment to hr@brooksandtray.com. Only shortlisted candidates will be called for interviews. For more details, go to www.brooksandtray.com.

● 어휘와 구문을 학습한 후 지문 해석을 완성해 보세요.

_____ job opening
브룩스앤트레이의 일원이 되세요!

브룩스앤트레이는 2012에 설립된 _____ an innovative marketing firm입니다. 우리는 현재 _____ expand our business 하고 있기 때문에 마케팅 _____ marketing initiatives을 잡기 위해 _____ professional marketing manager를 찾고 있습니다. 주요 업무는 모든 마케팅 활동의 _____ implementing all marketing activities에 있어서 마케팅 팀을 supervise 업무를 포함하고 있습니다. 합격자successful candidate는 혁신적이고 창의적이며 마케팅에 대한 열정이 있어야 합니다.

_____ requirements for applications :
· 뛰어난 커뮤니케이션 능력과 발표 능력
· 마케팅, 비즈니스, 언론계 및 관련 분야에서의 학사학위 이상
· 마케팅 관련 직무에서 최소 5년의 경력

관심이 있는 지원자들은 hr@brooksandtray.com으로 _____ résumé and cover letter를 같은 _____ 문서에in the same attachment 제출하세요. 최종 후보자 명단에 선발된 지원자들만 _____ be called for interviews 것입니다. 더 자세한 사항은 www.brooksandtray.com을 방문해 주세요.

KEY 01 — 입사 지원서

STEP 1 어휘와 구문
지문의 주요 어휘들을 살펴보고 그 어휘를 활용하여 구문을 완성해 보세요.

단어	품사/뜻	구문	해석
apply	동 지원하다	write to _apply_	지원하기 위해 쓰다
editorial	형 편집의	apply for the _____ position	편집직에 지원하다
post	동 게시하다	_____ on website	웹사이트에 게시하다
attach	동 첨부하다	_____ your cover letter	귀하의 자기소개서를 첨부하세요
application	명 지원	a job _____	구직
certification	명 자격증	required _____	필요한 자격증
reference	명 추천서	attach your _____	귀하의 추천서를 첨부하세요
associate	명 동료	references from _____s	동료들로부터의 추천서
qualification	명 자격 요건	a few _____s	몇 개의 자격 요건
entitle	동 자격을 주다	_____ me to be an applicant	지원자가 될 자격을 주다
qualified	형 자격이 있는	a _____ applicant	자격이 있는 지원자
assistant	형 부, 보조의	an _____ editor	보조 편집자
competitor	명 경쟁 업체	one of your main _____s	주요 경쟁 업체 중 하나
prior to	~에 앞서	_____ joining the company	회사에 입사하기 전에
proficient	형 능숙한	_____ in MS Office	MS Office에 능숙한
fit	명 적합	a perfect _____ for the magazine	잡지사에 딱 맞는 사람

STEP 2 주제별 예제

Questions 1-2 refer to the following e-mail.

난이도 ★★☆

To: kundson@yrhealth.com
From: michael@super.com
Date: November 26, 2015
Re: Editorial position

Dear Mr. Kundson,

I am writing to apply for the editorial position, which I saw posted on JobFindAsia.com. As requested, I've attached a completed job application, certification, and references from associates.

I have several qualifications that entitle me to be considered as a qualified applicant for the position. I am currently an assistant editor of Super Fitness magazine, one of your main competitors. Prior to this position, I worked for JP Publishing, where I gained extensive writing and editing experience. I'm proficient in MS Office and other editorial programs. I believe that my work experience and skills make me an excellent candidate for this position.

Thank you for your time and consideration. I'm confident that I would be a perfect fit for your magazine. Please call me anytime at 218-556-3033. I look forward to meeting you to discuss this employment opportunity.

Sincerely,
Michael Ramsay

---

1. What is indicated about Mr. Ramsay?

   (A) He's a recent university graduate.
   (B) He's satisfied with his current work.
   (C) He's a regular subscriber of Super Fitness.
   (D) He's currently searching for a job.

2. What has Mr. Ramsay sent to Mr. Knudson with this letter?

   (A) A recommendation letter from colleagues
   (B) An article about protein-rich food
   (C) An application for a background check
   (D) A copy of a project report

 Critical KEY 지원서에서는 **직종, 지원동기, 학력과 경력, 자신의 장점 등**의 정보를 제공한다. 토익에서는 이러한 세부 정보를 확인하거나 **첨부 문서**에 대해 묻는 문제가 주로 출제된다.

STEP 3 구문과 해석 확인하기

문제 1-2 다음 이메일을 참조하세요.　　　　　　　　　　　　　　　　　　　　　정답 근거 문장

수신: kundson@yrhealth.com
발신: michael@super.com
날짜: 2015년 11월 26일
제목: 편집자 자리

커드슨 씨에게,

① 잡파인드 아시아 닷컴에 게시된 posted, 편집자직에 지원하고자 apply for the editorial position 편지를 씁니다. ② 요청하신 대로, 작성한 취업 지원서 a completed job application, 자격증 certification 그리고 동료들이 쓴 추천서 references from associates 를 첨부했습니다.

저는 제가 그 자리에 적합한 지원자 a qualified applicant for the position로 고려될 수 있도록 해주는 자격 요건들 several qualifications을 갖추고 있습니다. 저는 현재 귀사의 주요 경쟁사 main competitors 중 하나인 슈퍼 피트니스 잡지사의 보조 편집자로 근무하고 있습니다. 이 직책 이전 prior to this position에는 JP 출판사에서 근무하며, 폭넓은 작문과 교정을 경험했습니다. 저는 MS 오피스와 다른 교정 프로그램들에 능숙 proficient합니다. 제 경험과 기술이 저를 그 자리에 적합한 후보자 an excellent candidate for this position로 만들어 준다고 믿습니다.

귀사의 시간과 숙고에 감사 드립니다. 저는 제가 귀 잡지에 딱 맞는 사람 a perfect fit이라고 생각합니다. 언제라도 218-556-3033로 제게 전화 주십시오. 이 고용 기회에 대해 논의할 기회를 고대하겠습니다.

마이클 램지 올림

---

1. 램지 씨에 대해 언급된 것은?

    (A) 그는 최근에 대학을 졸업했다.
    (B) 그는 현재의 일에 만족하고 있다.
    (C) 그는 슈퍼 피트니스의 정기 구독자이다.
    (D) 그는 현재 일자리를 찾고 있다.

2. 램지 씨가 이 편지와 함께 보낸 것은?

    (A) 동료들의 추천서
    (B) 단백질이 풍부한 음식에 대한 기사
    (C) 범죄 경력 증명서 신청서
    (D) 프로젝트 보고서 한 부

정답 1.(D) 2.(A)

ONE MORE STEP 입사 지원에서 자주 출제되는 주요 어휘를 살펴보고 Short Quiz를 풀어보세요.

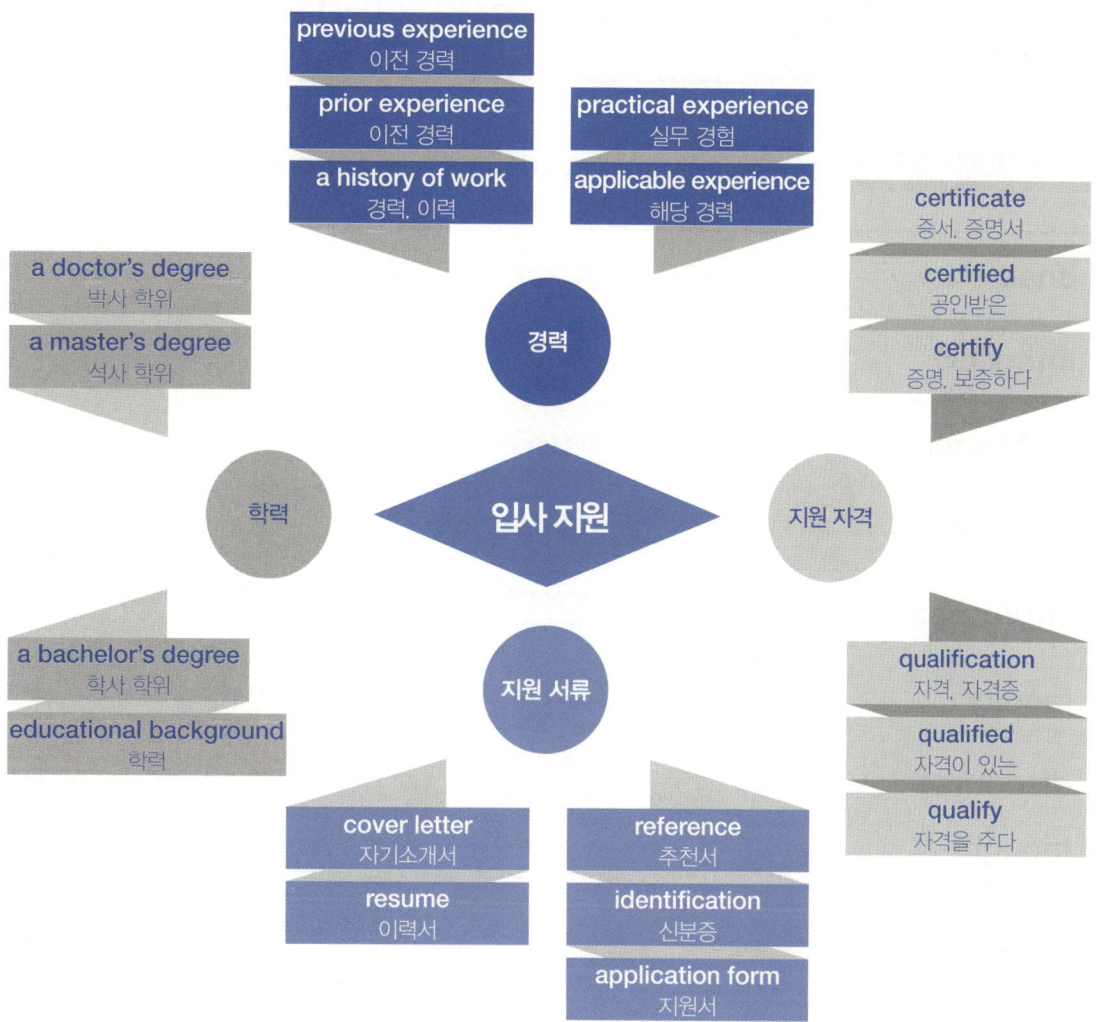

✓ Short Quiz 다음 문장을 완성할 수 있는 적절한 어휘를 고르세요.

Q1. Applicants should submit their résumé and ☐ cover letter ☐ reference by October 1.
지원자는 이력서와 **자기소개서**를 10월 1일까지 제출해야 한다.

Q2. ☐ Previous ☐ History experience is a definite asset, but not required.
이전 경력은 유리한 조건이기는 하지만 필수 사항은 아닙니다.

Q3. Mr. Hudson earned a ☐ master's degree ☐ bachelor's degree in international relations.
허드슨 씨는 국제 관계학에서 **석사 학위**를 취득했다.

KEY 02 면접 결과 기다리기

STEP 1 어휘와 구문 지문의 주요 어휘들을 살펴보고 그 어휘를 활용하여 구문을 완성해 보세요.

어휘	품사/뜻	구문
chair	명 학과장, 대표	Department _chair_ 학과장
interview	동 면접을 보다	_____ a few candidates for the position 그 자리를 위한 몇몇 후보자를 면접보다
instructor	명 강사	the position of _____ 강사 자리
department	명 부서, 학과	instructor in your _____ 당신 학과의 강사
impressed	형 인상을 받은	be greatly _____ with its beauty 아름다움에 깊은 인상을 받은
faculty	명 교수단, 학부	meet the _____ 교수단과 만나다
discourse	명 담화, 강연	_____ on animal behavior 동물 행동에 관한 강연
thought-provoking	형 생각을 자극하는	_____ discourse 생각을 자극하는 강연
insightful	형 통찰력 있는	thought-provoking and very _____ 생각을 자극하며 매우 통찰력 있는
needless to say	말할 필요도 없이	_____ 말할 필요도 없이
interest	명 흥미	increase my _____ 관심이 커지다
be unable to	~을 할 수 없다	_____ offer me 나에게 ~을 제공할 수 없다
collaborate	동 협력하다	_____ with you on an analysis 분석을 하는데 당신과 협력하다
analyze	동 분석하다	_____ the effects 효과를 분석하다
regarding	전 ~에 관해	_____ my application 제 지원 상황에 대해
application	명 지원	hear from you regarding my _____ 나의 지원에 대해 듣다

Questions 1-2 refer to the following letter.

Dr. Stanley Cruickshank, Department Chair
Madison University
Department of Zoology
Samuel Building, Room 312
100 College Street
Brookside, Iowa

Dear Mr. Cruickshank:

I am writing to thank you for interviewing me for the position of instructor in your department. That was my first visit to your campus, and I was greatly impressed with its beauty and history. I also enjoyed meeting the faculty members. I found their discourse thought-provoking and very insightful. — [1] — I can't wait to meet some of the university's students too. — [2] —

I am quite interested in joining your department. — [3] — Needless to say, our interview has only increased my interest. Even if you are unable to offer me the position, I would be greatly interested in collaborating with you on analyzing the effects of zoo design on animal behavior. — [4] —

Yours sincerely,
Dr. Joanna Peterson
22 Nightingale Road, Apartment 1012
West Chester, New Hampshire

---

1. Where does Mr. Cruickshank work?

   (A) At a zoo
   (B) In New Hampshire
   (C) At Madison University
   (D) In a department store

2. In which of the position marked [1], [2], [3] and [4] does the following sentence best belong?

   "I hope to hear from you soon regarding my application."

   (A) [1]   (B) [2]   (C) [3]   (D) [4]

새로운 유형인 주어진 문장의 위치를 찾는 문제는 앞뒤 문맥을 모두 고려해야 하므로 **해당 문장과 빈칸 앞뒤 문장**을 읽으며 단서가 있는지 혹은 그 문장을 넣었을 때 흐름상 적절한지 확인한다.

STEP 3 구문과 해석 확인하기

문제 1-2 다음 편지를 참조하세요.

---

① 스탠리 크룩섕크 박사, 학과장

매디슨 대학교
동물학과
새뮤얼 빌딩, 312호
아이오와 주, 브룩사이드
컬리지 가 100번지

크룩섕크 박사님께:

귀 학과의 강사 자리**the position of instructor in your department**에 저를 면접 봐 주신 것에 대해 감사를 드리고자 이 편지를 씁니다. 이번이 귀교에 처음 가 본 것이었는데, 그 아름다움과 함께 역사적인 분위기에 깊은 인상을 받았습니다**be greatly impressed with**. 또한 교수진과의 만남도 아주 좋았습니다. 그분들의 말씀은 생각을 자극하고 통찰력 있는**thought-provoking and very insightful** 내용이었습니다. 학생들도 빨리 만나보고 싶은 심정입니다.

저는 귀 학부와 함께 일하는 데 관심이 아주 많습니다. 두말할 것도 없이**Needless to say**, 면접 과정을 통해 제 관심이 더 커졌습니다. 제게 그 자리를 주실 수는 없다 해도**be unable to offer me the position**, 동물원의 디자인이 동물의 행동에 미치는 영향에 관한 분석**analyzing the effects of zoo design on animal behavior**에 박사님과 함께 협력하는 데 지대한 관심을 가지고 있습니다**be greatly interested in collaborating with you**. ② 제 지원 상황에 대해 **regarding my application** 곧 소식을 들을 수 있기를 바랍니다.

조안나 피터슨 박사 올림
뉴햄프셔 주, 웨스트 체스터, 43567
나이팅게일 로 22, 1012 아파트

---

1. 크룩섕크 씨가 일하는 곳은?

   (A) 동물원
   (B) 뉴햄프셔 주
   (C) 매디슨 대학교
   (D) 백화점

2. [1], [2], [3] 그리고 [4]로 표시된 위치 중에서 다음 문장이 들어가기에 가장 적절한 곳은?

   "제 지원 상황에 대해 곧 소식을 들을 수 있기를 바랍니다."

   (A) [1]   (B) [2]   (C) [3]   (D) [4]

정답 1.(C) 2.(D)

ONE MORE STEP 인사 과정을 주제로 한 글에서 자주 출제되는 주요 어휘를 살펴보고 Short Quiz를 풀어보세요.

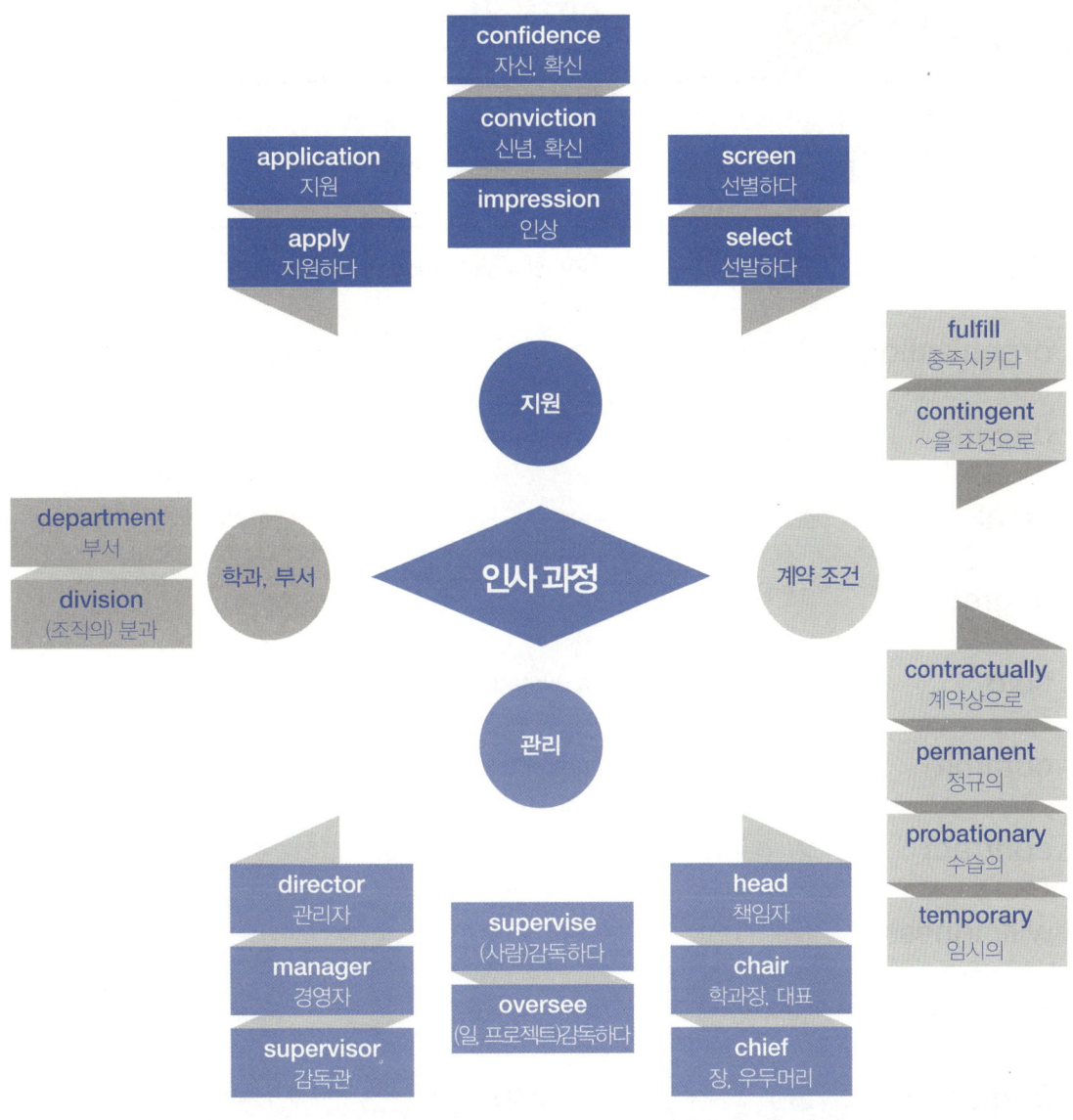

✅ **Short Quiz** 다음 문장을 완성할 수 있는 적절한 어휘를 고르세요.

Q1. I hope to hear from you soon regarding my ☐application ☐supervision.
제 **지원** 상황에 대해 곧 소식을 들을 수 있기를 바랍니다.

Q2. Interested ☐applicants ☐directors should e-mail a résumé and cover letter.
관심이 있는 **지원자**는 이력서와 자기소개서를 이메일로 보내 주십시오.

Q3. Thank you for having invited me to interview for the position of instructor in your ☐department ☐permanent.
귀 **학과**의 강사 자리에 면접을 볼 수 있게 해 주셔서 감사 드립니다.

KEY 03   채용 공고, 지원 & 면접

STEP 1   **어휘와 구문**   지문의 주요 어휘들을 살펴보고 그 어휘를 활용하여 구문을 완성해 보세요.

어휘	뜻	구문
ESL	제2언어로서의 영어	English as a Second Language 제2언어로서의 영어
organization	명 조직	the largest ESL _organization_ 가장 큰 ESL 조직
decade	명 10년	almost two _____s 거의 20년
ideal	형 이상적인	an _____ candidate 이상적인 지원자
degree	명 학위	a _____ in English 영어 학위
field	명 분야	a related _____ 관련 분야
commit	동 약속하다	prepare to _____ 약속할 준비를 하다
contract	명 계약	a one-year _____ 1년 계약
willingness	명 의지, 의사	a _____ to commit 약속할 의사
acceptance	명 수락	chances of _____ 수락(채용) 확률
format	명 양식, 서식	Word file _____s 워드 문서 양식
paste	동 붙이다	_____ the résumé into an e-mail 이력서를 이메일에 붙이다
Bachelor	명 학사	_____'s degree 학사 학위
Master	명 석사	_____'s degree 석사 학위
subject	명 과목	both _____s require 두 과목 모두 요구하다
require	동 요구하다	_____ spoken English 영어회화 능력이 필요하다

Triple Passages

heavy	형 많은	_____ essay writing	많은 에세이 작문
qualify	동 자격을 주다	_____ to work as a teacher	교사로 일할 수 있는 자격을 주다
practical	형 실제의	_____ teaching experience	실제 교육 경험
assistant	명 보조	teaching _____	보조교사
translate	동 (다른 형태로) 바꾸다	_____ experience into	경험을 ~에 적용하다
fluent	형 유창한	_____ in Japanese	일본어에 유창한
quality	명 자질	essential _____	필수적인 자질
superb	형 뛰어난	_____ candidate	가장 뛰어난 지원자
combine	동 통합하다	_____ these qualities	이러한 자질을 통합하다
attach	동 덧붙이다	_____ the résumé	이력서를 덧붙이다
detail	명 세부사항	further _____ s	추가적인 세부사항
convenience	명 편의	at your earliest _____	될 수 있는 대로 빨리
in response to	~에 답하여	_____ your application	당신의 지원에 답하여
prior	형 ~ 전의	_____ experience	이전 경력
inform	동 알리다	_____ you that	~에게 that 이하를 알리다
reply	동 답하다	_____ to this e-mail	이 이메일에 답하다

Questions 1-5 refer to the following advertisement and e-mails.

Teachers wanted for overseas ESL classes.

We are the world's largest ESL organization, supplying classrooms across Asia with ESL teachers for almost two decades.

Ideal candidates should have at least three years' teaching experience and expertise in teaching children. A degree in English or a related field is also required. Knowledge of Korean, Chinese, or Japanese is an asset, but not necessary. Applicants must be prepared to commit to a one-year, three-year, or five-year contract. Willingness to commit to a longer contract will greatly improve chances of acceptance.

Interested applicants should e-mail a résumé and cover letter to us. Please use Word file format only for any attachments. Applicants may paste their résumé into the body of their e-mail.

To: champion@rogert.com
From: ethanroberts@vandal.ca
Date: August 13, 2015
Re: ESL Position

Dear Sir/Madam,

I would like to apply for the position of an ESL teacher in your organization. I have a Bachelor's degree in History, and a Master's degree in Philosophy, both subjects that require heavy essay writing and a strong grasp of both written and spoken English. I have recently also earned a Bachelor of Education degree. This qualifies me to work as a teacher. Moreover, I have practical teaching experience as a teaching assistant throughout two years of Graduate School. I am sure that I could translate this experience into an ESL environment. I am also fluent in Japanese. I believe these qualities combined make me a superb candidate for the position. Please see my attached résumé for further details. I look forward to hearing from you at your earliest convenience.

Sincerely,
Ethan Roberts

To: ethanroberts@vandal.ca
From: champion@rogert.com
Date: August 20, 2015
Re: ESL Position

Dear Mr. Roberts,

This is in response to your application for the post of ESL teacher at Champion Classroom. We were impressed by your prior experience and education. We are pleased to inform you that you have been selected for an interview.
The interview will be with Daniel Choi, our HR manager. The interview is on October 22 at 10:30 A.M. Please reply to this email address to confirm that you are able to attend.
A map showing the location of the interview venue is attached.

Best regards,
Angela Farrel

Passage 1

1. How long has Champion Classrooms been in business?

   (A) About 2 years
   (B) About 10 years
   (C) About 20 years
   (D) About 40 years

Passage 1

2. In the ad, the word "asset" in paragraph 2, line 3, is closest in meaning to

   (A) surprise
   (B) hindrance
   (C) requirement
   (D) advantage

Passage 2

3. What did Mr. Roberts study at the postgraduate level?

   (A) History
   (B) Philosophy
   (C) English
   (D) Japanese

Passage 1&2

4. What qualification does Mr. Roberts NOT have that is asked for in the ad?

   (A) A university degree
   (B) Fluency in Japanese
   (C) Three years of work experience
   (D) The ability to teach in school.

Passage 3

5. What is Mr. Roberts asked to do?

   (A) Respond to the e-mail
   (B) Present required documents
   (C) Apply for the job
   (D) Contact the HR department

Critical KEY

4번 문항과 같이 채용 공고의 요구 사항과 지원자의 경력 조건을 비교하는 연계문제는 **두 지문의 정보를 비교, 대조**하여 일치하지 않는 보기를 하나씩 소거하면서 해결한다.

STEP 3 구문과 해석 확인하기

문제 1-5 다음 광고와 두 이메일을 참조하세요.

정답 근거 문장

해외 ESL 수업을 원하는 교사들에게

우리는 세계 최대의 ESL 조직**the world's largest ESL organization**으로서 아시아 전역의 교실에 ① <u>거의 20년 동안 **for almost two decades**</u> ESL 교사들을 보내고 있습니다.

④ <u>이상적인 지원자**Ideal candidates**</u>는 적어도 3년간의 교사 경력이 있고 아이들을 가르칠 수 있는 전문 지식이 있어야 합니다. 영어나 관련 분야의 학위**a degree in English or a related field**도 요구됩니다. 한국어, 중국어, 일본어를 알고 있다면 ② <u>장점**an asset**</u>이 되겠지만, 필수 사항은 아닙니다**but not necessary**. 지원자는 1년, 3년 혹은 5년의 계약을 약속할 준비가 되어 있어야**be prepared to commit** 합니다. 이보다 더 긴 기간의 계약을 할 의사 **willingness to commit to longer contracts**가 있다면 채용될 확률**chances of acceptance**이 훨씬 높을 것입니다.

관심 있는 지원자**Interested applicants**는 이력서와 자기소개서를 저희에게 보내셔야 합니다. 첨부 파일**any attachments**은 워드 파일 양식만 사용하십시오. 지원자께서는 이력서를 이메일 본문에 붙여넣기**paste their résumé** 하셔도 됩니다.

수신: champion@rogert.com
발신: ethanroberts@vandal.ca
날짜: 2015년 8월 13일
제목: ESL 자리

담당자분께,

귀 단체의 ESL 교사직에 지원하고자 합니다. ③ <u>저는 역사 학사 학위**a Bachelor's degree** 및 철학 석사 학위**a Master's degree**</u>를 가지고 있으며, 두 과목 모두 에세이 작문이 많고**heavy essay writing** 문어체 및 구어체 영어 모두 잘 알고 있어야 합니다. ④ <u>저는 최근에 교육학 학사 학위를 받았는데, 이로써 저는 교사로서 일할 자격이 있습니다**qualify me to work as a teacher**</u>. 더욱이 저는 석사 과정 2년 내내 보조 교사로서**as a teaching assistant** 실제로 가르친 경험**practical teaching experience**이 있습니다. 저는 이러한 경험을 쉽게 ESL 환경으로 전환할 수 있다고**translate this experience into an ESL environment** 확신합니다. 저는 또한 일본어에 능통**fluent in Japanese**합니다. 이러한 자격 요건들로 해서 저는 그 자리에 맞는 최고의 지원자**superb candidate**라고 생각합니다. 더 자세한 사항**further details**은 첨부한 이력서**attached résumé**를 봐 주십시오. 조속한 시일 내에**at your earliest convenience** 귀하로부터 소식을 듣기를 고대하겠습니다.

이선 로버츠 올림

수신: ethanroberts@vandal.ca
발신: champion@rogert.com
날짜: 2015년 8월 20일
제목: ESL 자리

로버츠 씨에게,

챔피언 클래스룸의 영어 교사직에 지원하신 것에 대한 답장**in response to your application**입니다. 저희는 귀하의 이전 경력**your prior experience**과 교육을 인상깊게 보았습니다. 귀하가 면접 대상자로 선정되었다는 것을 알려드리게 되어 기쁩니다**pleased to inform**.

면접은 인사부장인 다니엘 최씨가 진행할 예정입니다. 이 면접은 10월 22일 오전 10시 30분입니다. ⑤참석이 가능하신지 확인하기 위해 이 이메일로 답장을 보내**reply to this email address** 주십시오.

면접 장소를 알려주는 지도가 첨부되어 있습니다.

안젤라 페럴

지문1

1. 챔피언 클래스룸이 사업을 해 온 기간은?

(A) 약 2년
(B) 약 10년
(C) 약 20년
(D) 약 40년

지문1

2. 광고의 두 번째 단락 3행에 있는 단어 '장점'과 의미상 가장 가까운 것은?

(A) 놀람
(B) 방해
(C) 필요 조건
(D) 이점

지문2

3. 로버츠 씨가 대학원 단계에서 공부한 것은?

(A) 역사
(B) 철학
(C) 영어
(D) 일본어

지문1&2 통합

4. 로버츠 씨가 광고에서 요구된 것 가운데 갖추고 있지 않은 것은?

(A) 대학 학위
(B) 유창한 일본어
(C) 3년의 경력
(D) 학교에서 가르칠 수 있는 능력

지문3

5. 로버츠 씨가 요청받은 것은?

(A) 이메일에 답장하기
(B) 요청 받은 서류를 제시하기
(C) 일자리에 지원하기
(D) 인사 부서에 연락하기

정답 1.(C) 2.(D) 3.(B) 4.(C) 5.(A)

ONE MORE STEP 채용 공고와 입사 지원에서 자주 출제되는 주요 어휘를 살펴보고 Short Quiz를 풀어보세요.

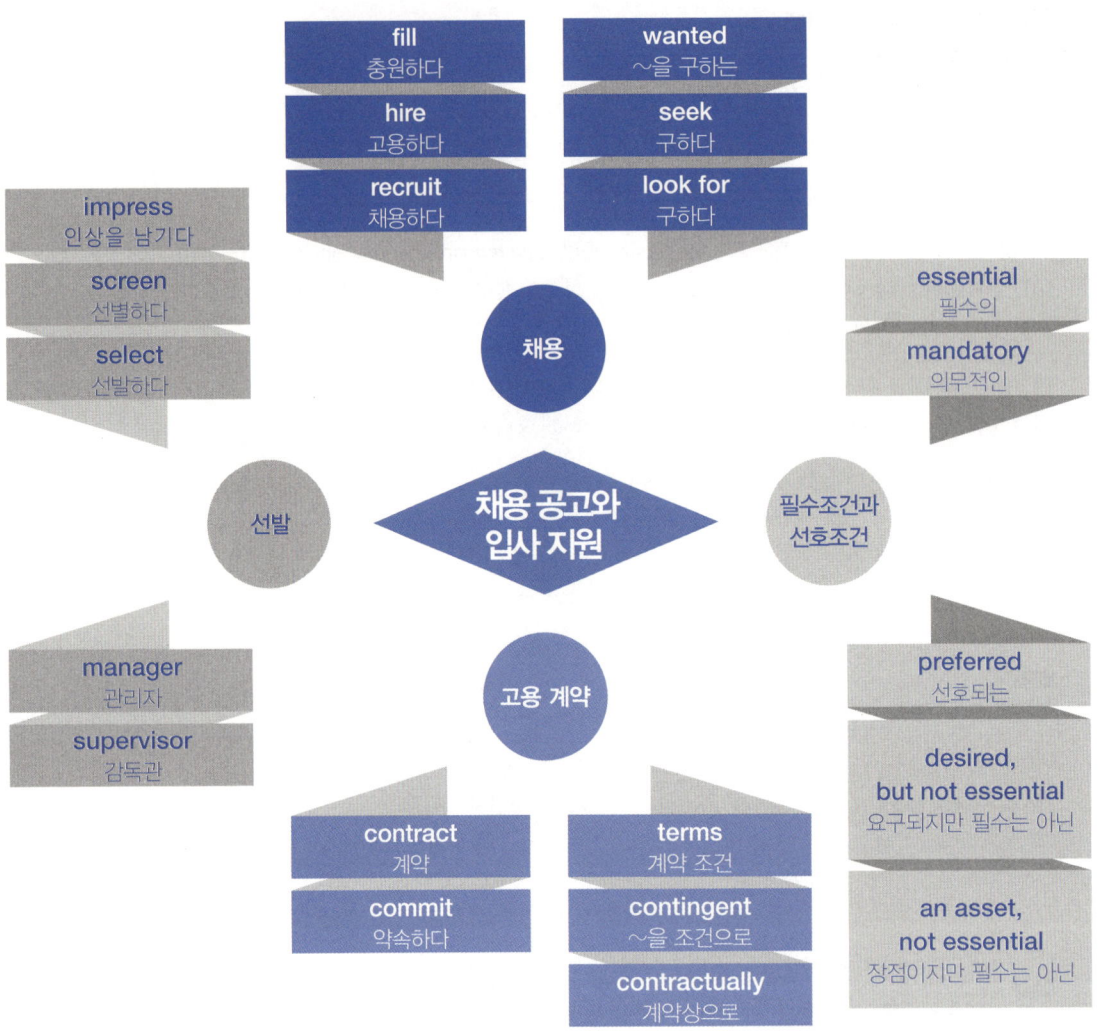

☑ Short Quiz 다음 문장을 완성할 수 있는 적절한 어휘를 고르세요.

Q1. Applicants must be prepared to ☐ commit ☐ contingent to a one-year contract.
지원자는 1년 계약을 **약속할** 준비가 되어 있어야 합니다.

Q2. Knowledge of Korean, Chinese, or Japanese is an ☐ asset ☐ essential, but not necessary.
한국어, 중국어, 일본어를 알고 있다면 **장점**이 되겠지만, 필수 사항은 아닙니다.

Q3. We are pleased to inform you that you have been ☐ selected ☐ impressed for an interview.
귀하가 면접 대상자로 **선정되었다**는 것을 알려드리게 되어 기쁩니다.

UNIT 2
회사 생활의 시작

KEY STORY

신입 사원이 된 여러분은 가장 먼저 예비교육orientation에 참석attendance하게 됩니다. 그 이후로도 회사에서 제공하는 교육과정training session을 통해 여러분의 능력을 갈고 닦을 수expand your skills and abilities있습니다.

임시temporary 직원이나 정규permanent 직원 모두 고용계약서employment contract를 작성하게 됩니다. 급여 정책payroll policy과 의료보험health benefits과 같은 조항들을 꼼꼼히 읽어보는 것은 필수입니다.

회사는 여러분의 성과performance를 감독하고monitor 평가합니다evaluate. 높은 동기 부여수준high motivational level과 끊임없는 노력persistent efforts, 문제를 해결하는smooth things over 능력까지 있다면 완벽하겠네요. 열심히 일하다 보면, 승진promotion이 기다리고 있을 거에요.

Before the Step

지문의 주요 어휘들을 살펴 보고 그 어휘들을 활용하여 구문을 완성해 보세요.

단어	품사/뜻	예시
orientation	명 예비 교육	Employee _orientation_ 직원 예비 교육
attendance	명 참석	_____ of the orientation 예비 교육의 참석
mandatory	형 의무적인	_____ attendance 의무적인 참석
transit	명 수송	public _____ 대중 교통
payroll	명 급여	_____ policy 급여 정책
health benefit	의료보험	_____ packages 의료보험 제도
legal	형 법적인	_____ briefing 법적 사항의 요약 정보
harassment	명 괴롭힘	sexual _____ 성추행
privacy	명 사생활	_____ policy 사생활 정책
operating	형 조작상의	_____ facility 작업 시설
show around	(~을) 보여주다	_____ the factory 공장을 견학시켜 주다
plant	명 공장	_____ manager 공장장
period	명 기간	a question and answer _____ 질의 응답 시간
head	명 책임자	all department _____s 모든 부서장
address	동 (문제를) 다루다	be available to _____ ~을 다룰 수 있다
concern	명 관심사	address any _____s 관심사를 다루다

Employee Orientation
Tuesday September 14

Employee's attendance to the orientation session is mandatory. We are recommending that people arrive via public transit if they live within the city limits.

10:00 A.M. to 10:45 A.M. H.R. policies
Denise Faraday, Manager of Human Resources, will discuss payroll policy, vacation time, and health benefit packages.

11:00 A.M. to 11:45 A.M. Legal briefing
Cecil Parker, Chief Legal Officer, will discuss employee rights and responsibilities, as well as the company's sexual harassment and privacy policies.

1:15 P.M. to 2:15 P.M. Tour of the operating facilities
Employees will be shown around the factory floor by Jill Weatherspoon, our plant manager.

2:30 P.M. to 3:15 P.M. Question and Answer Period
All department heads will be available to address any concerns and to answer any questions each of you may have.

● 어휘와 구문을 학습한 후 지문 해석을 완성해 보세요.

직원 _____ **Employee Orientation**
9월 14일 화요일

직원들의 오리엔테이션 _____ **attendance**은 _____ **mandatory**입니다. 시내에 거주하신다면 _____ **public transit**으로 오시길 권하는 바입니다.

오전 10시부터 10시 45분까지. 인사 정책
인사부 데니스 패러데이 부장께서 _____ **payroll policy**, 휴가 시간 및 _____ **health benefit packages**에 관해 소개합니다.

오전 11시부터 11시 45분까지. _____ **Legal briefing**
세실 파커 법률 담당 최고 책임자께서 회사의 성적 희롱 및 프라이버시 정책**sexual harassment and privacy policies** 뿐 아니라 직원들의 권리 및 책임에 대해 소개합니다.

오후 1시 15분부터 2시 15분까지. _____ **operating facilities** 견학
직원들에게 질 웨더스푼 공장장**Plant Manager**께서 공장을 보여줄**show around the factory** 예정입니다.

오후 2시 30분부터 3시 15분까지. 질의 응답 시간**Question and Answer Period**
모든 부서장들**All department heads**이 여러분이 갖고 계신 _____ **address any concerns** 질문에 답해드립니다.

KEY 04 — 고용 계약서

STEP 1 어휘와 구문 지문의 주요 어휘들을 살펴보고 그 어휘를 활용하여 구문을 완성해 보세요.

어휘	품사/뜻	구문
terms	명 조건	_terms_ of agreement 합의 조건
condition	명 조건	terms and _____s of employment 고용 조건
duration	명 기간	_____ of employment 고용 기간
trainee	명 수습, 실습생	_____ lawyer 수습 변호사
commence	동 시작하다	_____ on April 1 4월 1일에 시작하다
contract	명 계약	a six-month _____ 6개월 계약
temporary	형 임시의	a _____ contract 임시 계약
permanent	형 영구적인	offer you a _____ contract 정규 계약을 제안하다
salary	명 급여	_____ will be $32,000 per year 급여는 연간 3만 2천 달러가 될 예정이다
break	명 휴식시간	one-hour lunch _____ 한 시간의 점심 시간
exclude	동 제외하다	_____ public holidays 공휴일을 제외하다
notice	명 알림, 통지	six week's advance _____ 6주 사전 통보
reduction	명 삭감	a salary _____ 급여 삭감
certificate	명 증서	a medical _____ 진단서
absence	명 결근	_____ of two working days 근무일 기준 이틀의 결근
termination	명 종료	_____ of contract 계약의 종료

54

STEP 2 주제별 예제

Questions 1-2 refer to the following contract.

난이도 ★☆☆

Terms of Agreement
Davis & Donaldson Law Firm

The terms and conditions of your employment with Davis & Donaldson Law Firm are as follows.

Duration of employment: Your employment as Trainee shall commence on April 1. You will be employed on a six-month contract. After successful completion of this temporary contract, the Company may decide to offer you a permanent contract.

Salary: Your salary will be $32,000 a year. It will be paid directly into your bank account on the 25th day of every month. Salary reviews occur after each full year of employment.

Working Hours and Holidays: Your normal hours of work will be from 9 A.M. to 6 P.M. with a one-hour lunch break. Your paid vacations will be 15 working days a year, excluding public holidays. You must give at least six weeks of advance notice before taking a leave.

Sick Leave: You are required to contact the Company before 8:30 A.M. Failure to do so may result in a salary reduction. A medical certificate is required for absences of more than two working days.

Termination of Contract: The employee is required to give four weeks advance notice in writing if he or she wishes to terminate the contract.

1. What kind of document is this?

    (A) An invoice for legal services
    (B) An employment contract
    (C) A notice of termination
    (D) A work performance assessment

2. How will the employee be paid?

    (A) By incentive payment
    (B) In cash
    (C) By check
    (D) By bank transfer

고용 계약서와 같이 여러 항목에 대한 설명이 달려 있는 지문에서는 <u>각 세부 사항에 대한 정보를 확인</u>하는 문제가 주로 출제된다. 각 항목의 이름이 필요한 정보를 찾을 수 있는 단서가 된다.

STEP 3 구문과 해석 확인하기

문제 1-2 다음 계약서를 참조하세요.

정답 근거 문장

계약 조건
데이비스 앤 도널드슨 법률 사무소

① 데이비스 앤 도널드슨 법률 사무소와의 고용 조건terms and conditions of your employment은 다음과 같습니다.

고용 기간 Duration of employment: 수습 직원으로서의as Trainee 고용은 4월 1일부터 시작됩니다commence on April 1. 귀하는 6개월간의 계약a six-month contract으로 고용되는 것입니다. 임시 계약temporary contract을 성공적으로 수행한 후, 회사는 귀하께 정규 계약을 제안할offer you a permanent contract 수 있습니다.

② **급료**Salary: 급료는 연 32,000달러가 될 것입니다. 매달 25일에 은행 계좌로 직접 받게 됩니다. 급여 재검토는 매년 고용 기간이 완료된 후 이루어집니다.

근무 시간 및 휴일: 통상적인 근무 시간은 1시간의 점심시간a one-hour lunch break을 포함하여 오전 9시부터 오후 6시까지입니다. 유급 휴가는 공휴일은 제외한excluding public holidays 근무일 기준으로 연 15일입니다. 적어도 6주 전에 통지at least six weeks of advance notice하셔야 합니다.

병가: 오선 8시 30분 전에 회사에 연락을 취해야 합니다. 그렇게 하지 않는 경우, 감봉a salary reduction이 따를 수 있습니다. 2일 이상 결근 시 진단서medical certificate가 요구됩니다.

계약 종료 Termination of Contract: 직원은 퇴사 희망 시, 4주 전에 서면으로 통지를 하셔야 합니다.

1. 어떤 종류의 서류인가?
   (A) 법률 서비스에 대한 송장
   (B) 고용 계약서
   (C) 종료 통지서
   (D) 업무 수행 평가서

2. 직원이 임금을 지급받게 될 방법은?
   (A) 장려금으로
   (B) 현금으로
   (C) 수표로
   (D) 은행 계좌 이체로

정답 1.(B) 2.(D)

ONE MORE STEP 회사의 고용 정책과 관련하여 자주 출제되는 주요 어휘를 살펴보고 Short Quiz를 풀어보세요.

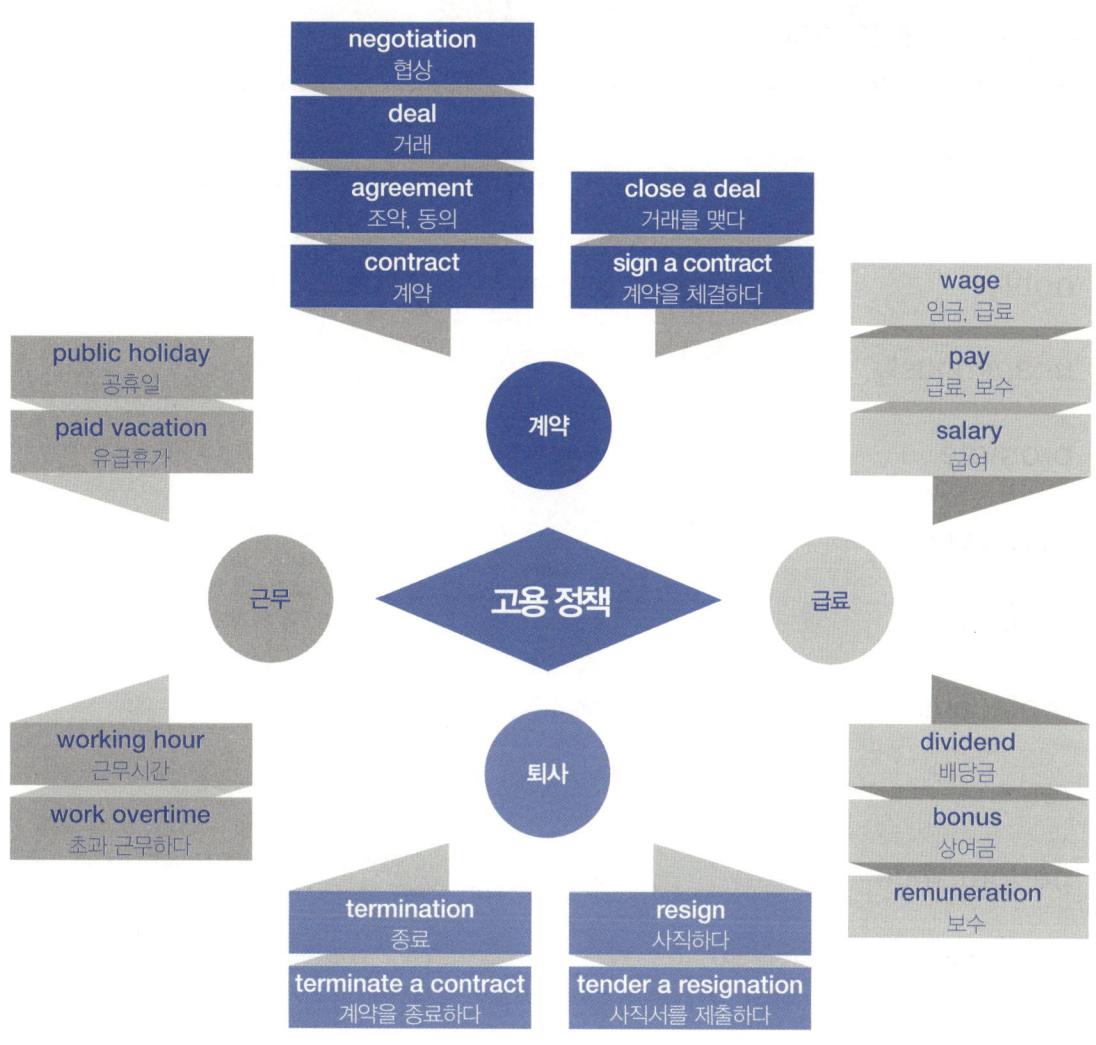

✓ Short Quiz 다음 문장을 완성할 수 있는 적절한 어휘를 고르세요.

Q1. Your ☐salary ☐deal will be $32,000 a year.
   급료는 연 32,000달러가 될 것입니다.

Q2. Your ☐paid vacations ☐public holidays will be 15 working days per year.
   유급 휴가는 근무일 기준 연 15일입니다.

Q3. The Company may decide to offer you a permanent ☐resignation ☐contract.
   회사는 당신에게 정규직 **계약**을 제안할 수도 있습니다.

KEY 05 — 인사 이동

STEP 1 어휘와 구문 지문의 주요 어휘들을 살펴보고 그 어휘를 활용하여 구문을 완성해 보세요.

어휘	품사/뜻	구문
notify	동 알리다	be pleased to _notify_ 알리게 되어 기쁘다
unanimously	부 만장일치로	_____ decide 만장일치로 결정하다
promote	동 승진시키다	decide to _____ you 당신을 승진시키기로 결정하다
take over	~을 이어받다	_____ the position 그 직책을 이어받다
director	명 책임자	marketing _____ 마케팅 부장
replacement	명 후임자	as a _____ 후임자로서
retire	동 은퇴하다	_____ this month 이번 달에 은퇴하다
performance	명 성과	_____ over the past two years 지난 2년 간의 성과
monitor	동 감독하다	_____ your performance 귀하의 성과를 감독하다
evaluate	동 평가하다	monitor and _____ 감독하고 평가하다
exceptional	형 뛰어난	show _____ leadership 뛰어난 리더십을 보이다
persistent	형 끊임없는	_____ efforts 끊임없는 노력
reward	동 보상하다	should be _____ ed 보상 받아야 한다
consistency	명 일관성	expect _____ 일관성을 기대하다
motivational	형 동기가 부여되는	high _____ levels 높은 동기 부여 수준
expand	동 성장하다	_____ skills and abilities 기량과 능력을 키우다

STEP 2 주제별 예제

Questions 1-2 refer to the following memorandum.

난이도 ★★☆

Dear Ms. Xiao,

I am extremely pleased to notify you that the management of the company has unanimously decided to promote you. You're going to take over the position of marketing director, as a replacement for Mr. Cooper who is retiring this month.

The company has monitored and evaluated your performance over the past two years. You've shown exceptional leadership and persistent efforts which should be rewarded. We expect consistency and high motivational levels in your work behavior and hope that you expand your skills and abilities as you continue to grow with our firm. To accept this promotion you need to sign and return the 'Employee Agreement to Move' (attachment A) within a week. Also, you are requested to hand over the duties of marketing manager to Mr. Brown.

Congratulations and keep up the good work. We wish you every success in this new position.

Yours sincerely,
Lyman Trotta

1. What is the purpose of the memo?

    (A) To provide training
    (B) To describe an employee
    (C) To announce a promotion
    (D) To suggest a new proposal

2. What is Ms. Xiao asked to do?

    (A) Retire this month
    (B) Notify a promotion to Mr. Cooper
    (C) Sign the attached paper
    (D) Attend a board meeting

글의 목적을 묻는 문제는 비중은 적지만 꾸준히 출제되는 문제이다. 편지에서는 **첫 문장이나 서론에서 글을 쓴 목적을 제시**하지만 however와 같은 접속 부사를 기준으로 내용이 반전되는 경우도 있으므로 주의가 필요하다.

STEP 3 구문과 해석 확인하기

문제 1-2 다음 회람을 참조하세요.   정답 근거 문장

샤오 씨에게,

① 회사의 경영진이 귀하를 승진시키는 데에 만장일치로 결정했다는unanimously decide to promote you 것을 알리게 되어 매우 기쁩니다be pleased to notify. 귀하는 이번 달에 은퇴하는retire this month 쿠퍼 씨의 후임으로as a replacement 마케팅 부장 자리를 이어받을take over the position of marketing director 것입니다.

회사는 지난 2년간 귀하의 성과를 감독하고 평가해monitor and evaluate your performance왔습니다. 귀하는 뛰어난 리더십exceptional leadership과 보상 받아야be rewarded 할 끊임없는 노력persistent efforts을 보여주셨습니다. 저희는 업무에 있어 일관성consistency과 높은 동기 부여 수준high motivational level을 기대하고 있으며 우리 회사를 성장시키며 귀하의 능력과 실력도 성장하기를expand your skills and abilities 바랍니다. ② 이 승진을 받아들이기 위해, 일주일 안에 '인사 이동을 위한 직원 동의서(첨부 문서 A)'에 사인을 하고 제출해 주십시오. 또한, 마케팅 매니저의 업무는 브라운 씨에게 넘겨 주셔야 합니다.

축하드리며 앞으로도 지금처럼 잘 해나가시기를 바랍니다. 새로운 직책에서도 모든 일이 잘 되시기를 바랍니다.

라이만 트로타 올림

---

1. 메모의 목적은?

   (A) 연수를 제공하기 위해
   (B) 한 직원을 묘사하기 위해
   (C) 승진을 알려주기 위해
   (D) 새로운 기획안을 제안하기 위해

2. 샤오 씨가 요청 받은 것은?

   (A) 이번 달에 은퇴하기
   (B) 쿠퍼 씨에게 승진을 알려주기
   (C) 첨부된 서류에 서명하기
   (D) 이사회 회의에 참석하기

정답 1.(C) 2.(C)

ONE MORE STEP 인사 과정에서 자주 출제되는 주요 어휘를 살펴보고 Short Quiz를 풀어보세요.

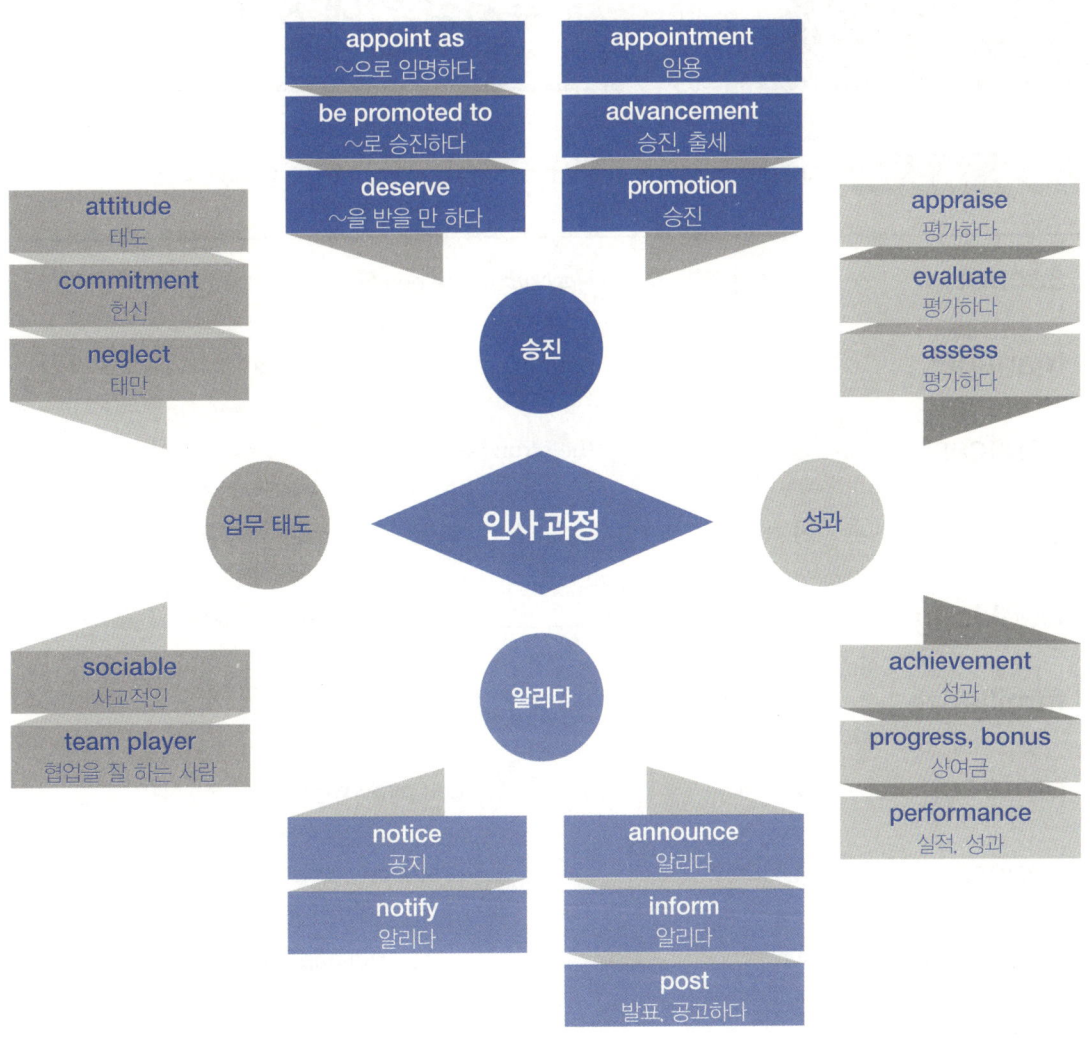

Short Quiz 다음 문장을 완성할 수 있는 적절한 어휘를 고르세요.

Q1. I know you wanted the ☐promotion ☐progress to a director.
당신이 부장으로 **승진**하기를 원했다는 것을 알고 있습니다.

Q2. I greatly appreciate the hard work and ☐commitment ☐neglect you have shown.
당신이 보여준 근면과 **헌신**에 감사 드립니다.

Q3. The employee is required to give a ☐notice ☐post in writing four weeks earlier.
직원은 4주 전에 서면으로 **공지**할 것을 요청 받습니다.

KEY 06   새 부서장 안내 & 공지

STEP 1 어휘와 구문   지문의 주요 어휘들을 살펴 보고 그 어휘들을 활용하여 구문을 완성해 보세요.

어휘	품사	뜻	구문	해석
accept	동	받아들이다	_accept_ the position	그 직책을 받아들이다
manager	명	관리자	project _____	프로젝트 관리자
applicant	명	지원자	the strongest _____	가장 뛰어난 지원자
send	동	보내다	_____ you to a seminar	당신을 세미나에 보내다
weeklong	형	일주일에 걸친	_____ training seminar	일주일간의 연수 세미나
familiarize	동	익숙하게 하다	_____ with our procedure	우리의 절차에 익숙하게 하다
protocol	명	규약	_____ and paperwork	규약과 문서 작업
general	형	일반적인	_____ protocol	일반적인 규약
take over		이어받다	_____ the department	부서를 이어받다
immediately	부	즉시	start _____	즉시 시작하다
predecessor	명	전임자	_____ made some missteps	전임자가 몇 가지 실수를 했다
misstep	명	실수	make some serious _____ s	몇몇 심각한 실수를 하다
implement	동	실행하다	_____ the original system	원래의 체계를 실행하다
extensively	부	널리	work with others _____	다른 이들과 폭넓게 일하다
smooth	동	(문제 등을) 없애다	_____ things over	일을 원만히 처리하다
brief	동	~에게 알려주다	_____ you in full detail	상세한 내용을 알려주다

Double Passages

gain	동 얻다	_____ a new employee	새 직원을 얻다
valuable	형 귀중한	_____ new employee	귀중한 새 직원
announce	동 알리다	pleased to _____	알리게 되어 기쁘다
consulting	형 상담역의	a member of the _____ team	컨설팅 팀의 한 구성원
enter	동 들어가다	_____ the consulting industry	컨설팅 업계에 들어서다
legislative	형 입법의	_____ assembly	입법 회의
board	명 위원회	_____ of directors	이사회
chamber	명 회의실	_____ of Commerce	상공 회의소
knowledge	명 지식	professional _____	전문적인 지식
ability	명 능력	knowledge and business _____	지식과 사업 능력
asset	명 자산	a valuable _____	귀중한 자산
primarily	부 주로	_____ work with	주로 ~와 함께 일하다
responsible	형 책임지고 있는	be _____ for taking over	인수를 책임지고 있는
day-to-day	형 그날 그날의	the _____ oversight	일일 관리
oversight	명 관리, 감독	_____ of our project	우리 프로젝트의 감독
ongoing	형 진행 중인	_____ project	진행 중인 프로젝트

Questions 1-5 refer to the following e-mail and announcement.

To: tchan@bells.au
From: briansmith@kafed.au
Date: February 01
Re: Project managerial position

Dear Terrance,

We are pleased that you have accepted the position of Project Manager at Kafed Consulting.

You were the best among the applicants in a very crowded field (there were over 1,500 applicants) and have our full confidence. Normally, we would send you to a weeklong training seminar to familiarize you with our general protocols and paperwork. But in this case we need you to take over the Department of Education and Training and start immediately. Your predecessor made some serious missteps in implementing the new system. You worked with the department extensively when you were an MLA and know how it works, so hopefully you can smooth things over. I'll brief you in full detail tomorrow as soon as the office opens.

Once again, you have our full confidence.

Sincerely,
Brian Smith

Kafed Consulting Gains Valuable New Employee

Kafed Consulting is pleased to announce that Mr. Terrance Chan has become the newest member of its consulting team. Terrance Chan brings 17 years of consulting experience to the position of Project Manager. He entered the industry in 1976, and he came to us from Mandral Systems, Inc., where he was also the Project Manager. He served as a Member of the Legislative Assembly (MLA) from 1981 to 1985, and has been a member of the Board of Directors of the Queensland Chamber of Commerce since 1991. His knowledge and business ability make him a valuable asset to the team. He will primarily be responsible for taking over the day-to-day oversight of our ongoing projects with the Department of Education and Training.

Passage 1
1. What will Mr. Chan NOT be doing?

   (A) Working with other departments
   (B) Attending a training seminar
   (C) Receiving a briefing in the morning
   (D) Trying to fix his predecessor's errors

Passage 1
2. In the e-mail, the word "implementing" in paragraph 2, in line 5, is closest in meaning to

   (A) separating
   (B) briefing
   (C) performing
   (D) depressing

Passage 2
3. For whom is the notice intended?

   (A) Kafed Consulting's employees
   (B) Mandral Systems's employees
   (C) Members of the Legislative Assembly
   (D) Board of Directors of the Chamber of Commerce

Passage 2
4. Where did Mr. Chan work immediately before joining Kafed Consulting?

   (A) The Queensland Legislative Assembly
   (B) The Department of Education and Training
   (C) Queensland Chamber of Commerce
   (D) Mandral systems Incorporated

Passage 2
5. When did Mr. Chan become one of directors of the Queensland Chamber of Commerce?

   (A) 1976
   (B) 1981
   (C) 1985
   (D) 1991

연계문제 PLUS

Passage 1&2
6. Which of Mr. Chan's experiences is likely to be least relevant to his new job?

   (A) His Legislative Assembly experience
   (B) His seventeen years of consulting experience
   (C) His Chamber of Commerce experience
   (D) His Mandral Systems experience

세부 정보를 묻는 유형은 문제를 읽고 해당하는 정보가 지문의 어디에 있는지를 대조하면서 정답을 찾는다. **대명사나 고유명사는** 다른 표현으로 바꾸어 사용할 수 없으므로 지문에서 해당 정보가 어디에 있는지 찾는 **keyword로 사용**할 수 있다.

STEP 3 구문과 해석 확인하기

문제 1-5 다음 이메일과 공지를 참조하세요.   정답 근거 문장

수신: tchan@bells.au
발신: briansmith@kafed.au
날짜: 2월 1일
답장: 프로젝트 매니저 자리

테런스 씨에게,

귀하께서 카페드 컨설팅의 프로젝트 매니저 자리를 수락해**accept the position of project manager** 주셔서 기쁩니다.

귀하께서는 지원자가 아주 많은 (1,500명이 넘는 지원자가 있었음) 분야 가운데 가장 우수한 지원자**the best among the applicants**였고, 우리의 전폭적인 신임을 얻고 계십니다. ① 일반적으로, 우리는 일주일간의 연수 세미나**a weeklong training seminar**에 보내서 일반적인 규약과 서류 업무를 파악하도록**familiarize you with our general protocols and paperwork** 합니다. 하지만 이번 경우에는 교육 연수부를 이어받아**take over** 즉시 시작하셨으면 합니다. 전임자가 새로운 시스템을 ② 시행하면서 몇몇 심각한 실수를**some serious missteps in implementing the new system** 했습니다. 귀하께서는 입법부 의원이었을 때 광범위하게 부서 일을 하셨으므로 어떻게 돌아가는지 잘 알고 계십니다. 그래서 사태를 원만히 수습하실**smooth things over** 수 있을 것으로 기대됩니다. 내일 사무실이 열리자마자 모든 자세한 사항을 요약해서 설명해**brief you in full detail** 드리겠습니다.

다시 한 번 말씀드리건대, 귀하께서는 우리의 전폭적인 신임을 받고 계십니다.

브라이언 스미스 올림

카페드 컨설팅에 소중한 새 직원이 들어오셨습니다

카페드 컨설팅은 테런스 찬 씨가 컨설팅 팀의 새 일원이 되셨음을 알려드리게 되어 기쁩니다. 테런스 찬은 17년간의 컨설팅 경력을 갖고 프로젝트 매니저 자리에 오시게 됩니다. ④ 업계에 1976년에 들어오셔서**enter the industry** 맨드럴 시스템즈 주식회사에서 우리에게로 오시는 것입니다. 그곳에서도 그는 프로젝트 매니저였습니다. ⑤ 그분께서는 입법부 의원으로 1981년부터 1985년까지 근무하셨고 1991년 이후 퀸즈랜드 상공 회의소 이사회 임원이셨습니다. 그가 가진 지식과 뛰어난 사업 감각**his knowledge and business ability**으로 그는 팀의 귀중한 자산**a valuable asset**이 될 것입니다. 그는 우선 교육 연수 부서와 함께 진행하고 있는 프로젝트의 일일 감독**the day-to-day oversight of our ongoing projects**을 맡게 될 것입니다**be responsible for taking over**.

지문1
1. 찬 씨가 하지 않을 일은?

   (A) 타 부서와 일하는 것
   (B) 연수 세미나에 참석하는 것
   (C) 오전에 브리핑을 받는 것
   (D) 전임자의 실수를 바로잡는 일을 하는 것

지문1
2. 이메일의 2번째 단락 5행에 있는 단어 '실행하는'과 의미상 가장 가까운 것은?

   (A) 분리하는
   (B) 알려주는
   (C) 시행하는
   (D) 침울한

지문2
3. 공지 사항은 누구를 위한 것인가?

   (A) 카페드 컨설팅의 직원들
   (B) 맨드럴 시스템즈의 직원들
   (C) 입법부 의원들
   (D) 상공 회의소 이사회

지문2
4. 찬 씨가 카페드 컨설팅에 합류하기 바로 직전에 일했던 곳은?

   (A) 퀸즈랜드 입법 회의
   (B) 교육 연수부
   (C) 퀸즈랜드 상공 회의소
   (D) 맨드럴 시스템즈 주식회사

지문2
5. 찬 씨가 퀸즈랜드 상공 회의소 이사회 임원이 된 시기는?

   (A) 1976년
   (B) 1981년
   (C) 1985년
   (D) 1991년

지문1&2 통합
6. 찬 씨의 경력 가운데 새 직업과 연관성이 가장 적을 것 같은 것은?

   (A) 그의 입법부 경력
   (B) 그의 컨설팅 관련 17년 동안의 경력
   (C) 그의 상공 회의소 경력
   (D) 그의 맨드럴 시스템즈 경력

정답 1.(B) 2.(C) 3.(A) 4.(D) 5.(D) 6.(C)

ONE MORE STEP 조직 생활에서 자주 출제되는 주요 어휘를 살펴보고 Short Quiz를 풀어보세요

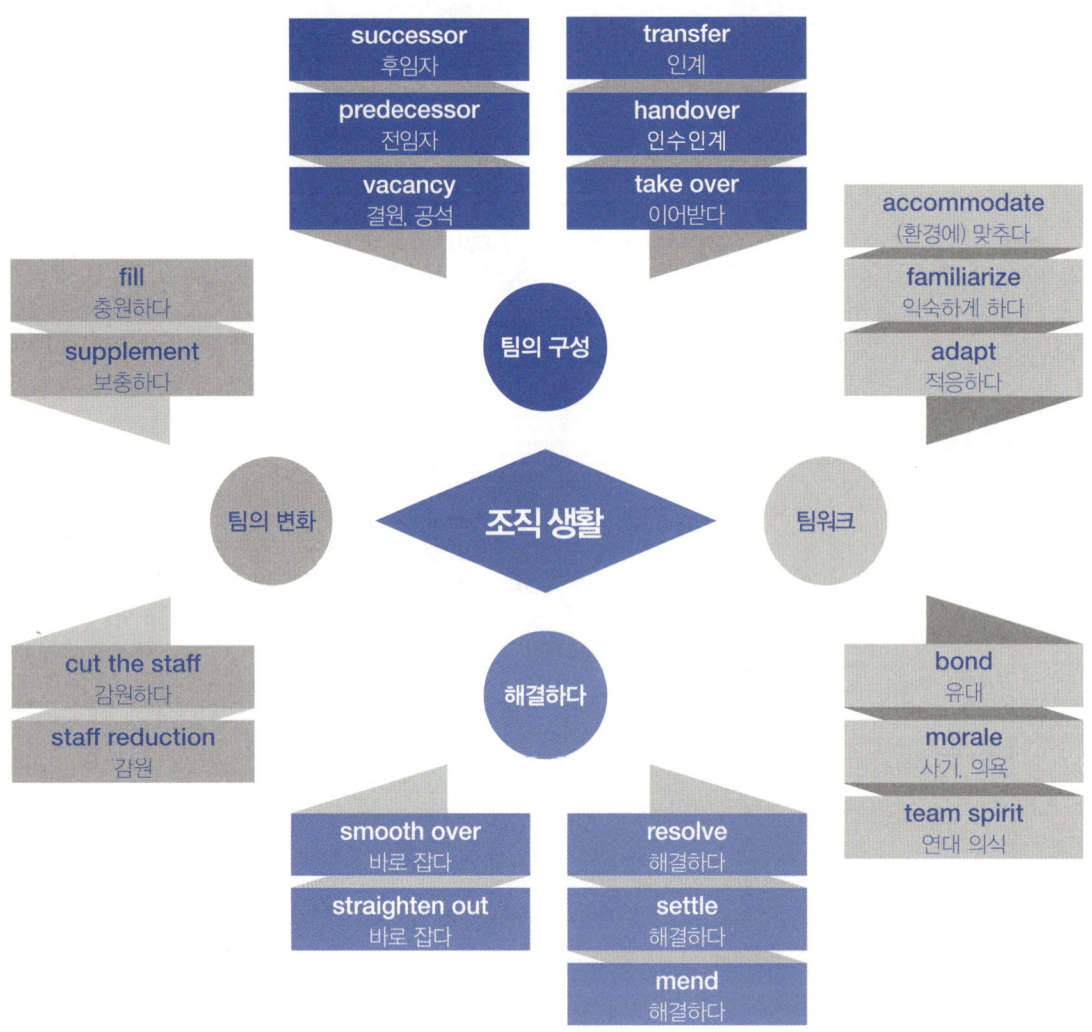

✅ **Short Quiz** 다음 문장을 완성할 수 있는 적절한 어휘를 고르세요.

Q1. Hopefully, you can ☐ smooth   ☐ adapt things over.
문제를 **잘 해결하실** 것을 기대합니다.

Q2. Your ☐ predecessor   ☐ successor made some serious missteps.
당신의 **전임자**가 몇 가지 중대한 실수를 저질렀습니다.

Q3. But in this case we need you to ☐ take over   ☐ accommodate the department and start immediately.
하지만 이번 경우에는 부서를 **이어받아** 바로 일을 시작하시기를 원합니다.

UNIT 3
진짜 업무란 이런 것

KEY STORY

이제 여러분은 기본적인 업무를 익히게 되실 거에요.

보고서report를 제출하기submit 전에 철저하게 교정revision / correction하는 것을 잊지 마세요. 전반적인overall 내용을 검토하고 더 추가해야add 할 부분section은 없는지도 점검하세요.

회의meeting에 참석하게 된다면 그 날의 의제agenda가 무엇인지 알고 있어야 합니다. 다양한 부서의 사람들이 서로 모여서 일의 부담work burden을 줄이고 운영 구조operational structure를 개선improvement하기 위해 머리를 맞대고 고민합니다.

고객 서비스customer service도 중요한 일입니다. 고객이 항의complaint를 할 경우, 사과하고apologize 어떻게 된 일인지 조사하여investigate 문제를 해결할settle the matter 방법을 알려 주세요. 고객이 완전히 만족full satisfaction할 때까지!

Before the Step

지문의 주요 어휘들을 살펴 보고 그 어휘들을 활용하여 구문을 완성해 보세요.

agenda	명 의제	on the _agenda_ 의제로 오른
submit	동 제출하다	_____ the results 결과를 제출하다
complaint	명 불평	_____s about the service 서비스에 대한 불평사항들
operational	형 운영상의	_____ structure 운영 구조
agree on	~에 동의하다	_____ retraining 재교육에 동의하다
branch	명 지점	open a _____ 지점을 개설하다
manager	명 관리자	all branch _____s 모든 지점 관리자
courteous	형 정중한	_____ to every customer 모든 고객에게 정중한
HR	인적 자원	_____ (Human Resources) 인적 자원
prototype	명 원형, 초안	_____ speaker 스피커의 초안
delegate	동 위임하다	be _____d to ~하는 것을 위임 받다
plan	동 계획하다	_____ customer interviews 고객 인터뷰를 계획하다
understaffed	형 인원이 부족한	severely _____ 심각하게 인원이 부족한
launch	동 출시하다	_____ a new product 신제품을 출시하다
burden	명 짐, 부담	increase work _____ 업무 부담이 증가하다
post	동 게시하다	_____ a job opening 채용 공고를 내다

Cornerstone Electronics Inc.

Date: 4 March 2016 10:30 A.M.
Location: Meeting Room 2
Agenda: Improvement in service
　　　　　Product development
　　　　　Recruiting new employees

1. James submitted the results of customer surveys. They suggested that more than half of customers have complaints about the service. Members discussed the need for changes in customer service and operational structure of retail. Members agreed on retraining all branch managers since it is crucial to be courteous and polite to every customer. The HR department will run the process from the start of May.
2. Elizabeth reported that our prototype Bluetooth speaker is almost ready for testing next month. John was delegated to plan focus group customer interviews.
3. Nelson mentioned that the marketing department is severely understaffed. As it is expected that product launching will increase work burdens, members decided to post a job opening online.

● 어휘와 구문을 학습한 후 지문 해석을 완성해 보세요.

코너스톤 전자 주식회사
날짜: 2016년 3월 4일 오전 10시 30분
장소: 제 2 회의실
　　　　_____ Agenda: 서비스 향상
　　　　　　　　　　제품 개발
　　　　　　　　　　새 직원 채용

1. 제임스가 고객 설문조사 _____ submitted the results 했습니다. 이는 고객의 절반 이상이 서비스에 대한 _____ complaints about the service 이 있음을 제시하고 있습니다. 직원들은 고객 서비스와 소매점의 _____ operational structure 의 변화 필요성에 대해 논의했습니다. 모든 고객들에게 예의를 갖추는 courteous 것이 중요하기 때문에 _____ all branch managers 을 재교육 시키기로 동의했습니다. 인사부에서 5월 초부터 이 과정을 운영할 것입니다.

2. 엘리자베스가 블루투스 스피커의 _____ prototype 을 다음 달에 점검할 준비가 거의 다 되었다는 것을 보고했습니다. 존이 포커스 그룹 고객 인터뷰를 _____ plan 것을 _____ be delegated to.

3. 넬슨은 마케팅 부서가 _____ severely understaffed 상태라고 언급했습니다. 제품의 _____ launching 가 _____ work burden 을 더 증가시킬 것이 예상되므로, 직원들은 온라인에 _____ post a job opening 결정했습니다.

KEY 07　안내 편지

STEP 1　어휘와 구문　지문의 주요 어휘들을 살펴보고 그 어휘를 활용하여 구문을 완성해 보세요.

refer to	참조하다	_refer to_ your complaint letter	항의 편지를 참조하다
state	동 말하다	_____ that it is defective	그것이 결함이 있다고 말하다
supply	동 공급하다	_____ a monitor to you	귀하에게 모니터를 공급하다
defective	형 결함이 있는	a _____ monitor	결함이 있는 모니터
pass	동 통과하다	_____ the test	시험을 통과하다
specification	명 세목, 내역	quality control _____	품질 관리 내역
dispatch	동 발송하다	_____ new products	새로운 제품을 발송하다
investigate	동 조사하다	_____ the situation	상황을 조사하다
delivery	명 배달, 운송	during the _____ process	배송 과정 중에
replacement	명 대체품	a _____ for the damaged goods	손상된 제품에 대한 대체품
parcel	명 소포	sent by _____ post	소포 우편으로 보내지다
step	명 단계, 조치	all necessary _____ s	필요한 모든 조치
order	명 주문	future _____	앞으로의 주문
settle	동 해결하다	_____ the matter	문제를 해결하다
satisfaction	명 만족	full _____	충분한 만족
assure	동 보장하다	_____ you of our best attention	각별히 주의할 것을 보장하다

STEP 2 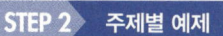 주제별 예제

Questions 1-2 refer to the following e-mail.

난이도 ★☆☆

To: Scott Adkins
From: Peter Hauser
Re: Your request [#161214]

Dear Mr. Scott,

We refer to your complaint letter of 14 December 2016.

In your letter, you stated that the monitor we supplied to you was defective. We always make sure that only those items which have passed quality control specifications are dispatched. We investigated the situation and found that it was damaged during the delivery process. Even so, we would like to apologize for the inconvenience and disappointment that you suffered.

A replacement for the damaged goods has been sent by parcel post this morning. It will not be necessary for you to return the damaged goods. We are taking all necessary steps to ensure the safe arrival of all future orders.

Once again, we apologize for the inconvenience. We hope that this will settle the matter to your full satisfaction and assure you of our best attention to your future orders.

Sincerely,

Peter Hauser
Customer Service Manager

---

1. What is the purpose of this e-mail?

    (A) To apologize to Mr. Scott
    (B) To complain about a damaged Item
    (C) To request a refund
    (D) To set a delivery date

2. What does Peter offer to do?

    (A) Send a service engineer
    (B) Dispatch a new product
    (C) Provide a free repair service
    (D) Give a refund

고객의 항의 편지에 대한 답장에서는 주로 불편을 끼친 것에 대한 **사과와 문제의 해결책**을 제시해 주며 이 해결책과 관련된 세부사항을 묻는 문제가 출제된다.

STEP 3 구문과 해석 확인하기

문제 1-2 다음 이메일을 참조하세요.

정답 근거 문장

수신: 스콧 앳킨스
발신: 피터 하우저
제목: 귀하의 요청 [#161214]

스콧 씨에게,

2016년 12월 14일에 보내신 항의 편지를 참조하였습니다 refer to your complaint letter.

귀하의 편지에서, 저희가 보내드린 we supplied to you 모니터에 결함이 있다고 defective 언급하셨습니다 stated. 저희는 항상 품질 관리 세목을 통과한 passed quality control specifications 제품들만이 발송되도록 be dispatched 하고 있습니다. 저희는 그 상황을 조사했고 investigate the situation, 배송 과정 중에 during the delivery process 손상되었다는 것을 발견했습니다. ① 그렇다고 하더라도, 저희는 불편을 겪으신 것과 귀하께서 경험하셨을 실망에 대해 사과 드립니다.

② 손상된 제품에 대한 대체품 a replacement for the damaged goods이 오늘 아침에 우편 소포 parcel post로 발송되었습니다. 손상된 제품은 다시 반송하실 필요가 없습니다. 앞으로는 주문하시는 물건 all future orders이 안전하게 도착할 수 있도록 필요한 모든 조치 all necessary sleps를 취하겠습니다.

저희는 이 문제가 잘 해결되어 settle the matter 귀하께서 완전히 만족 full satisfaction하시기를 바라며 앞으로의 주문에 최고의 주의를 기울일 것을 약속 드립니다 assure you of our best attention.

피터 하우저 올림
고객 서비스 담당 부장

---

1. 이메일의 목적은?

    (A) 스콧 씨에게 사과하기 위해
    (B) 손상된 제품에 대해 항의하기 위해
    (C) 환불을 요청하기 위해
    (D) 배달 날짜를 정하기 위해

2. 피터가 제공하기로 한 것은?

    (A) 수리 기사를 보내기
    (B) 새 제품을 발송하기
    (C) 무료 수리 서비스를 제공하기
    (D) 환불해주기

정답 1.(A) 2.(B)

ONE MORE STEP 고객에게 보내는 안내 편지에서 자주 출제 되는 주요 어휘를 살펴보고 Short Quiz를 풀어보세요.

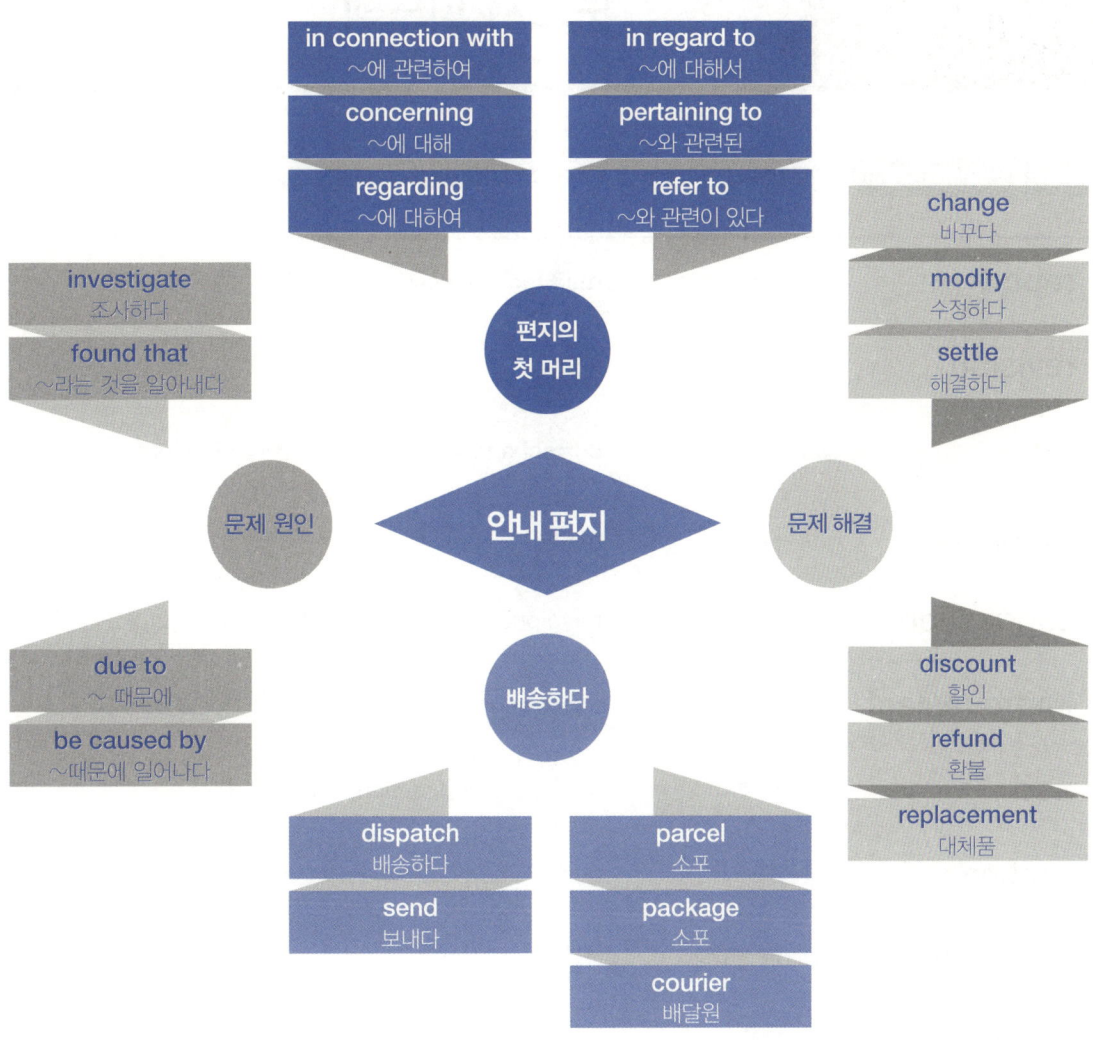

✓ Short Quiz 다음 문장을 완성할 수 있는 적절한 어휘를 고르세요

Q1. We ☐refer to ☐due to your complaint letter of 14 December 2016.
2016년 12월 14일에 보내신 항의 편지를 **참조하였습니다.**

Q2. We hope that this will ☐settle ☐refund the matter to your full satisfaction.
저희는 이 문제가 **잘 해결되어** 귀하께서 완전히 만족 하시기를 바랍니다.

Q3. We ☐investigated ☐dispatch the situation and found that it was damaged during delivery process.
저희는 그 상황을 **조사했고**, 배송 과정 중에 손상되었다는 것을 발견했습니다.

KEY 08 — 보고서 피드백

STEP 1 어휘와 구문 지문의 주요 어휘들을 살펴보고 그 어휘를 활용하여 구문을 완성해 보세요.

어휘	품사/뜻	구문
report	명 보고서	read the _report_ 보고서를 읽다
revision	명 교정	a few _____s 몇 개의 교정
typo	명 오자, 오타	correct a few _____s 몇 개의 오자를 교정하다
correction	명 교정	need _____ 교정이 필요하다
suggestion	명 제안	have one _____ 제안 하나를 하다
improvement	명 개선	suggestion for _____ 개선을 위한 제안
add	동 추가하다	_____ a suggestion 제안을 추가하다
section	명 부문	add a _____ 한 부문을 추가하다
tie A to B	A와 B를 연결하다	_____ the section _____ the report 그 부분과 보고서를 연결 짓다
recommendation	명 추천	_____ for the report 보고서를 위한 추천 사항
overall	형 전반적인	_____ direction 전반적인 방향
corporate	형 기업의	overall _____ philosophy 전반적인 기업 철학
outstanding	형 뛰어난	_____ results 뛰어난 결과
handle	동 처리하다	_____ the details 세부사항을 처리하다
availability	명 가능성	e-mail her your _____ 당신의 가능여부를 그녀에게 이메일로 보내라
get together	모이다	when we _____ 우리가 모였을 때

STEP 2 주제별 예제

Questions 1-2 refer to the following letter.

난이도 ★★☆

From: Derek Derringer <derekd@harrisco.com>
To: Andrea Epstein <andreae@harrisco.com>
Re: Proposal
Date: July 7, 10:30 A.M.

Dear Andrea,

I just finished reading your report, and I think you did a very good job with it. There are just a few revisions necessary and a few typos that need correction in it.

I do have one suggestion for the improvement of it, though. I think that you could make the report stronger by adding a section that ties your recommendation to our overall corporate philosophy. I have attached a copy of your report with my comments to this e-mail. If you can incorporate the changes I just suggested by Friday, it will be outstanding. In fact, I'd like you to present the report at the department meeting next week.

Also, I like to keep face-to-face contact with all of my employees at least once a month. Scheduling one-on-one meetings for everyone is rather difficult though, so I'm letting my secretary handle the details. Please e-mail her your availability, and she'll get back to you with a time when we can get together.

Derek

1. What does Derek suggest Andrea do to improve her report?

   (A) Insert an additional segment
   (B) Correct its many typing errors
   (C) Present it to some coworkers
   (D) Discuss it with her employees

2. Why does Derek want Andrea to contact his secretary?

   (A) To cancel on interview
   (B) To provide him with feedback
   (C) To arrange a meeting
   (D) To photocopy the proposal

문제에 사람 이름이 등장하는 세부 정보 확인하기 유형은 가장 먼저 이메일의 상단과 하단을 확인하여 <u>발신자와 수신자를 파악</u>한 후, 질문의 주체를 혼동하지 않도록 주의한다.

STEP 3 구문과 해석 확인하기

문제 1-2 다음 편지를 참조하세요.   정답 근거 문장

발신: 데릭 데링거〈derekd@harrisco.com〉
수신: 안드레아 엡스타인〈andreae@harrisco.com〉
제목: 제안서
날짜: 7월 7일 오전 10시 30분

안드레아 씨에게.

방금 당신의 보고서를 다 읽었는데, 아주 잘하신 것 같습니다. 단지 몇 가지 수정만이 필요하며 **a few revisions necessary** 정정해야 할 오자가 몇 개 **a few typos that need correction** 있습니다.

① 하지만, 개선을 위해서 한 가지 제안 **one suggestion for the improvement** 을 하겠습니다. 당신의 추천 사항과 우리의 종합적인 기업 철학을 연관 짓는 **ties your recommendation to our overall corporate philosophy** 부분을 첨가하시면 **by adding a section** 보고서를 좀더 설득력 있게 만드실 수 있을 것 같습니다. 당신 보고서에 제 의견을 달아 이 이메일에 사본을 첨부했습니다. 제가 제안한 사항을 금요일까지 수정하실 수 있으면 좋을 것 같습니다. 사실, 다음 주 부서 회의 때 당신이 보고서 내용을 발표하셨으면 합니다.

② 또한 저는 적어도 한 달에 한 번 직원들의 얼굴을 직접 보고 싶습니다. 하지만 모든 사람과 일일이 일대일로 일정을 잡기는 다소 어려우므로, 제 비서가 자세한 사항을 처리하도록 **handle the details** 지시하겠습니다. 시간이 언제 나는지 그녀에게 이메일을 보내시면 **e-mail her your availability**, 우리가 만날 수 있는 시간 **a time when we can get together** 에 관해 그녀가 당신에게 다시 연락을 드릴 것입니다.

데릭

---

1. 보고서가 좋아지도록 하기 위해 데릭이 안드레아에게 제안하는 것은?
   (A) 일부분을 삽입하기
   (B) 많은 오자를 정정하기
   (C) 동료 직원들에게 그것을 보여주기
   (D) 직원들과 그것에 관해 논의하기

2. 안드레아가 자신의 비서에게 연락해 주기를 데릭이 희망하는 이유는?
   (A) 면접을 취소하기 위해
   (B) 그에게 피드백을 주기 위해
   (C) 만날 일정을 잡기 위해
   (D) 제안서를 복사하기 위해

정답 1.(A) 2.(C)

ONE MORE STEP 보고서 작성을 주제로 한 글에서 자주 출제되는 주요 어휘를 살펴보고 Short Quiz를 풀어보세요.

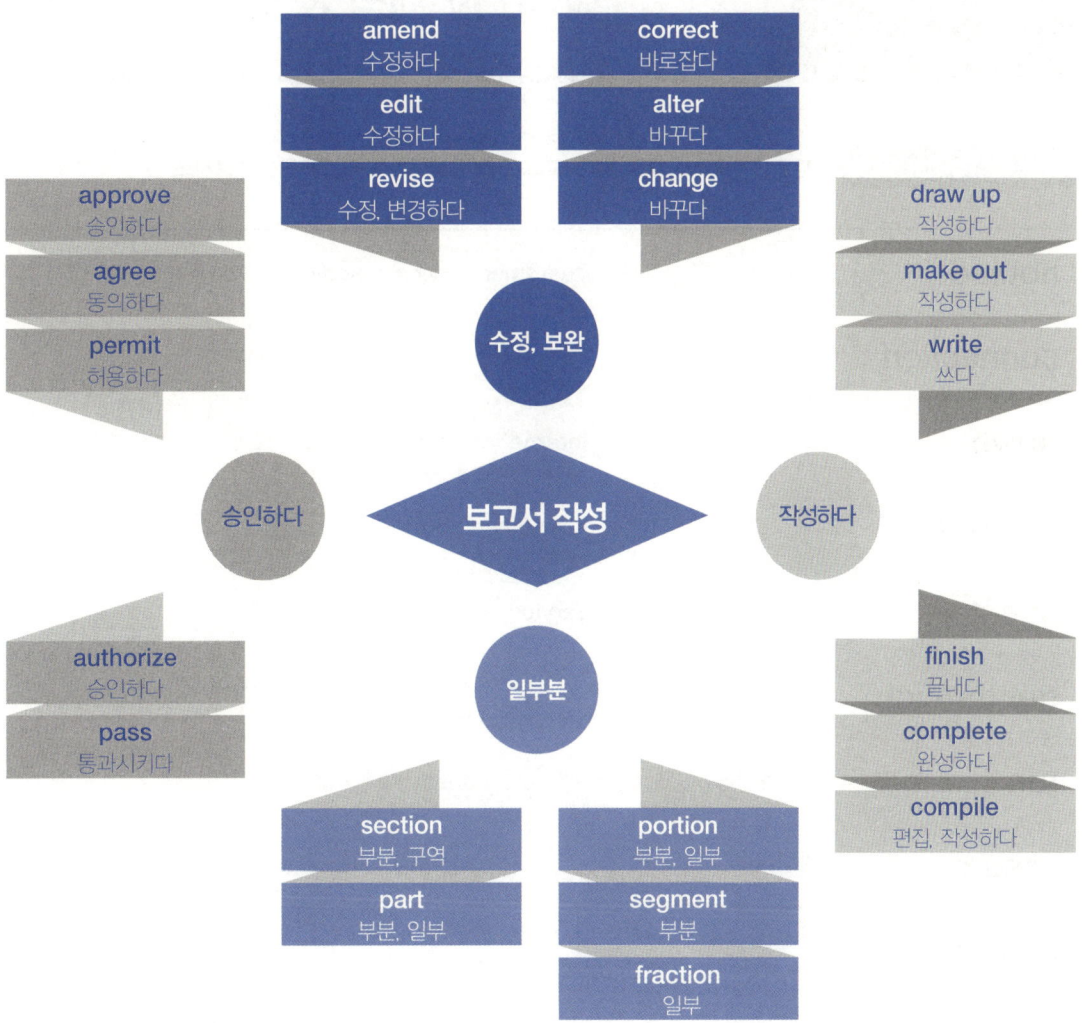

✅ **Short Quiz** 다음 문장을 완성할 수 있는 적절한 어휘를 고르세요.

Q1. You could make the report stronger by adding a ☐ pass ☐ section.
한 **부분**을 추가하면 보고서를 보다 설득력 있게 만드실 수 있을 것입니다.

Q2. If you're interested, I will ☐ compile ☐ correct a full report by the end of the week.
만일 관심이 있으시다면 제가 이번 주말까지 정식 보고서를 **작성**하겠습니다.

Q3. I would recommend you to ☐ revise ☐ permit or replace those ads to convey a sense of energy.
저는 생동감을 전달할 수 있도록 그 광고를 **수정**하거나 교체할 것을 추천합니다.

KEY 09　　항의, 웹 채팅 & 대책

STEP 1　어휘와 구문　지문의 주요 어휘들을 살펴보고 그 어휘를 활용하여 구문을 완성해 보세요.

단어	품사/뜻	예문
hotline	명 상담 전화	customer service _hotline_　고객 서비스 상담 전화
connection	명 연결	Internet _____　인터넷 연결
down	형 작동이 안 되는	Internet connection goes _____　인터넷 연결이 끊어지다
on hold	(통화 중인 사람을) 기다리게 하는	spend two hours _____　기다리는 데 2시간을 쓰다
agent	명 직원	service _____　서비스 담당 직원
get through	~에게 닿다	_____ to a service agent　서비스 담당 직원과 연결이 되다
run	동 운영하다	_____ a test　시험을 해 보다
assure	동 장담하다	_____ me that　내게 ~을 장담하다
up and running	작동하는	my Internet would be _____　인터넷이 작동할 것이다
still	부 아직	_____ down　여전히 작동하지 않는
reach	동 연락하다	_____ another agent　다른 직원에게 연락하다
rather	부 약간	said _____ rudely　다소 무례하게 말했다
division	명 부서	customer service _____　고객 서비스 부서
back	부 다시, 돌아와	be _____ up by that time　그 때에는 다시 작동하다
strive	동 노력하다	_____ to make the hotline efficient　상담전화를 효율적으로 만들려고 노력하다
efficient	형 효율적인	as _____ as the online department　온라인 부서만큼 효율적인

80

Triple Passages

representative	명 직원, 대리인	chat with a _____	직원과 대화하다
resolve	동 해결하다	_____ issues	문제를 해결하다
effective	형 유효한, 발효되는	_____ from August 1	8월 1일부터 유효한
immediately	부 즉시	effective _____	즉각적으로 유효한
spend	동 (시간을) 보내다	_____ five minutes helping ~	~를 돕는 데 5분을 쓰다
single	형 하나의	a _____ customer	한 명의 고객
related	형 관련된	_____ to Internet connection	인터넷 연결과 관련된
interruption	명 중단	any issues related to _____	중단과 관련된 문제들
disconnection	명 단절	_____ in Internet	인터넷 연결 끊김
stuck	형 꼼짝 못하는	_____ waiting	꼼짝 못하고 기다리는
extended	형 길어진	wait for _____ periods of time	긴 시간 동안 기다리다
transfer	동 옮기다	_____ to the service division	서비스 부서로 옮기다
support	명 도움	to get technical _____	기술적인 도움을 받다
advanced	형 고급의, 상급의	_____ technical support	고급 기술 지원
automatically	부 자동으로	_____ be recorded	자동으로 녹음되다
associate	동 연관 짓다	_____ with account number	계정 번호와 연관 짓다

Questions 1-5 refer to the following e-mail, web chat, and notice

To Whom It May Concern:

I am writing this e-mail to let you know how unhappy I am with your customer service hotline. My Internet connection went down on Monday, July 12. When that happened, I called your customer service line where I spent two hours on hold. After another hour of being kept on hold, I finally got through to one of your service agents. The agent ran a test and assured me that my Internet would be up and running again by the end of the day. On Wednesday, my Internet connection was still down so I called again and reached another agent. This agent said, rather rudely, that he couldn't find my customer number. I eventually tried the online chat service of your customer service division. This worked very well, as my Internet connection was back up by that time. You should strive to make your customer service hotline as efficient as your online department.

Sincerely,
Deborah Black

Chat with your representative

Rep280 (18:34:30)
Hello, how can I help you?

Customer (18:34:35)
I need help with connecting to my Internet network.

Rep280 (18:34:47)
Have you contacted our customer service hotline?

Customer (18:34:50)
Yes, I have. I had to spend two hours to get through to your agent, and the agent said it would be up in 24 hours. But it is still down.

Rep280 (18:36:48)
I'm terribly sorry about that. I can help with your connecting problem. To resolve your issue, please download Share Screen and share your screen. If the download doesn't start automatically, click start the download now.

Customer (18:40:43)
Oh, my computer is connected with the Internet, now! Thank you!

Rep280 (18:40:50)
You're welcome. Thank you for chatting with me today. Enjoy the rest of your day.

Notice to all Staff:

Effective immediately, all call center employees will **spend** no more than five to ten minutes helping a **single** customer. It should take **no longer** than that to resolve any issues **related** to **interruptions** or **disconnections** in their Internet service. This will also ensure customers are not **stuck** waiting on hold for **extended** periods of time. If the usual methods of fixing errors do not work, employees are expected to **transfer** the customer to the **advanced** technical **support** personnel immediately.

Also, please be aware that all calls will now automatically be recorded and **associated** with customer account numbers while talking to a customer.

Sincerely,
Bill Johnson

Passage 1&2

1. Why did Deborah contact online chat service staff?

   (A) To ask for a refund
   (B) To determine a policy
   (C) To ask for help
   (D) To lodge a complaint

Passage 1&2

2. How did Deborah solve her problem?

   (A) She phoned an agent.
   (B) She chatted online with an agent.
   (C) She fixed it herself.
   (D) She hired an outside expert.

Passage 3

3. In the notice, the word "interruptions" in paragraph 1, line 3, is closest in meaning to

   (A) disruptions
   (B) determinations
   (C) identifications
   (D) refutations

Passage 3

4. According to the notice, what should employees do if they cannot solve the customers' problems?

   (A) Refer them to other department
   (B) Hang up on them to save time
   (C) Run them through a standard testing routine
   (D) Record the call and create a new account

Passage 1&3

5. What concern raised in the e-mail do the policies in the notice NOT address?

   (A) The call records connected with customer number
   (B) The exorbitant length of time spent on hold
   (C) The employees' occasional lack of politeness
   (D) The problem of Internet disconnections

Critical KEY

업무 내용과 관련된 **웹 채팅 형식의 지문이 새로 출제될 예정**이다. 웹 채팅 유형 중 고객 서비스 부서의 직원과 고객과의 대화가 출제될 수 있다.

STEP 3 구문과 해석 확인하기

문제 1-5 다음 이메일과 웹 채팅, 공지를 참조하세요.   정답 근거 문장

관계자분께,

귀사의 고객 서비스 상담 전화**customer service hotline**에 제가 얼마나 기분이 상해 있는지 알려 드리고자 이 이메일을 씁니다. ⑤제 인터넷 연결**Internet connection**이 7월 12일 월요일에 되지 않았습니다**went down**. 그렇게 됐을 때 저는 귀사의 고객 서비스 라인에 전화했습니다. 저는 2시간을 대기 상태로 있었습니다**spent two hours on hold**. 다시 한 시간을 대기 상태로 있다가 마침내 서비스 담당자 한 명과 연결되었습니다**got through**. 담당자는 시험을 해 보더니**ran a test** 인터넷이 그날 저녁 무렵에 다시 작동할 것이라고 약속해 주었습니다. 수요일에도 제 인터넷 연결이 여전히 끊긴 상태로 있었습니다. 제가 다시 전화를 해서 다른 직원과 연결이 되었을 때, 그는 다소 무례하게 제 고객번호를 찾을 수 없다고 했습니다. ①&② 저는 결국 귀사의 고객 서비스 부서**customer service division**의 온라인 채팅 서비스를 이용했습니다. 이것은 제대로 처리되어서, 제 인터넷 연결은 다시 작동되었습니다. 고객 서비스부 상담 전화가 온라인 부서만큼 효율적으로**as efficient as your online department** 돌아가도록 노력하셔야겠습니다 **strive to make**.

데보라 블랙 올림

상담원**representative**과 대화하세요

상담원280   (18:34:30)
안녕하세요, 무엇을 도와드릴까요?

고객   (18:34:35)
①&② 인터넷 망 연결에 도움이 필요합니다.

상담원280   (18:34:47)
저희 고객 서비스 상담 전화를 사용해 보셨나요?

고객   (18:34:50)
네, 사용해 보았습니다. 저는 직원과 연결되기 위해 두 시간 이상을 기다려야만 했고, 그 직원은 제게 24시간 안으로 복구가 될 것이라고 했습니다. 그러나 아직도 고장 난 채 입니다.

상담원280   (18:36:48)
대단히 죄송합니다. 제가 연결 문제를 도와드릴 수 있습니다. 이 문제를 해결하려면**To resolve your issue**, 쉐어 스크린이라는 프로그램을 다운받으시고 고객님의 화면을 공유해 주세요. 만일 자동으로 다운로드되지 않으면, 지금 다운로드를 시작하세요를 클릭해 주세요.

고객   (18:40:43)
아, 제 컴퓨터가 이제 인터넷과 연결이 되었어요. 고마워요.

상담원280   (18:40:50)
천만에요. 오늘 저와 이야기해주셔서 감사합니다. 남은 하루도 잘 보내세요.

전 직원들에게 보내는 공지:

즉시 발효되는 정보로**Effective immediately**, ⑤ 이제 모든 콜센터 직원들은 한 명의 고객을 응대하는 데 5-10분의 시간만 사용**spend no more than five to ten minutes**할 수 있습니다. 인터넷 서비스의 ③ 중단이나 중지와 관련된**related to interruptions or disconnections** 문제를 해결하는 데**resolve any issues** 그 이상의 시간이 소요되지 말아야 합니다. 또한 고객들이 오랜 시간 동안**for extended periods of time** 대기 상태로**stuck waiting on hold** 있지 않도록 해야 합니다. ④ 일반적인 에러 수정 방법이 듣지 않는다면, 직원들은 그 고객을 고급 기술자**advanced technical support personnel**에게 즉시 넘겨야 합니다.
⑤ 또한, 모든 전화는 자동으로 녹음되며 고객과 대화하는 동안 자동으로 고객 번호와 연결된다는**associated with account number** 사실을 알고 계시기 바랍니다.

빌 존슨 올림

지문1&2 통합

1. 데보라가 온라인 채팅 서비스 직원에게 연락한 이유는?

(A) 환불을 요청하기 위해서
(B) 정책을 결정하기 위해서
(C) 도움을 요청하기 위해서
(D) 불만을 제기하기 위해서

지문1&2 통합

2. 데보라가 자신의 문제를 해결한 방법은?

(A) 담당자에게 전화했다.
(B) 직원과 온라인으로 이야기했다.
(C) 직접 문제를 해결했다.
(D) 외부 전문가를 썼다.

지문3

3. 공지의 첫 번째 단락 3번 째 줄에 있는 단어 '중단'과 의미상 가장 가까운 것은?

(A) 방해
(B) 결징
(C) 식별
(D) 반박

지문3

4. 공지에 따르면, 직원들이 고객의 문제를 해결할 수 없을 때 해야 하는 것은?

(A) 그들을 다른 부서로 넘긴다.
(B) 시간을 절약하기 위해 전화를 끊는다.
(C) 표준 시험 과정을 거치도록 한다.
(D) 전화를 녹음하고 새 계정을 만든다.

지문1&3 통합

5. 이 메일에서 제기된 불만 중 공지에서 다루지 않은 정책은?

(A) 고객 번호와 연결된 전화 기록
(B) 대기 상태로 소요된 터무니없이 긴 시간
(C) 때때로 부족한 직원의 예의
(D) 인터넷 연결 중단 문제

정답 1.(C) 2.(B) 3.(A) 4.(A) 5.(C)

ONE MORE STEP 고객 서비스 분야에서 자주 출제되는 주요 어휘를 살펴보고 Short Quiz를 풀어보세요.

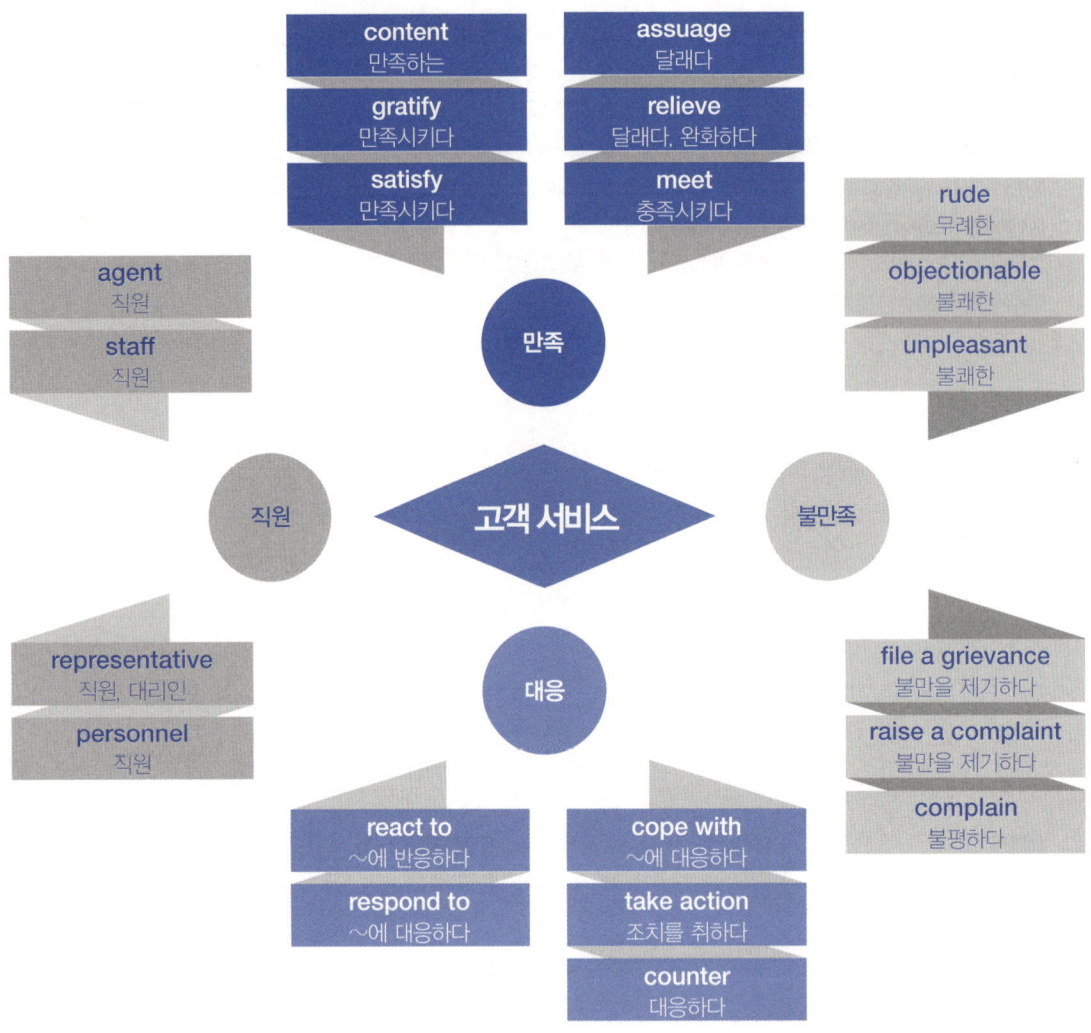

☑ Short Quiz 다음 문장을 완성할 수 있는 적절한 어휘를 고르세요.

Q1. I got through to one of your service ☐ contents ☐ agents.
저는 귀사의 서비스 **직원** 한 명과 연결이 되었습니다.

Q2. The notice is proposed to ☐ respond ☐ personnel to the recent complaint raised by a customer.
이 공지사항은 한 고객으로부터 제기된 최근의 불만에 **대응하기** 위해 제안되었다.

Q3. I am writing this e-mail to let you know how ☐ unpleasant ☐ complain I am with your service hotline.
귀사의 고객 서비스 상담 전화에 제가 얼마나 **불쾌했는지** 알려드리고자 이 편지를 씁니다.

Practice Test 1

Questions 1-2 refer to the following text message chain.

Sandra Bernhard Hi, Miriam. Just reminding you that I'm off to Tokyo tomorrow to attend a seminar. (11:27)

Miriam Schoenfield Oh, that slipped my mind. Thank you for reminding me. When are you coming back? (11:29)

Sandra Bernhard I won't be back until Friday. (11:30)

Miriam Schoenfield That'll be no problem at all. (11:31)

Sandra Bernhard I was wondering if we could get together next Tuesday to talk about our project. (11:33)

Miriam Schoenfield Tuesday sounds fine to me. Could we meet at 10A.M.? (11:35)

Sandra Bernhard That's perfect. Could you e-mail me a copy of the report you sent me earlier? (11:39)

Miriam Schoenfield Sure. Is SBernhard@kbinsurance.co.kr the address I should send it to? (11:40)

Sandra Bernhard That's right. Thanks a lot. See you then! (11:40)

1. What is suggested about Ms. Bernhard?

   (A) She is going on a business trip.
   (B) She is planning to stay in Tokyo for a week.
   (C) She is going to give a speech tomorrow.
   (D) She has sent a report to Ms. Schoenfield.

2. At 11:29, what does Ms. Schoenfield mean when she writes "Oh, that slipped my mind"?

   (A) She never heard Sandra is going to attend a seminar.
   (B) She wanted to meet Sandra on Friday.
   (C) She has forgotten about Sandra's schedule.
   (D) She agreed to meet next Tuesday.

GO ON TO THE NEXT PAGE

Questions 3-7 refer to the following two letters.

Susan Ford	Derek James
92 Rurland Lane	84 Coulee County Road,
Walpak Township, NJ	Walpak Township, NJ
78446	78446

Dear Susan Ford,

I am starting a garden supply store, and am looking for a brand of fertilizer to stock. I was wondering if you could answer a few questions about your product line. Specifically, what are the main ingredients in your fertilizer mix, and where do they originate?

We are planning to market ourselves as a local alternative to national brand names. Your company is one of several local suppliers of fertilizer to the agricultural communities in this state. We would like to use products that are wholly created by local companies as much as possible.

Sincerely,
Derek James

Derek James	Susan Ford
84 Coulee County Road,	92 Rurland Lane
Walpak Township, NJ	Walpak Township, NJ
78446	78446

Dear Derek James,

Our fertilizer would be an excellent choice for your store. The Pure Stuff brand is not only mostly local, but organic as well.

The fertilizer is a mixture of wood chips, animal waste, and ground shellfish. The wood chips are imported from out-of-state. They are shipped in from the Netherlands in order to ensure that the fertilizer has the right mix of nutrients for local soils. The animal waste is obtained mostly from local farmers, with out-of-state suppliers used only when our demand exceeds what local suppliers can provide. The shellfish shells are obtained from the St. Peter's seafood processing plant, the closest source of shellfish in the state.

I hope that this information satisfies your curiosity, and that you decide to make Pure Stuff your store's preferred brand of fertilizer.

Sincerely,
Susan Ford

3. What does Mr. James want to know about the fertilizer?

   (A) Its origins
   (B) Its effectiveness
   (C) Its price
   (D) Its popularity

4. What marketing strategy does Mr. James plan to follow?

   (A) He will carry only organic products.
   (B) He will stock mostly local products.
   (C) He will sell many national brands.
   (D) He will develop his own brands.

5. What additional selling point does Ms. Ford add to her letter?

   (A) Her fertilizer contains three ingredients.
   (B) Her company can offer him a discount.
   (C) Her brand has wide name recognition.
   (D) Her fertilizer brand is entirely organic.

6. In the second letter, the word "obtained" in line 6 is closest in meaning to

   (A) transferred
   (B) harvested
   (C) manufactured
   (D) acquired

7. What factor is most likely to prevent Mr. James from using the "Pure Stuff" brand?

   (A) The fertilizer is organic.
   (B) The wood chips are imported.
   (C) The shellfish is from a factory.
   (D) The animal waste is mostly local.

GO ON TO THE NEXT PAGE

Questions 8-12 refer to the following advertisement and two letters.

Wanted: Editor-in-Chief, *Soundhealth* Magazine

Megasmart Publications is seeking a full-time editor for its award-winning magazine, *Soundhealth*.

The editor-in-chief is responsible for the design, content, and overall direction of the monthly magazine.

Primary responsibilities include:
supervising the staff of 25, selecting and assigning stories, choosing photos and designing pages.

The ideal candidate will have a journalism degree and at least five years' experience as an editor of a major magazine or newspaper. Additional requirements include proficiency with Photoshop and Microsoft Excel, as well as superb interpersonal communication skills. Prior experience in the health-fitness industry is strongly desired but not essential.

No phone calls please. Application deadline is May 31.

Dear Steven Barwick,

I am writing to apply for the editorship of *Soundhealth* magazine. I have a Master's Degree in Journalism from Columbia University. I am currently working as an assistant editor of *Super Fitness* magazine, one of your main competitors.

I am ready to test myself by being fully in charge of the editing process. My responsibilities include assuming full duties of the editor in his absence, a situation that requires supervising our staff of 15 reporters and four photographers. I have mastery of Photoshop and Excel, as well as Quark Xpress and several other types of graphic layout software.

Prior to joining Super Fitness, I spent four years as a senior writer for *Health Watch* magazine. I have been a health and fitness fanatic my whole life. In addition, I've been a vegetarian for the past three years.

In sum, I think I would be a perfect fit for your magazine. Please call me anytime at 218-556-3033. I look forward to hearing from you.

Sincerely,
Pakir Abdul

Dear Pakir Abdul,

Thank you for considering our firm as a prospective employer. We do appreciate your time and effort in applying for the position.

The hiring decision has been a difficult one, since the overall candidates are highly qualified. Your prior training and experience were impressive which made you a strong candidate. But after careful consideration, we decided to select another candidate whose qualifications better meet our needs at this time. We might contact you in the event there is another job opening that matches your qualifications.

We wish you well in your future employment search activities.

All my best,

Steven Barwick
Human Resources Manager
Soundhealth magazine

8. Which of the following is listed as a requirement for the job being advertised?

   (A) Prior health-fitness experience
   (B) Previous editing experience
   (C) A willingness to relocate
   (D) Familiarity with Quark Xpress

9. According to the application letter, why does Pakir Abdul want this job?

   (A) He is looking for a new challenge.
   (B) He possesses computer mastery.
   (C) He is a health and fitness fanatic.
   (D) He recently became a vegetarian.

10. In the disqualification letter, the word "opening" in paragraph 2, line 5 is closest in meaning to

    (A) vacancy
    (B) beginning
    (C) hole
    (D) initiation

11. In what area described in the job advertisement does Pakir Abdul already have experience?

    (A) Increasing circulation
    (B) Writing articles
    (C) Supervising staff
    (D) Being chief editor

12. For whom was the disqualification letter written?

    (A) An employee of Soundhealth magazine
    (B) A potential business client
    (C) An old friend
    (D) A job applicant

GO ON TO THE NEXT PAGE

Questions 13-15 refer to the following letter.

Dear Mr. Francis,

— [1] — Please accept this letter as notice of my resignation as an accounting clerk at Boston Healthcare, effective two weeks from this date.
Although this has been a difficult decision to make, I believe this is the right moment for me to take up new responsibilities and challenges. — [2] —
I'll do everything possible to wrap up my duties prior to my departure. If there are any areas in particular you would like me to focus on during my notice period, please let me know.
— [3] — I've enjoyed being a part of the team. I appreciate your professional advice and support you have given me over the past two years. I owe a great deal to the company and wish you all the best in future endeavors.
I hope that I can rely on you for a positive reference in the future.
— [4] —

Best Regards,

David Cameron

13. Why was the letter sent to Mr. Francis?

    (A) To resign from a job
    (B) To offer a job opening
    (C) To inform of new operational systems
    (D) To suggest a business opportunity

14. How long is the notice period?

    (A) One week
    (B) Two weeks
    (C) Three weeks
    (D) Four weeks

15. In which of the position marked [1], [2], [3] and [4] does the following sentence best belong?

    "I hope you will understand my reasons for moving on."

    (A) [1]
    (B) [2]
    (C) [3]
    (D) [4]

UNIT 4
능력을 발휘할 순간

KEY STORY

회사들 간의 동업자 관계를 형성form a partnership하거나 계약contract을 맺는 경우도 있습니다. 두 회사는 계약을 통해 의뢰인client과 계약자contractor가 됩니다. 양측의 공식 관계자들에 의해 정당하게 서명이 이루어지고be duly signed by authorized representatives 나면 계약에 효력이 생깁니다be effective. 이 계약을 이행할implement 때에는 의뢰인이 요청하는require 사항들을 검토하고go over 이를 따를comply with 것인지를 결정해야 합니다. 그 이후의 후속 조치follow-up에도 끝까지 주의를 기울여야 합니다. 두 관계자 모두가 계약이 좋은 방향으로 전개될 수shape up 있도록 노력이 필요합니다.

협상negotiation을 통해 한 회사가 다른 회사를 인수takeover하기도 하는데 이 거래transaction를 인수 합병Merger and acquisition(M&A)이라고 하기도 합니다. 이는 기업이 성장하는 데 발판platform이 될 수 있습니다.

Before the Step

지문의 주요 어휘들을 살펴 보고 그 어휘들을 활용하여 구문을 완성해 보세요.

어휘	품사/뜻	구문
contract	명 계약(서)	_contract_ agreement 계약 협의서
client	명 의뢰인, 고객	between _____ and contractor 의뢰인과 계약자
terms	명 조건	the _____ of this agreement 이 계약서의 조건
termination	명 종료	its _____ date 종료일
grant	동 승인하다	_____ access to the yard 사업장의 출입을 승인하다
regular	형 보통의	_____ business hours 정규 근무 시간
mutually	부 서로	_____ agree 서로 동의하다
agreeable	형 동의할 만한	mutually _____ times 서로 동의할 만한 시간대
perform	동 수행하다	service to be _____ ed 수행되는 서비스
provider	명 공급자	the service _____ 서비스 제공업체
notice	명 공지	without _____ 공지 없이
in any manner	어떤 방법으로든	be modified _____ 어떤 방법으로든 수정되다
sign	동 서명, 체결하다	_____ the contract 계약서에 서명하다
party	명 관계자	signed by either _____ 두 관계자에 의해 서명되다
duly	부 적절한 절차에 따라	be _____ signed 적절한 절차에 따라 서명되다
authorized	형 위임된	_____ representatives (권한을) 위임 받은 대리인들

Contract Agreement

This contract is made between Five Flat (hereafter known as the Client), and Cleaning Master (hereafter known as the Contractor). The terms of this agreement shall begin on June 10, 2016 and shall continue through its termination date of June 09, 2017. The specific terms of this contract are as follows:

1. Client shall grant Contractor access to the yard and its surroundings during regular business hours and other mutually agreeable times.

2. Client shall pay Contractor $1,200 on the first day of each month for services to be performed during the rest of that month. Failure to pay may result in the service provider terminating the agreement without notice.

3. The service includes cleaning inside and outside of the building and removing of trash from interior trash containers to outdoor dumpster.

This contract may not be modified in any manner unless in writing and signed by both parties.

This contract is duly signed by authorized representatives on May 25, 2016.

● 어휘와 구문을 학습한 후 지문 해석을 완성해 보세요.

_____ 협의서|Contract Agreement

이 계약은 파이브 플랫(지금부터는 _____ Client이라고 하겠음)과 클리닝 마스터(지금부터는 계약자라고 하겠음) 간에 이뤄진 것입니다. 이 _____ the terms of this agreement은 2016년 6월 10일에 시작되며, _____ termination date인 2017년 6월 9일까지 지속될 것입니다. 이 계약의 구체적인 사항들은 다음과 같습니다:

1. 고객은 계약자가 _____ regular business hours과 그 외 _____ 있을 만한 mutually agreeable 시간 동안 사업장과 그 주변에 접근 하는 것을 _____ grant.

2. 고객은 계약자에게 매 달의 첫 날에 1200달러를 지불하며 이는 _____ services to be performed에 대해 해당 월의 나머지 동안 이루어진 것이다. 비용을 지불하지 못하는 경우 서비스 _____ the service provider는 공지없이|without notice 계약을 종료시킬 수 있습니다.

3. 서비스는 건물의 안과 밖을 청소하는 것과 내부와 외부의 쓰레기통의 쓰레기를 치우는 것을 포함한다.

이 계약은 서면으로 _____ signed by both parties 않는 한 _____ in any manner 수정되지 않을 것입니다.

이 계약은 2016년 5월 25일에 권한을 _____ authorized representatives에 의해 _____ duly 서명되었습니다.

KEY 10 기업의 인수와 합병

STEP 1 어휘와 구문 지문의 주요 어휘들을 살펴보고 그 어휘를 활용하여 구문을 완성해 보세요.

어휘	품사/뜻	구문
corporation	명 (큰 규모의) 기업	the Colton _Corporation_ 콜튼사(社)
acquire	동 인수하다	agree to _____ 인수하는 것에 동의하다
negotiation	명 협상	after long _____ 긴 협상 끝에
transaction	명 거래	expect the _____ 거래를 예상하다
close	동 끝내다	_____ in the next month 다음 달에 끝내다
quarter	명 분기(1년의 1/4)	in the next _____ 다음 분기에
merger	명 합병, 인수	_____ and acquisition 인수 합병
milestone	명 중요한 시점	a critical _____ 대단히 중요한 시점
platform	명 기반, 발판	_____ to take us to the next level 다음 단계로 올라설 기반
takeover	명 인수	the _____ of Synister 시니스터사(社)의 인수
share	명 (시장) 점유율	market _____ 시장 점유율
emerging	형 최근 생겨난	its share in the _____ market 신흥 시장에서의 점유율
appoint	동 임명하다	_____ a division director 부서장을 임명하다
interim	형 임시의	an _____ division director 임시 부서장
transition	명 과도기	oversee the _____ 과도기를 감독하다
retain	동 유지하다	_____ all staff on payroll 전 직원을 그대로 유지하다

Questions 1-3 refer to the following article.

Colton Corporation to Acquire L&G Corporation

By Kyle Williamson

Washington – The Colton Corporation of Washington said on Wednesday that it had agreed to acquire L&G Corporation from GynCorp after long negotiation. The transaction is expected to close in the next quarter.

"This merger is a critical milestone in our firm's strategy, which gives us the platform to take our business to the next level," Alice Preston, the director of public relations said in a press release. Since the takeover of Synister in 2013, Colton Corporation has been rapidly expanding its market share in the emerging market. This deal is also expected to bring clear benefits to Colton Corporation.

The Colton Corporation has appointed Pauline Redding to act as an interim division director to oversee the transition and has assured that all staff currently on payroll will be retained.

---

1. What is the purpose of the article?
   (A) Announce a recent merger and acquisition
   (B) Advertise an investment opportunity
   (C) Inform planned changes
   (D) Dismiss incompetent employees

2. Who is Alice Preston?
   (A) A CEO of Colton Corporation
   (B) A department head
   (C) An employee of GynCorp
   (D) A business journalist

3. In the article, the word "interim" in line 9 is closest in meaning to
   (A) absolute
   (B) special
   (C) competent
   (D) temporary

기사문에서는 **사람의 이름과 회사명과 같은 고유명사**가 여러 개 등장 할 수 있다. 고유명사는 패러프레이징 없이 본문과 문제 지문에 그대로 등장하므로 표시를 하면서 읽는 것이 좋다.

STEP 3 구문과 해석 확인하기

문제 1-3 다음 기사문을 참조하세요.

정답 근거 문장

콜튼사가 L&G를 인수하다

카일 윌리암슨 작성

워싱턴 — ① 워싱턴의 콜튼사Colton Corporation가 수요일에 긴 협상 끝에after long negotiation 진사Gyn Corp로부터 L&G사를 인수하는 데에 동의했다는agree to acquire 것을 발표했다. 이 거래the transaction는 다음 분기에 완료될close in the next quarter 것으로 예상된다.

"이번 합병this merger은 저희 회사의 전략에 있어서 대단히 획기적인 사건a critical milestone이며, 저희 사업이 다음 단계로 올라서는데 발판platform to take our business to the next level을 제공할 것입니다." 보도자료에서 ② 홍보부서의 담당자인 앨리스 프레스튼이 말했다. 2013년 시니스터의 인수takeover of Synister 이래로 콜튼사는 신흥 시장에서in the emerging market 빠르게 점유율its market share을 확장해오고 있습니다. 이 계약은 콜튼사에 분명한 이익을 가져다 줄 것으로 예상됩니다.

콜튼사는 폴린 레딩을 이 과도기를 감독할oversee the transition ③ 임시적인 부서장으로as an interim division director 임명했으며appoint, 모든 직원들의 고용이 유지될be retained 것을 약속했습니다.

1. 이 기사의 목적은?

(A) 최근의 인수합병을 보고하기
(B) 투자 기회를 알리기
(C) 예정된 변화를 알리기
(D) 무능한 직원들을 해고하기

2. 앨리스 프레스튼은 누구인가?

(A) 콜튼사의 최고 경영자
(B) 부서장
(C) 진그룹의 직원
(D) 경제부의 기자

3. 기사문에서 9행에 있는 '임시의'라는 단어와 의미상 가장 가까운 것은?

(A) 절대의
(B) 특별한
(C) 유능한
(D) 임시의

정답 1.(A) 2.(B) 2.(D)

ONE MORE STEP 인수나 합병 계약을 다룰 때 자주 출제되는 주요 어휘를 살펴보고 Short Quiz를 풀어보세요.

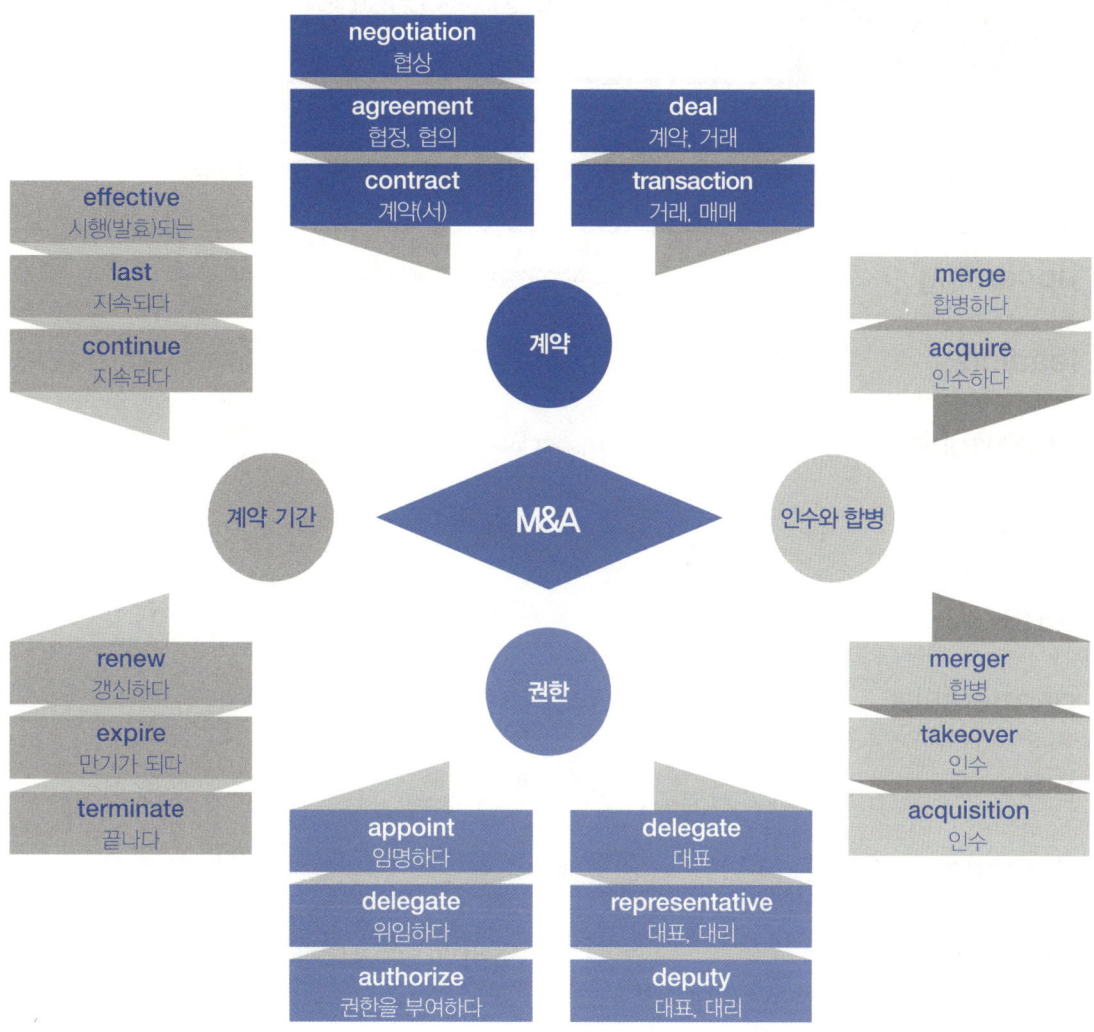

✅ Short Quiz 다음 문장을 완성할 수 있는 적절한 어휘를 고르세요.

Q1. This ☐merger ☐deputy is a critical milestone in our firm's strategy.
이번 **합병**은 저희 회사의 전략에 있어서 대단히 획기적인 사건입니다.

Q2. The ☐transaction ☐terminate is expected to close in the next quarter.
이 **거래**는 다음 분기에 끝날 것으로 예상된다.

Q3. The Colton Corporation agreed to ☐acquire ☐appoint L&G Corporation from GynCorp.
콜튼이 진으로부터 L&G를 **인수하는** 데에 동의했다.

KEY 11 — 박람회 초대장

STEP 1 어휘와 구문
지문의 주요 어휘들을 살펴보고 그 어휘를 활용하여 구문을 완성해 보세요.

어휘	품사/뜻	구문
upcoming	형 다가오는	_upcoming_ trade fair 다가오는 무역 박람회
leading	형 선도적, 최고의	a _____ software provider 선도적인 소프트웨어 공급업체
opportunity	명 기회	a special _____ 흔치 않은 기회
share	동 공유하다	opportunity to _____ ideas 아이디어를 공유할 기회
form	동 구성하다	_____ a circle 원 모양을 만들다
partnership	명 동업	form a new _____ 새로운 동업 관계를 만들다
pass	명 출입증	offer one-week _____es 일주일간의 출입증을 제공하다
demand	명 수요	a high _____ for places 자리에 대한 높은 수요
provide	동 제공하다	_____ you with a table 책상을 제공하다
connectivity	명 연결	wireless Internet _____ 무선 인터넷 연결
contact	동 연락하다	feel free to _____ 편하게 연락하다
additional	형 추가의	an _____ service 부가 서비스
attach	동 첨부하다	_____ the application form 지원서를 첨부하세요
application	명 지원	the _____ form 지원서
deadline	명 기한	_____ for all applications 지원 기한
organizer	명 주최자	event _____ 행사 주최자

STEP 2 주제별 예제

Questions 1-2 refer to the following letter.

난이도 ★☆☆

Michael Taylor
CEO of New Software
March 6

Dear Mr. Taylor,

I'm writing this letter to invite you to the upcoming Frankfurt International Trade Fair, which will take place from July 2 to July 9 at the International Business and Enterprise Center in Frankfurt, Germany. As a leading software provider, you will be well aware that this is a special opportunity for business leaders to share ideas and form new partnerships.

Please be advised that we can only offer each company one-week passes for four individuals due to a high demand for places at the trade fair. Each company will also be provided with a table, chairs, electricity, and wireless Internet connectivity. Please feel free to contact me if your company requires any additional services.

I am attaching the application forms to this e-mail. Please note that the deadline for all applications is on May 1.

We look forward to seeing you at the Frankfurt International Trade Fair.

Yours faithfully,
Elisabeth Schneider
Event Organizer
Frankfurt International Trade Fair

---

1. What is the purpose of the letter?

   (A) To make an employment offer
   (B) To order stalls and other equipment
   (C) To extend a formal invitation
   (D) To announce an application deadline

2. What can attendees do at the fair?

   (A) Purchase software applications
   (B) Network with other companies
   (C) Examine new furniture models
   (D) Find new work opportunities

내용에 따라 초대장이라고 분류하기도 하지만 편지 형식으로 되어 있으므로 편지와 동일하게 **도입부 목적이 제시**되어 있다.

STEP 3 구문과 해석 확인하기

문제 1-2 다음 편지를 참조하세요.   정답 근거 문장

마이클 테일러 씨
뉴 소프트웨어의 최고 경영자
3월 6일

테일러 씨에게,

① 귀하를 다가오는 프랑크푸르트 국제 무역 박람회에 초대하고자 이 서한을 씁니다. 박람회는 독일 프랑크푸르트 국제 기업 센터에서 7월 2일부터 9일까지 개최됩니다. ② 최고의 소프트웨어 공급업체로서 **as a leading software provider**, 이 박람회가 아이디어를 나누고 **share ideas** 새로운 협력 관계를 수립하는 **form new partnerships** 흔치 않은 기회 **a special opportunity**임을 잘 아실 것입니다.

무역 박람회의 자리에 대한 수요가 많은 **a high demand for places** 관계로, 각 회사마다 4명의 일주일 입장권 **one-week passes**만을 제공해 드릴 수 있음을 알려 드리는 바입니다. 각 회사는 또한 탁자, 의자, 전기, 무선 인터넷 연결이 포함된 진열대를 제공받게 됩니다. 귀사에서 필요한 부가 서비스 **additional services**가 있으시면 주저하지 마시고 제게 연락 주십시오.

신청서 양식 **the application forms**을 이 이메일에 첨부해 드립니다. 모든 신청의 마감 기한 **deadline for all applications**은 5월 1일임을 주의하십시오.

프랑크푸르트 국제 무역 박람회에서 귀하를 뵙기를 고대하겠습니다.

엘리자베스 슈나이더 올림
행사 주최 담당 **Event Organizer**
프랑크푸르트 국제 무역 박람회

---

1. 편지의 목적은?

   (A) 고용 제안을 하려고
   (B) 진열대 및 기타 장비를 주문하려고
   (C) 정식 초대를 하려고
   (D) 신청 마감일을 알리려고

2. 참가자들이 박람회에서 할 수 있는 것은?

   (A) 소프트웨어 응용 프로그램의 구매
   (B) 다른 회사와의 정보 교환
   (C) 새 가구 모델의 검사
   (D) 새 직업 기회 찾기

정답 1.(C) 2.(B)

ONE MORE STEP 박람회와 같은 대규모 회의에서 출제되는 주요 어휘를 살펴보고 Short Quiz를 풀어보세요.

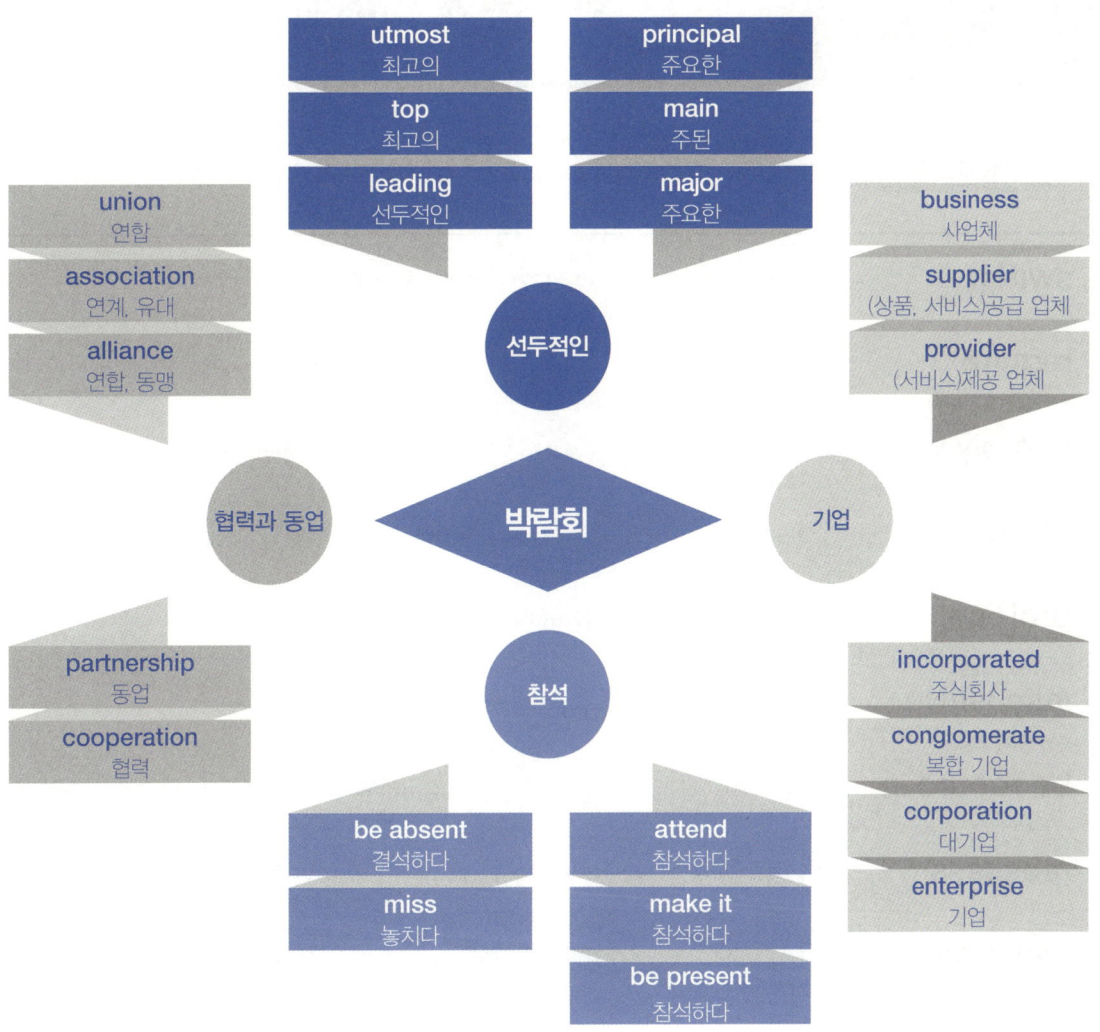

✅ **Short Quiz** 다음 문장을 완성할 수 있는 적절한 어휘를 고르세요.

Q1. Sorry you couldn't ☐ make it   ☐ miss on the day of the trade fair.
무역 박람회가 열린 날 **참석하지** 못하셔서서 안타깝습니다.

Q2. It is a special opportunity to form new ☐ partnerships   ☐ corporation.
이것은 새로운 **동업관계**를 형성할 수 있는 흔치 않은 기회입니다.

Q3. As a ☐ leading   ☐ absent software provider, you will be well aware of the importance.
선두적인 소프트웨어 공급 업체로서 그 중요성을 잘 아실 것입니다.

KEY 12 — 회의록 & 이메일

STEP 1 어휘와 구문
지문의 주요 어휘들을 살펴보고 그 어휘를 활용하여 구문을 완성해 보세요.

어휘	뜻	구문
switch	동 바꾸다	_switch_ from A to B A에서 B로 바꾸다
require	동 요청하다	_____ a complete rewrite 완전히 다시 쓰기를 요청하다
comply with	따르다	_____ their requests 그들의 요구사항을 따르다
go over	검토하다	_____ budget 예산을 검토하다
protocol	명 의례, 규약	communication _____ s 통신 규약
insensitive	형 둔감한, 무감각한	_____ staff 무감각한 직원
be rooted in	~에 원인이 있다	_____ misunderstanding 오해에 원인이 있다
reassess	동 재평가하다	need to _____ protocols 규약을 재평가하다
variation	명 변화, 차이	the cultural _____ 문화적 차이
implementation	명 이행	_____ of new procedures 새로운 절차의 이행
take over	~을 떠맡다	_____ the tasks 업무를 떠맡다
maintenance	명 유지, 관리	_____ of the site 웹사이트의 유지 (관리)
comment	동 의견을 말하다	_____ on our code 우리 코드에 대해 의견을 내다
extensively	부 포괄적으로	comment _____ on ~에 대해 폭넓게 의견을 내다
alter	동 바꾸다	_____ it at a later date 이것을 나중에 바꾸다
figure out	알아내다	_____ the project timeline 프로젝트 일정표를 알아내다

Duble Passages

단어	품사/뜻	예시
run	동 운영하다	_____ a project 프로젝트를 운영하다
parameters	명 조건, 한도	_____ of the original contract 원래 계약서의 한도
follow-up	명 후속조치, 후속편	_____ to last week's meeting 지난 주 회의의 후속편
withdraw	동 철회하다	_____ the request 요구사항을 철회하다
recode	동 (컴퓨터 프로그램을) 다시 코드화하다	don't have to _____ 다시 코드화할 필요가 없다
come up with	제안하다	_____ the timeline 일정을 제안하다
on track	궤도에 오른, 순조로운	the project is _____ 프로젝트가 궤도에 오르다
hassle	명 곤란, 분쟁	a lot less _____ 훨씬 적은 어려움
ensure	동 확실히 하다	_____ quality 품질을 확실히 하다
support	동 지원하다	_____ this feature 이 기능을 지원하다
feature	명 특징, 기능	the _____ to change text color 글자 색을 바꾸는 기능
automatically	부 자동적으로	_____ switch 자동으로 바꾸다
module	명 모듈 (프로그램의 단위)	switch within a _____ 모듈 안에서 바꾸다
shape up	(좋은 방향으로) 전개되다	_____ rather nicely 좋은 방향으로 전개되다
current	형 현재의	the _____ mood 현재의 분위기
reasonable	형 합당한, 합리적인	the _____ mood 합리적인(좋은) 분위기

Questions 1-5 refer to the following minutes and e-mail.

AGENDA

ADM Consulting
Durbin Project Review
Date: October 12

1. **Database switch-up:** The clients have requested that we switch from My Database to Database Pro, which will require a complete rewrite of half of the code we've already produced from their Web site. We have to decide whether to comply with their request, or to tell them that we are not prepared to do it unless they are prepared to go over budget.

2. **Communication protocols:** Several members of the clients' staff have complained that some of us seem "insensitive." This seems to be rooted in misunderstanding arising from cultural expectations about workplace behavior. We need to reassess some of the cultural variations between how they work and how we work, to avoid this sort of thing in future.

3. **Implementation of new commenting procedures:** Given that the clients want to take over the maintenance of the site once we've finished creating it, they have asked us to comment on our code more extensively than we have done to date. They need to be able to follow all of the code we write so that they can alter it at a later date, and none of their programmers is really that familiar with SD Basic.

4. **The Durbin project timeline:** We need to figure out how long the Durbin project will run for, given the clients' new demands, as well as their previous requests for changes outside the parameters of our original contract with them.

To: "Durbin Project Staff"
From: jchekov@admconsulting.com
Re: Follow-up to last week's meeting.

Good news! The clients have decided to withdraw their request that we switch database software, so that's a lot of recoding we don't have to do. The clients also agreed to the timeline we came up with. Between these two developments, the project is now on track, and there is a lot less hassle than we had feared previously.

Of course, the clients still have some odd requests remaining. In addition to commenting more extensively, as we've discussed, they have asked that we ensure all our comments are in red text.

Fortunately, SD Basic supports this feature. There is a way to automatically switch all text color within a module. In any event, it should be an easy request to comply with.

Overall, I'd say the Durbin project is shaping up rather nicely. Hopefully, that will keep the clients in their current reasonable mood for a while.

Sincerely,
Jim Chekov

Passage 1

1. How does ADM Consulting plan to address the complaints from its clients about its employees' attitudes?

   (A) By having employees offer the client an apology
   (B) By reassigning most of the offending employees
   (C) By reviewing differences in behavioral customs
   (D) By reassessing the company's standards of conduct

Passage 1

2. Why does the client want more detailed commenting in the programming code?

   (A) To test the competence of ADM Consulting's employees
   (B) To manage their website on their own
   (C) To learn the programming language of SD Basic
   (D) To ensure that ADM Consulting is doing a good job

Passage 2

3. In the e-mail, the word "withdraw" in line 1 is closest in meaning to

   (A) reiterate
   (B) enhance
   (C) change
   (D) cancel

Passage 2

4. What can be inferred about Chekov from the e-mail?

   (A) He wants to cancel the Durbin project and start a new one.
   (B) He is unfamiliar with the basics of his teams' programming language.
   (C) He thinks that the Durbin project will run over budget.
   (D) He believes that the clients have been unreasonable in the past.

Passage 1&2

5. What aspect of the material covered at the meeting did Chekov NOT mention?

   (A) Communication protocols
   (B) The Durbin timeline
   (C) Features of SD Basic
   (D) The database switch

Critical KEY

추론 문제는 사실인 보기 1개와 사실이 아닌 보기 3개로 구성되어 있으므로 지문을 먼저 읽고 그 다음에 보기를 읽으면서 일치하는 고르는 것이 좋다.

STEP 3 구문과 해석 확인하기

문제 1-5 다음 회의록과 이메일을 참조하세요.   정답 근거 문장

의제

ADM 컨설팅
더빈 프로젝트 검토
날짜: 10월 12일

1. **데이터베이스 전환**: 고객사가 마이 데이터베이스에서 데이터베이스 프로로 전환시켜**switch** 줄 것을 요청해 왔는데, 그러려면 이미 우리가 그들의 웹 사이트에서 만든 코드의 절반을 완전히 '다시 쓰기' 해야**require a complete rewrite** 합니다. 그들의 요청에 응해야**comply with their request** 할지, 아니면 그들이 예산을 검토해**go over budget** 볼 준비가 되어 있지 않으면 우리도 그것을 할 준비가 되어 있지 않다고 말해 줘야 할지 결정해야 합니다.

2. **통신 규약Communication protocols**: 고객사의 일부 직원들이 우리 중 몇몇이 '무감각해**insensitive**' 보인다고 불평을 토로해 왔습니다. 이는 업무 행동에 관한 문화적 기대에서 생기는 오해에 원인이 있는**be rooted in misunderstanding** 것 같습니다. ① 우리는 앞으로 이런 것을 피하기 위해 그들이 일하는 방법과 우리가 일하는 방법 사이의 문화적 차이에 대해 일부 재평가해**reassess some of the cultural variations** 보아야 할 것입니다.

3. **새 의견 제시 절차의 수행Implementation**: ② 고객사는 우리가 사이트를 만든 후 자신들이 사이트의 관리를 맡고**take over the maintenance of the site** 싶어하는 관계로, 우리가 지금까지 해 온 것보다 더 폭넓게 우리 코드에 대해 의견을 제시해달라고**comment on our code more extensively** 요청하곤 했습니다. 그들은 우리가 쓰는 모든 코드를 따를 수 있어야 나중에 그것을 바꿀**alter** 수가 있는데, 그쪽 프로그래머들 중에 누구도 사실 SD 베이직에 정통한 사람이 없습니다.

4. **더빈 프로젝트 일정**: 고객사의 새로운 요구가 있으므로 우리는 최초에 맺은 계약의 한계**the parameters of our original contract** 밖에서 변경에 대한 고객의 이전 요구 사항 외에 그들의 더빈 프로젝트가 얼마 동안 운영될지**run** 알아야**figure out** 합니다.

수신: "더빈 프로젝트 담당 직원"
발신: jchekov@admconsulting.com
제목: 지난주 회의 후속**Follow-up**

좋은 소식입니다! 더빈 고객사가 데이터베이스 소프트웨어를 바꾸어야 한다는 요청을 ③ 철회하기로**withdraw their request** 결정해서 이제 코드를 다시 작성할**recoding** 필요가 없게 됐습니다. 고객사는 또한 우리가 내놓은 일정**the timeline we came up with**에 불평이나 불만의 흔적 없이 동의했습니다! ④ 이 두 가지 진척 사항이 있는 가운데, 프로젝트는 이제 우리가 우려했던 혼란이 많이 줄어든**a lot less hassle** 상태로 궤도에 올랐습니다**be on track**.

물론 고객사는 여전히 이상한 요청 사항을 내놓고 있습니다. 우리가 논의한 바와 같이 좀 더 폭넓게 의견을 제시해 달라는 것 외에, 모든 의견을 붉은색으로 표시해 달라고 요청했습니다. 다행히 SD 베이직은 이러한 기능을 지원합니

다**supports this feature**. 모듈 내에서**within a module** 모든 글자 색깔을 자동으로 바꾸는**automatically switch** 방법이 있는 것 같습니다. 여하튼 이것은 응하기 쉬운 요청일 것입니다.

전반적으로 더빈 프로젝트는 잘 진행되고 있는**shaping up rather nicely** 편이라고 말씀드릴 수 있겠습니다. 고객사는 지금의 좋은 분위기**their current reasonable mood**를 당분간 이어나갈 것입니다.

짐 체코프 올림

지문1

1. ADM 컨설팅이 직원에 대한 고객사의 불만 사항을 처리하려고 계획하는 방법은?

   (A) 직원들로 하여금 고객사에게 사과하도록 함으로써
   (B) 기분을 상하게 하는 대다수 직원들을 재배치함으로써
   (C) 행동적인 관습의 차이를 검토함으로써
   (D) 회사의 행동 표준을 재평가함으로써

지문1

2. 고객사가 프로그래밍 코드에 대해 좀 더 상세한 의견 제시를 원하는 이유는?

   (A) ADM컨설팅 직원들의 능력을 시험하려고
   (B) 자체적으로 웹 사이트를 운영하기 위해
   (C) 프로그래밍언어인 SD베이직을 배우려고
   (D) ADM 컨설팅이 확실히 일을 잘 수행하도록 하려고

지문2

3. 이메일의 1행에 있는 단어 '철회하다'와 의미상 가장 가까운 것은?

   (A) 되풀이하다
   (B) 향상시키다
   (C) 바꾸다
   (D) 취소하다

지문2

4. 이메일에서 체코프에 관해 추론할 수 있는 것은?

   (A) 더빈 프로젝트를 취소하고 새 프로젝트를 시작하고 싶어한다.
   (B) 자기 팀의 프로그래밍 언어의 기초를 잘 모른다.
   (C) 더빈 프로젝트가 예산을 초과하여 운영될 것이라고 생각한다.
   (D) 고객사가 과거에는 비합리적이었다고 생각한다.

지문1&2 통합

5. 회의에서 다루어진 항목 가운데 체코프가 언급하지 않은 관점은?

   (A) 통신 규약
   (B) 더빈 일정
   (C) SD 베이직의 기능
   (D) 데이터베이스 전환

정답 1.(C) 2.(B) 3.(D) 4.(D) 5.(A)

ONE MORE STEP ▶ 두 회사 사이의 거래에서 자주 출제되는 주요 어휘를 살펴보고 Short Quiz를 풀어보세요.

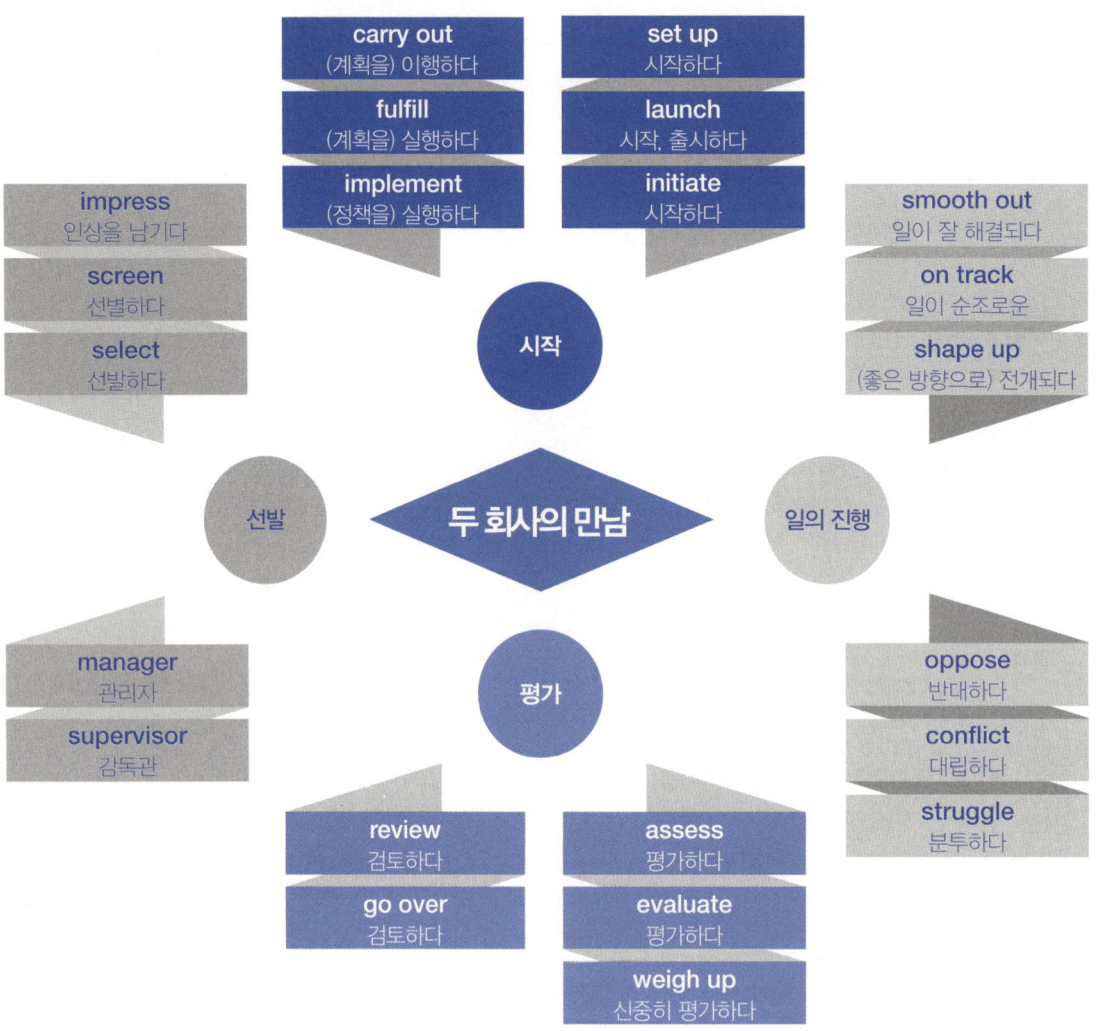

✅ **Short Quiz** 다음 문장을 완성할 수 있는 적절한 어휘를 고르세요.

Q1. I'd say the Durbin project is ☐ shaping up   ☐ leading to rather nicely.
더빈 프로젝트는 **잘 진행되고 있는** 편이라고 말할 수 있습니다.

Q2. We are not prepared to do it unless they are prepared to ☐ go over   ☐ carry out budget.
그들이 예산을 **검토하지** 않는 한 우리는 이것을 할 준비가 되어 있지 않습니다.

Q3. This seems to be rooted in misunderstanding ☐ arising from   ☐ smoothing out cultural variations.
이는 문화적 차이에서 **생긴** 오해에 원인이 있는 것 같습니다.

---

110 ▶▶▶▶

UNIT 5
성공을 위한 필수 과정

KEY STORY

기업들은 경기 침체economic downturn 속에서 경쟁사competitor보다 더 나은 순이익net-profit을 얻기 위해 다양한 노력을 하고 있습니다.
고객을 만족시키기meet 위해 새로운 제품을 개발하고 발표하는introduce 행사를 열기도 합니다.

최근에는recently 대부분의 회사들이 홈페이지homepage를 운영하고 있습니다. 소비자들은 이를 통해 빠르게 최신up-to-date 정보를 얻을 수 있고 이 회사가 무엇을 전문으로 하는지specialize in 알 수 있습니다.

상품 목록catalog을 보고 바로 주문order을 할 수 있는 온라인 매장online shop을 운영하기도 합니다. 컴퓨터와 같은 특정 분야의 전문 지식expertise을 갖춘 업체들은 판매만이 아니라 설치하고install, 갱신해 주거나update, 개선시키는upgrade 서비스를 제공합니다.

Before the Step

지문의 주요 어휘들을 살펴 보고 그 어휘들을 활용하여 구문을 완성해 보세요.

어휘	품사/뜻	예문
introduce	동 소개, 발표하다	_introduce_ our best software 최고의 소프트웨어를 소개하다
launch	명 출시	the _____ of software 소프트웨어의 출시
updated	형 최신의	with _____ performance 최신 성능을 가진
era	명 시대	a new _____ of software 소프트웨어의 새로운 시대
meet	동 만족시키다	_____ your needs 귀하의 필요를 만족시키다
comparable	형 비교할 만한	_____ to our product 우리 제품에 비교할 만한
in terms of	~의 관점에서	_____ features 기능 면에서
compatibility	명 호환성	with full _____ 완벽한 호환성을 가진
effective	형 효율적인	be highly _____ 매우 효율적이다
analyze	동 분석하다	_____ complex data 복잡한 자료를 분석하다
detect	동 탐지하다	_____ errors automatically 자동으로 오류를 탐지하다
demonstration	명 시연	_____ program 데모(시연) 프로그램
exhibition	명 전시	at _____ Hall 201 201 전시실에서
fill out	작성하다, 기입하다	_____ a form 서류를 작성하다
questionnaire	명 설문조사	fill out a _____ 설문조사를 작성하다
corporate	형 기업의	_____ clients 기업 고객

Introducing our best software ever!

Green Solutions proudly announces the launch of the smartest software it has ever made. With updated performance, Green XPDW-5100 opens a new era of software.

This is the program to meet your needs. We can assure you that there is no analysis program comparable to Green XPDW-5100 in terms of features, ease of use, and price. Green XPDW-5000 was great but this one is even better. It's more focused and faster than the past version, with full compatibility. It is highly effective in analyzing complex data and can detect errors in software automatically.

A demonstration and free training session for the software will be given between March 5 and March 10 at Exhibition Hall 201, W Conference Center. Users can also try demonstration programs online after filling out a questionnaire. Corporate clients are eligible for a free upgrade to our full package. Visit www.gsolutions.com or call 800-429-713 for more detailed information.

Regular Business Hours:
Mon-Fri: 9:00 A.M. – 5:00 P.M. (Closed Sundays and holidays)

● 어휘와 구문을 학습한 후 지문 해석을 완성해 보세요.

역대 최고의 소프트웨어를 _____ Introducing합니다!

그린 솔루션이 지금까지 만들었던 것 중 가장 뛰어난 소프트웨어의 _____ the launch of the smartest software를 자랑스럽게 발표합니다. _____ With updated performance, 그린 XPDW-5100은 소프트웨어의 _____ a new era를 열어드립니다.

이것은 귀하의 _____ meet your needs 프로그램입니다. 저희는 기능, 사용 용이성 그리고 가격이라는 측면에서 in terms of 그린 XPDW-5100과 _____ comparable 분석 프로그램이 없다고 자신합니다. 그린 XPDW-5000도 뛰어났지만 이번 제품은 더 좋습니다. 이 제품은 지난 버전보다 명확하고 빠르며 _____ with full compatibility을 갖추고 있습니다. 이 제품은 _____ in analyzing complex data 매우 효율적이며 highly effective 오류를 자동으로 _____ detect 낼 수 있습니다. 새로운 소프트웨어에 대한 무료 연수와 _____ demonstration이 3월 5일에서 10일 사이 W 컨퍼런스 센터 전시홀 201에서 at Exhibition Hall 201 있을 것입니다. 사용자들은 설문지를 작성한 filling out a questionnaire 후에 데모 프로그램을 온라인으로 이용할 수 있습니다. 기업 고객 Corporate clients은 풀 패키지로 무료 업그레이드를 받을 수 있습니다. 더 많은 정보를 원하시면 www.gsolutions.com을 방문해 주시거나 800-429-713로 전화 수십시오.

정규 근무 시간:
월-금: 오전 9시-오후 5시 (일요일과 휴일은 닫습니다.)

KEY 13 — 홈페이지

STEP 1 어휘와 구문
지문의 주요 어휘들을 살펴보고 그 어휘를 활용하여 구문을 완성해 보세요.

어휘	뜻	구문
keep in touch	연락하고 지내다	*keep in touch* with friends 친구들과 연락하고 지내다
innovative	형 획기적인	_____ website 획기적인 웹사이트
social networking	사회 연결망	_____ website 사회 연결망 웹사이트
sign up	등록하다	_____ for an account 계정을 등록하다
personal	형 개인의, 개인적인	_____ database 개인적인 데이터베이스
contain	동 포함하다	_____ all important dates 모든 중요한 날짜들을 포함하다
update	동 갱신하다	_____ your database 당신의 데이터베이스를 갱신하다
search	동 검색하다	_____ the Internet 인터넷을 검색하다
informed	형 잘 아는	stay _____ 지속적으로 정보를 얻다(잘 아는 상태를 유지하다)
up-to-date	형 최신의	_____ information 최신 정보
happen	동 일어나다	what is _____ing 어떤 일이 일어나는지
rest	명 나머지	do the _____ 나머지를 하다
periodic	형 주기적인	_____ e-mail or text message 주기적인 이메일이나 문자
remind	동 상기시키다	_____ you of important dates 중요한 날짜를 상기시켜 주다
anniversary	명 기념일	birthday and _____ 생일이나 기념일
routinely	부 정기적으로	_____ search the Internet 정기적으로 인터넷을 검색하다

114

STEP 2 주제별 예제

Questions 1-2 refer to the following website.

난이도 ★☆☆

---

http://www.keepintouch.com   My Account   Sign Up   Search

Keep in Touch

The New Way to Keep in Touch with Friends and Family Online

What is Keep in Touch?
Keep in Touch is an innovative social networking website. Sign up now and receive a free e-mail address. Our special offer expires on April 28.

How does it work?
Keep in Touch allows you to build your own personal database containing all important dates about your friends and family members. Keep in Touch will also update your database by searching the Internet. Keep in Touch makes it easy for you to stay informed and up-to-date with what is happening in the lives of the people that mean the most to you!

So what do I need to do?
Very little! All you need to do is sign up and add your information into the database. Keep in Touch will do the rest. You will receive periodic e-mail or text message updates. We will remind you of important dates, such as birthdays or anniversaries. Keep in Touch will also routinely search the Internet for news and updates on the lives of the people you know. What are you waiting for? Sign up now!

---

1. What does the Keep in Touch website do for users?

   (A) Keep them informed about people they know
   (B) Notify them of its primary drawbacks
   (C) Connect them with people they haven't met
   (D) Introduce them to new software program

2. According to the webpage, what does Keep in Touch NOT provide for the user?

   (A) A free e-mail address for joining the web site
   (B) Access to other people's databases
   (C) Reminders of important dates and events
   (D) Text message updates

특정 업체의 웹사이트는 그 업체를 홍보한다는 점에서 광고와 유사한 특징을 갖는다. 나열된 정보를 묻는 세부 정보 확인하기 유형과 진위 추론 유형이 자주 출제된다.

STEP 3 구문과 해석 확인하기

문제 1-2 다음 웹사이트를 참조하세요.

정답 근거 문장

---

http://www.keepintouch.com   내 계정   등록   검색

킵인터치

친구, 가족과 온라인으로 연락을 유지하는 **keep in touch with** 새로운 방법

킵인터치는?
킵인터치는 획기적인 인터넷 사회 연결망 웹사이트 **innovative social networking website**입니다. ② 지금 등록 하시고 **sign up now** 무료 이메일 주소를 받으세요!

어떻게 사용하나요?
킵인터치는 친구, 가족의 모든 중요한 날짜를 포함하는 **containing all important dates** 여러분 자신의 개인적인 **personal** 데이터베이스를 구축해 드립니다. 킵인터치는 또한 인터넷 검색을 통해 **by searching the Internet** 여러분의 데이터베이스를 갱신해 드립니다. ① 당신에게 중요한 사람들의 인생에 어떤 일이 발생하는지에 대한 최신의 **up-to-date** 정보를 쉽게 지속적으로 받으실 **stay informed** 수 있도록 해 드립니다.

그렇다면 해야 할 일은?
거의 없습니다! 등록하셔서 알고 있는 사람들에 관한 정보를 데이터베이스에 추가하시기만 하면 됩니다. 킵인터치가 나머지를 해 드릴 것입니다 **do the rest**. 여러분께서는 정기적인 이메일이나 문자 메시지 정보 **periodic e-mail or text message updates**를 받으시게 됩니다. ② 생일이나 기념일 **anniversary**과 같은 중요한 날짜를 기억하게 **remind you of important dates** 해 드립니다. 킵인터치는 또한 여러분이 알고 있는 사람들의 소식이나 최신 정보를 정기적으로 인터넷에서 검색해 **routinely search the Internet** 드릴 것입니다. 무엇을 기다리고 계신가요? 지금 등록하세요.

---

1. 킵인터치 웹사이트가 이용자들을 위해 하는 것은?

   (A) 이용자들이 알고 있는 사람들에 관한 정보를 계속 알려 주는 것
   (B) 이용자들에게 주요 절감들에 관해 통지하기
   (C) 이용자들이 만난 적 없는 사람들과 연결해 주기
   (D) 이용자들에게 새 소프트웨어 프로그램 소개하기

2. 웹페이지에 따르면, 킵인터치가 이용자에게 제공하지 않는 것은?

   (A) 웹사이트에 가입에 따른 무료 이메일 주소
   (B) 다른 사람들의 데이터베이스에 대한 접근
   (C) 중요 날짜와 행사의 메모
   (D) 문자 메시지 최신 정보

정답 1.(A) 2.(B)

ONE MORE STEP 정보와 기술 분야에서 자주 출제되는 주요 어휘를 살펴보고 Short Quiz를 풀어보세요.

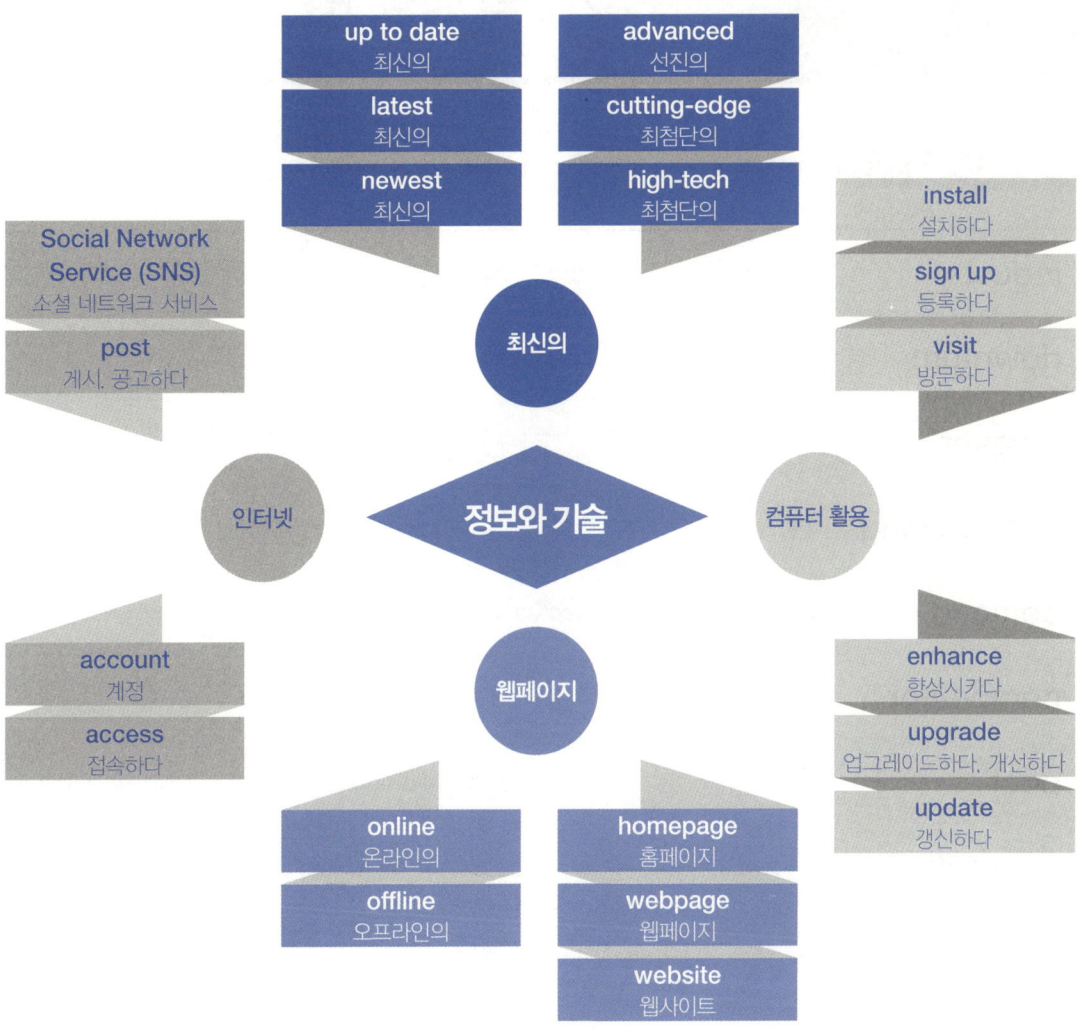

✅ **Short Quiz** 다음 문장을 완성할 수 있는 적절한 어휘를 고르세요.

Q1. ☐ Sign up   ☐ Post now and receive a free e-mail address!
지금 **등록**하시고 무료 이메일을 받아가세요.

Q2. To get one of our online discounts, ☐ visit   ☐ update our website.
온라인 할인을 얻으려면, 저희 웹사이트를 **방문**해 주세요.

Q3. The ☐ latest   ☐ account model is capable of storing up to three gigabytes of pictures and videos.
최신 모델은 사진과 동영상을 3기가 바이트까지 저장할 수 있습니다.

KEY 14 — 기업의 성공 요인

STEP 1 어휘와 구문   지문의 주요 어휘들을 살펴보고 그 어휘를 활용하여 구문을 완성해 보세요.

어휘	품사/뜻	구문
industry	명 산업	auto _industry_ 자동차 산업
downturn	명 침체	economic _____ 경기 침체
recover	동 회복하다	_____ from the economic downturn 경기 침체로부터 회복하다
decade-long	형 10년의	a _____ trend 10년간의 경향
demand	명 수요	decreasing _____ for cars 감소하는 차의 수요
competitor	명 경쟁업체	main _____s 주요한 경쟁업체들
post	동 발표하다	_____ a million dollar loss 백만 달러의 손실을 발표하다
net profit	명 순이익	a _____ of six million dollar 육백만 달러의 순이익
quarter	명 사분기(1년의 1/4)	a net profit for this _____ 이번 분기의 순이익
attribute A to B	A를 B의 덕분이라고 여기다	_____ success to the decision 성공을 그 결정 덕분이라고 여기다
collapse	동 무너지다	the trends _____ 그 추세가 무너지다
fluctuate	동 변동을 거듭하다	gas prices _____ 가스 가격이 변동하다
term	명 기간	fluctuate in the short _____ 짧은 기간 동안 변동하다
manufacture	동 제조하다	_____ vehicles 자동차를 생산하다
be accused of	~로 비난 받다	_____ not understanding 이해하지 못한다는 비난을 받다
fuel-efficient	형 연료 효율이 좋은	more _____ cars 더 연료 효율이 좋은 차

118

STEP 2 주제별 예제

Questions 1-3 refer to the following article.

난이도 ★★★

Chevmort Proves Auto Industry Can Recover

The auto industry has been going through the economic downturn and a decade-long trend of decreasing demand for cars nationwide. While all of Chevmort's competitors have posted multi-million dollar losses year after year, Chevmort has posted a net profit of six million for this quarter alone.

Chevmort CEO Charles Anderson attributes Chevmort's success to its decision to focus on producing environmentally-friendly, affordable cars instead of the expensive SUVs. "We always knew the SUV trend would collapse," he said in a recent interview. "Gas prices fluctuate in the short term, but over the long term they can only go up. The SUV was going to lose its appeal. In the 1990s, we didn't manufacture as many vehicles as our competitors, and we were accused of not understanding the market. However, we sold all of the cars we did produce, and built up a loyal client base. Now that the wider public has begun to recognize the need for smaller, more fuel-efficient cars, Chevmort is poised to become the leader in the car industry."

1. How did Chevmort manage to succeed?

   (A) They recognized that the public wanted SUVs.
   (B) They produced electric cars which did not run on gasoline.
   (C) They didn't build as many cars as competitors.
   (D) They concentrated on building fuel-efficient cars.

2. What can be inferred about Chevmort?

   (A) It is one of the largest American oil companies.
   (B) It prizes traditional values in business.
   (C) It will manufacture SUVs when the economy improves.
   (D) It did not do as well as its competitors in the 1990s.

3. What is NOT mentioned as a reason for the auto industry's troubles?

   (A) The onset of hard economic times
   (B) A long-term decline in the demand for cars
   (C) Concerns about the health effects of vehicles
   (D) A general trend towards increasing gas prices

기사문은 다양한 주제의 까다로운 어휘들이 많이 출제되어 어휘의 중요도가 높은 지문이다. 하지만 글의 구조가 명료하므로 어휘와 구문만 충분히 학습한다면 쉽게 해결할 수 있다.

STEP 3 구문과 해석 확인하기

문제 1-3 다음 기사문을 참조하세요. 정답 근거 문장

쉐브모트사가 자동차 산업의 회생 가능성을 입증하다

③ 자동차 업계는 경기 침체**the economic downturn**와 전국적으로 자동차 수요가 감소하는**decreasing demand for cars** 10년간 이어지는 추세**a decade-long trend**를 겪어오고 있다. 쉐브모트의 모든 경쟁업체들이**competitors** 매년 수백만 달러의 손실을 발표한 반면, 쉐브모트는 이번 분기에만**for this quarter** 6백만 달러의 순익을 발표했다 **post a net profit of six million**.

① 쉐브모트의 CEO인 찰스 앤더슨은 셰브모트의 성공이 한때 시장을 지배하던 값비싼 SUV 차량 대신 환경 친화적이면서도 알맞은 가격의 차를 생산하는 데 초점을 맞추기로 한 결정의 덕분이라고**attribute** 한다. "우리는 SUV 트렌드가 무너질 것이라는 사실을 언제나 확신하고 있었습니다."라고 그는 최근 인터뷰에서 말했다. "③ 가솔린 가격은 단기적으로는 변동이 심하지만**fluctuate in the short term** 장기적으로는 올라갈 수밖에 없습니다. SUV는 매력을 잃어가고 있었습니다. ② 1990년대에는 경쟁업체만큼 많은 차를 생산하지 않았습니다. 시장을 이해하지 못하고 있다고 비난도 받았고요**be accused of not understanding**. 하지만 우리는 우리가 생산한 모든 차를 팔았고 충실한 고객층을 쌓았습니다. ① 이제 더 많은 대중들이 연료 효율이 좋은**more fuel-efficient** 소형차에 대한 필요성을 깨닫기 시작했습니다. 쉐브모트는 업계의 리더가 될 준비가 되어 있습니다."

---

1. 쉐브모트기 성공하기 위해 어떻게 했는가?

 (A) 일반 대중이 대부분 SUV 차량을 원하는 것을 인지했다.
 (B) 가솔린으로 가지 않는 전기차를 생산했다.
 (C) 경쟁자들만큼 많은 차를 만들지 않았다.
 (D) 연료 효율적인 차 생산에 집중했다.

2. 쉐브모트에 관해 추론할 수 있는 것은?

 (A) 미국의 주요 석유 회사 중 하나이다.
 (B) 사업에 있어 전통적인 가치를 소중히 여긴다.
 (C) 경기가 좋아질 때 SUV 차량을 생산할 것이다.
 (D) 1990년대에 경쟁업체만큼 잘 하지 못했다.

3. 자동차 산업의 어려움에 대한 이유로 언급되지 않은 것은?

 (A) 힘든 경제 시기의 시작
 (B) 장기적인 자동차 수요의 하락
 (C) 차가 건강에 미치는 영향에 관한 우려
 (D) 가솔린 가격 상승의 일반적인 경향

정답 1.(D) 2.(D) 3.(C)

ONE MORE STEP 경제와 기업에서 자주 출제되는 주요 어휘를 살펴보고 Short Quiz를 풀어보세요.

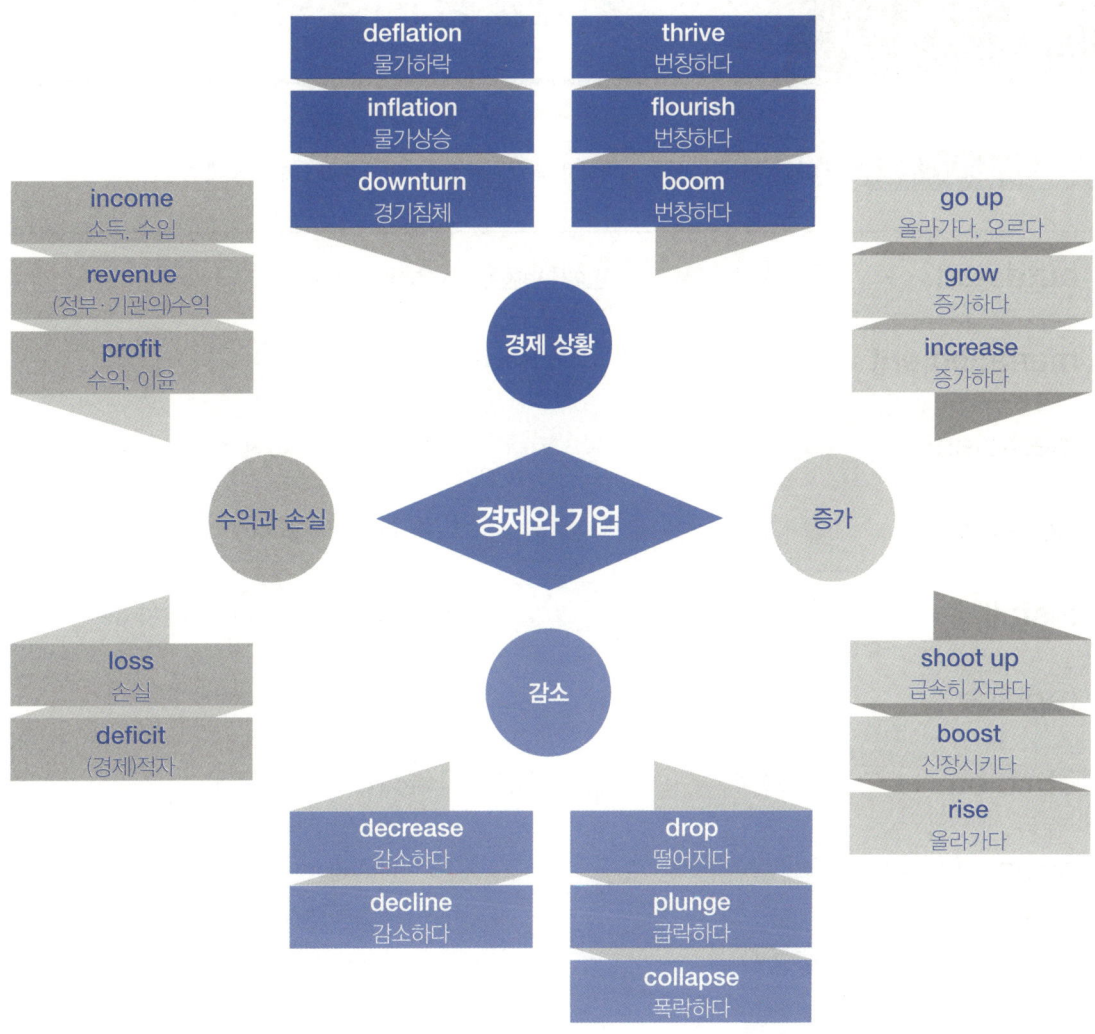

☑ **Short Quiz** 다음 문장을 완성할 수 있는 적절한 어휘를 고르세요.

Q1. The policy leads to a clear ☐ increase ☐ flourish in sales.
그 정책은 매출액의 확실한 **증가**를 가져올 것이다.

Q2. Competitors have posted multi-million dollar ☐ losses ☐ profits year after year.
경쟁업체들은 매년 수백만 달러의 **손실**을 발표해 오고 있다.

Q3. Sales figures have been ☐ declining ☐ incoming slowly over the past four months.
매출액이 지난 4개월 동안 천천히 **감소해오고** 있다.

KEY 15 — 컨설팅 광고, 의뢰 & 가격표

STEP 1 어휘와 구문
지문의 주요 어휘들을 살펴보고 그 어휘를 활용하여 구문을 완성해 보세요.

어휘	품사/뜻	구문
outdated	형 구식의	_outdated_ website 구식 웹사이트
management	명 관리	information _____ 정보 관리
inefficient	형 비효율적인	_____ management system 비효율적인 관리 체계
decade	명 10년	over a _____ of experience 10년 이상의 경력
install	동 설치하다	_____ computer systems 컴퓨터 시스템을 설치하다
replace	동 교체하다	_____ hardware 하드웨어를 교체하다
obsolete	형 구식의	_____ hardware 구식 하드웨어
specialize in	~을 전문으로 하다	_____ management 관리를 전문으로 하다
integration	명 통합	database _____ 데이터베이스 통합
combine	동 통합하다	_____ data 정보를 통합하다
existing	형 현존하는	combine _____ data 현재 정보를 통합 하다
relational	형 상관 관계의, 관련 있는	_____ system 상관 관계에 있는 시스템
expertise	명 전문 지식	_____ in online stores 온라인 상점에 대한 전문 지식
implement	동 시행하다	_____ online stores 온라인 상점을 시행하다
ideal	형 이상적인	_____ for consulting companies 자문 회사에 이상적인
establish	동 설립하다	_____ website 웹사이트를 설립하다

Triple Passages

presence	명 존재, 보유	web _____	웹사이트 보유
recently	부 최근에	_____ saw the ad	최근에 광고를 보았다
retail	형 소매의	furniture _____ company	가구 소매 회사
catalog	명 목록	a mail-order _____	우편 주문용 목록
order	명 주문	_____s from each media	각 매체로부터의 주문
media	명 매체	each _____ has its own system	각 매체가 고유의 체계를 갖고 있다
operating	형 운영의	different _____ system	다른 운영체제
merge	동 통합하다	_____ three systems	세 개의 시스템을 통합하다
compile	동 (하나로) 엮다	_____ database	데이터 베이스를 통합하다
import	동 (데이터를) 불러오다	_____ data	데이터를 불러오다
accomplish	동 성취하다	_____ what I need	내가 필요한 것을 이루다
arrange	동 준비를 하다	_____ a meeting	회의 준비를 하다
customization	명 주문제작	PC _____	PC 주문제작
tune up	조율	_____ software	소프트웨어 조율
defragment	동 단편화를 해소하다, 최적화하다	_____ your computer	컴퓨터를 최적화하다
guarantee	명 품질 보증서	45-day _____	45일짜리 품질 보증서

Questions 1-5 refer to the following advertisement, letter, and service rates.

Ahmad Consulting

56 Benebon Avenue
Santa Fe, NM 39432
(672) 555-682
www.ahmadconsulting.com

Is your website outdated or your information management systems inefficient? We have over a decade of experience helping people install, upgrade, and enhance their computer systems. We'll even help you upgrade or replace obsolete hardware. We specialize in database integration and management, and in combining pre-existing data into one well-organized, easy-to-use relational system. We also have expertise in implementing online stores, ideal for companies seeking to establish or improve their web presence. We can also design new systems to meet any needs you may have. Give us a call today!

Kamil Ahmad
56 Benebon Avenue Santa Fe, NM
39432

Dear Mr. Ahmad:

I recently saw your ad, and was wondering if your company might be able to help me.

My furniture retail company has a website, a mail-order catalog, and the physical store itself. The problem is that orders from each of these media outlets have their own computer system. They are produced by different companies, and one of the computers is run by a different operating system from the other two. The table structures for each database are also slightly different, which will make merging them more difficult.

Needless to say, I am especially interested in your ability to compile existing databases into a relational one. If you could create a new database into which data from the three existing ones could be imported, that would go a long way towards improving the system. If you are capable of accomplishing what I need, please call me at 555-2752, and we can arrange a meeting.

Sincerely,

Tyler McKenzie

Service Rates

Service	Rates
PC setup & Customization	$ 60
Software Installation	$ 50
Hardware Installation	$ 100
Repair (Hardware / Software)	$ 60
Tune Up Software (Defragmentation & Integration)	$ 80
Online Shop Building	$ 40
Online Shop Management	$ 20

* All installation and repair services have a 45-day guarantee.

Passage 1

1. In the advertisement, the word "establish" in line 6, is closest in meaning to

   (A) launch
   (B) remove
   (C) advertise
   (D) analyze

Passage 2

2. What is NOT mentioned as one aspect of Mr. McKenzie's business?

   (A) A retail shop
   (B) A call center
   (C) A mail order catalog
   (D) An online store

Passage 2

3. What problem does Mr. McKenzie have with his computer systems?

   (A) It is difficult for customers to use.
   (B) It cannot handle online purchase orders.
   (C) It contains too much information.
   (D) It uses three incompatible databases.

Passage 2&3

4. What will Mr. McKenzie most likely ask Mr. Ahmad to do?

   (A) Software Installation
   (B) Hardware Repair
   (C) Online Shop Building
   (D) Tune Up Software

Passage 2&3

5. How much will Mr. McKenzie pay for the service he requested?

   (A) $ 50
   (B) $ 80
   (C) $ 90
   (D) $ 100

Critical KEY

업체의 광고와 고객이 서비스를 의뢰하는 내용의 다중 지문에서는 **각 지문의 세부 정보를 파악**하고 광고주가 제공할 수 있는 서비스와 고객이 요구하는 것을 비교할 수 있어야 한다. 가격표가 따로 제시 되는 경우, 해당 서비스의 가격은 표를 참조한다.

STEP 3 구문과 해석 확인하기

문제 1-5 다음 광고와 편지, 가격표를 참조하세요.   정답 근거 문장

아마드 컨설팅

뉴멕시코 주, 39432, 산타페
베니본 거리 56
(672) 555-682
www.ahmadconsulting.com

귀사의 웹 사이트는 구식이거나 정보 관리 체계가 비효율적입니까? 저희는 컴퓨터 시스템 설치와 갱신, 그리고 향상시키는 일을 돕는 데 10년 이상의 경력**over a decade of experience**이 있습니다. 낡은 하드웨어를 개선하거나 교체하시는**upgrade or replace** 일도 도와드릴 수 있습니다. 저희는 데이터베이스의 통합 및 관리와 기존 데이터를 통합하여**combining pre-existing data sources** 관련 시스템을 쉽게 이용할 수 있는 하나의 잘 정리된 형태로**into one well-organized** 하는 일을 전문으로 하고**specialize in** 있습니다. 저희는 또한 온라인 매장 시행에 대한 전문 기술**expertise in implementing**을 갖고 있는데, 웹사이트**web presence**를 ① 개설하거나 향상시키고자 하는 기업들에게 이상적입니다. 그리고 물론, 저희는 귀하의 어떤 욕구든 충족시킬 수 있도록 처음부터 새 시스템을 설계할 수 있습니다. 오늘 저희에게 전화를 주십시오.

카밀 아마드
뉴멕시코 주, 39432, 산타페
베니본 거리 56

아마드 씨에게,

저는 최근에 귀사의 광고를 보았는데, 귀사가 저를 도와줄 수 있을지 궁금합니다.

② 제 가구 소매 회사**furniture retail company**는 웹사이트, 우편 주문 목록**a mail-order catalog**, 그리고 실제 매장을 갖추고 있습니다. ③ 문제는 이 각각의 매체들**media outlets**에서 오는 주문들**orders**이 자체 컴퓨터 시스템을 갖고 있다는 것입니다. 그것들은 서로 다른 소프트웨어 회사에 의해 만들어졌으며, 관련된 컴퓨터 가운데 하나는 사실 나머지 2개와 다른 운영 체제**a different operating system**에 의해 운영되고 있습니다. 각 데이터베이스의 테이블 구조 또한 약간 달라서, 이것이 통합하는 것을**merging** 한층 더 어렵게 할 것입니다.
말할 것도 없이, ④&⑤ 저는 특히 기존의 데이터베이스들을 하나의 관계 데이터베이스로 통합하는 귀사의 기술**your ability to compile**에 관심이 있습니다. 3개의 기존 데이터베이스에서 하나의 새 데이터베이스로 자료를 가져갈**be imported** 수 있는 것을 만드실 수 있다면, 시스템 향상을 향한 진보가 될 것입니다. 제가 필요한 것을 달성하실 수 있으시면**be capable of accomplishing**, 555-2752로 제게 전화 주시면, 회의 일정을 잡을**arrange a meeting** 수 있을 것입니다.

타일러 매켄지 올림

서비스 요금

서비스	Rates
컴퓨터 설치와 주문제작 Customization	$ 60
소프트웨어 설치	$ 50
하드웨어 설치	$ 100
수리 (하드웨어 / 소프트웨어)	$ 60
④&⑤ 소프트웨어 조율 Tune Up (최적화 Defragmentation & 통합)	$ 80
온라인샵 구축	$ 40
온라인샵 관리	$ 20

* 모든 설치와 수리 서비스는 45일간의 품질 보증서 guarantee를 포함합니다.

지문1
1. 광고의 6행에 있는 단어 '설립하다'와 의미상 가장 가까운 것은?

   (A) 시작하다
   (B) 제거하다
   (C) 광고하다
   (D) 분석하다

지문2
2. 매켄지 씨 사업의 한 분야로 언급되지 않은 것은?

   (A) 소매점
   (B) 콜센터
   (C) 우편 주문 카탈로그
   (D) 온라인 상점

지문2
3. 매켄지 씨가 컴퓨터 시스템에 갖고 있는 문제는?

   (A) 고객들이 이용하기 어렵다.
   (B) 온라인 구입 주문을 처리할 수가 없다.
   (C) 너무 많은 정보를 담고 있다.
   (D) 호환되지 않는 3개의 데이터베이스를 이용하고 있다.

지문2&3 통합
4. 매켄지 씨가 아마드 씨에게 요청할 것은?

   (A) 소프트웨어 설치
   (B) 하드웨어 수리
   (C) 온라인샵 구축
   (D) 소프트웨어 조율

지문2&3 통합
5. 매킨지 씨가 그가 요청한 서비스에 대해 지불해야 하는 금액은?

   (A) $ 50
   (B) $ 80
   (C) $ 90
   (D) $ 100

정답 1.(A) 2.(B) 3.(D) 4.(D) 5.(B)

ONE MORE STEP 광고와 서비스 의뢰에서 자주 출제되는 주요 어휘를 살펴보고 Short Quiz를 풀어보세요.

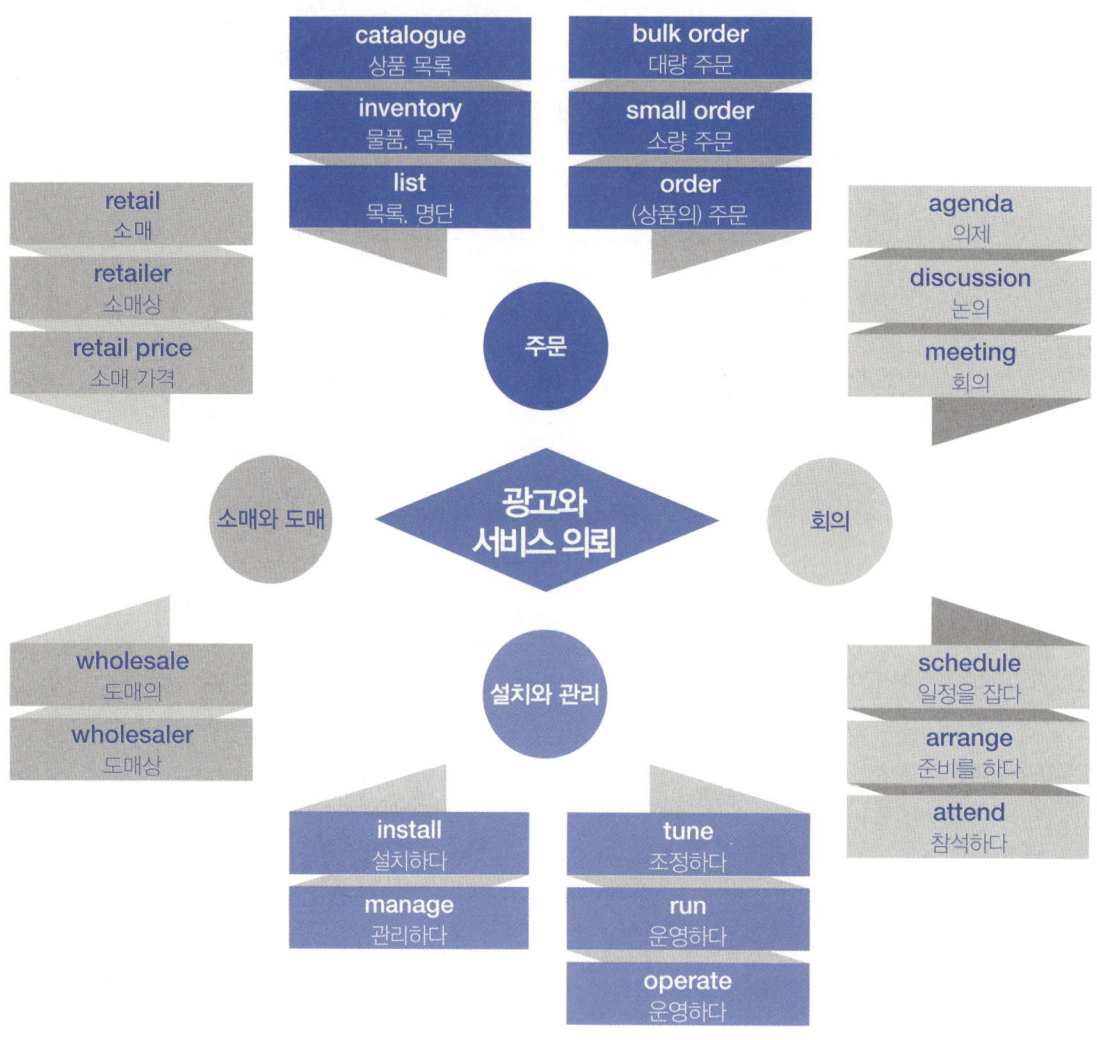

✓ **Short Quiz** 다음 문장을 완성할 수 있는 적절한 어휘를 고르세요.

Q1. We should ☐ arrange   ☐ market a meeting as soon as possible.
우리는 가능한 빨리 회의 **준비를 해야** 합니다.

Q2. My furniture ☐ retail   ☐ small company has a website and a mail-order catalog.
저의 가구 **소매** 회사는 웹사이트와 통신 판매용 목록을 갖고 있습니다.

Q3. We help people ☐ run   ☐ install, upgrade, and enhance their computer systems.
저희는 컴퓨터 시스템 **설치**와 갱신, 그리고 향상시키는 일을 돕습니다.

UNIT 6
끊임없는 연구와 개발

KEY STORY

연구와 개발Research and Development 역시 기업에게 아주 중요한 영역입니다. 뛰어난 품질outstanding quality의 제품을 만들기 위해서는 연구 제안서research proposal와 이를 위한 예산budget이 필요합니다.

최근에 떠오르는 시장emerging market에 관심이 있다면 해당 분야의 박람회Expo에 참가하여 토론debate과 연설speech을 지켜보는witness 흥미로운fascinating 경험을 할 수도 있습니다. 일정표schedule에서 연설speech이 있을 장소와 시간, 발표자를 알 수 있을 뿐 아니라, 발표하고자 하는 내용을 요약해서outline 알려주고 있으니 잘 읽어보세요.

광고에서는 저마다 자신들의 제품이 가장 뛰어나다고 주장합니다. 소비자들은 이 주장이 과장되어exaggerate 있지 않고 사양spec이 광고에 부응하는지live up to 잘 따져보아야 합니다.

Before the Step

지문의 주요 어휘들을 살펴 보고 그 어휘들을 활용하여 구문을 완성해 보세요.

단어	품사	뜻	예시	해석
proposal	명	제안, 기획	research _proposal_	연구 제안서
leak	동	유출하다	_____ sensitive data	민감한 정보를 유출하다
security	명	보안	the importance of _____	보안의 중요성
target	명	목표, 대상	attractive _____	매력적인 대상
substantial	형	중요한	_____ target	중요한 대상
malicious	형	악의적인	_____ individuals	악의적인 사람들
sophisticated	형	교묘한	getting more _____	점점 더 교묘해지는
precaution	명	주의, 경계	take _____s	주의를 기울이다
laboratory	명	연구실	research _____	연구소
invent	동	개발하다	_____ the anti-virus software	바이러스를 방어할 수 있는 소프트웨어를 개발하다
compatible	형	호환되는	_____ with Android phones	안드로이드 휴대폰과 호환되는
expertise	명	전문지식	based on our _____	전문지식을 기반으로
conduct	동	실시하다	_____ research	조사를 실시하다
aim to		~할 작정이다	_____ develop a program	프로그램을 개발하려고 한다
potential	형	잠재적인	_____ attack from viruses	바이러스로부터의 잠재적인 공격
budget	명	예산	research _____ for 2016	2016년 연구 예산

Research Proposal

Dear Mr. Sampson,

With today's technology, smartphones are at risk of picking up a virus or leaking sensitive data. As companies and governments increasingly rely on mobile communications, the importance of security on smartphones has been growing. Consumer data is an especially attractive target. Many other kinds of information are also substantial targets. Hacking tools and malicious individuals are getting more sophisticated. People can't be too careful in taking precautions.

Our laboratory has already invented the first anti-virus smartphone software compatible both with Android phones and Apple iPhones. Based on our expertise and experience, we would like to conduct research which aims to develop a program which can deal with potential attack from viruses and malware - malicious programs - automatically.

I suggest, therefore, that we focus most of our research budget for 2016 on inventing a new security program for our products.

Sincerely,

Rajiv McKinney

● 어휘와 구문을 학습한 후 지문 해석을 완성해 보세요

연구 _____ Proposal

샘슨 씨에게,

현재 기술력으로, 스마트폰은 바이러스 감염과 _____ leaking sensitive data 위험에 처해 있습니다. 회사와 정부들이 점점 더 휴대폰 의사소통에 의존하게 되면서, 스마트폰에 대한 _____ the importance of security이 증가하고 있습니다. 고객 정보는 특별히 _____ attractive target입니다. 많은 다른 종류의 정보들 또한 중요한 대상substantial targets입니다. 해킹을 위한 도구나 _____ 개인들 malicious individuals은 점점 더 _____ getting more sophisticated 있습니다. 예방 조치를 취하는데 있어서 아무리 taking precautions 지나치지 않습니다.

저희 _____ laboratory에서는 이미 안드로이드 휴대폰과 애플 휴대폰 둘 나 _____ compatible both with 첫 번째 바이러스 방어 스마트폰을 _____ invent 했습니다. 우리의 _____ 과 경험 expertise and experience을 기반으로 바이러스와 컴퓨터 시스템을 파괴하는 소프트웨어 – 악성 프로그램 – 의 _____ potential attack을 자동적으로 저리할 수 있는 프로그램을 개발하기 위한 aims to develop 조사를 _____ conduct research 하고자 합니다.

그러므로, _____ research budget for 2016의 대부분을 저희 제품을 위한 새로운 보안 프로그램을 개발하는 데에 집중할 것을 제안합니다.

라지브 맥키니 올림

KEY 16 — 학회 프로그램

STEP 1 어휘와 구문 지문의 주요 어휘들을 살펴보고 그 어휘를 활용하여 구문을 완성해 보세요.

어휘	품사/뜻	구문
speech	명 연설, 담화	welcome _speech_ 환영 연설
outline	동 개요를 서술하다	_____ some of the energy issues 에너지 문제의 개요를 말하다
issue	명 쟁점	the energy _____s of our time 우리 시대의 에너지 문제
follow	동 뒤따르다	be _____ed by a reception 리셉션이 이어지다
green	동 환경 친화적으로 만들다	_____ the energy sector 에너지 부문을 환경 친화적으로 만들다
experienced	형 경력이 있는	an _____ energy consultant 경력이 많은 에너지 자문
lead	동 이끌다	_____ a discussion 토론을 이끌다
industry	명 산업	energy _____ 에너지 산업
environmentally	부 환경적으로	_____ friendly 친환경적인
run	동 운영하다	_____ a workshop 워크샵을 운영하다
witness	동 목격하다	_____ a debate 토론을 참관하다
fascinating	형 흥미로운	witness a _____ debate 흥미로운 토론을 참관하다
debate	명 토론	_____ on nuclear energy 핵 에너지에 대한 토론
emerging	형 최근 생겨난	_____ energy technologies 새로운 에너지 기술
address	명 연설	final _____ 마지막 연설
balance	동 균형을 이루다	_____ the environment and growth 환경과 성장 사이에서 균형을 이루다

STEP 2 주제별 예제

Questions 1-2 refer to the following schedule.

난이도 ★☆☆

"The Future of Energy" Expo – Saturday, October 21
List of Events

10 A.M. – Noon: Welcome Speech and Reception, Main Hall
Professor Janice Holden of Oxford University will open this year's Expo with a speech outlining some of the energy issues of our time. This will be followed by a reception with coffee, tea, and sandwiches.

1 P.M. – 3 P.M.: Greening the Energy Sector, Main Hall
William Potts, an experienced energy consultant, will lead a discussion on how the energy industry can become more environmentally friendly in the future.

3:30 P.M. – 5 P.M.: Workshops, Various Rooms
Participants can choose from a number of workshops. Professor Stephen Doyle of the University of California will run a workshop on "Energy and Society" in Room 501. In Room 503, you will witness a fascinating debate on nuclear energy between Thomas Baxter, CEO of Nuclear Futures, and Susan Lee, a leading environmentalist. Professor Charles Garcia of Massachusetts Institute of Technology will lead a workshop on "Emerging Energy Technologies" in room 506.

5:30 P.M. – 6 P.M.: Final Address, Main Hall
The final address will be given by Stuart Cunningham, author of the best-selling book, "The Triangle: Balancing Energy, the Environment, and Population Growth in the 21st Century." Mr. Cunningham will be introduced by the Expo organizer, Laura Spelling.

---

1. Where will Professor Stephen Doyle's workshop take place?

    (A) Main Hall
    (B) Room 501
    (C) Room 503
    (D) Room 506

2. Who will be the final speaker of the day?

    (A) Thomas Baxter
    (B) Charles Garcia
    (C) Stuart Cunningham
    (D) Laura Spelling

Critical KEY 행사가 이루어지는 **장소나 사람 이름**과 같은 특정한 세부정보를 찾는 문제는 **단순 정보 확인**으로 빠른 시간 내에 해결할 수 있으므로 여러 유형의 문제 중 가장 먼저 풀어야 하는 유형이다.

STEP 3 구문과 해석 확인하기

문제 1-2 다음 일정표를 참조하세요.   정답 근거 문장

"에너지의 미래" 박람회 – 10월 21일 토요일
행사 목록

오전 10시 – 12시: 환영 연설Welcome Speech 및 리셉션, 메인홀
옥스퍼드 대학교의 재니스 홀든 교수가 우리 시대의 에너지 문제some of the energy issues of our time의 개요에 관한 연설과 함께 올해의 엑스포를 시작할 것입니다. 이어 커피, 차, 샌드위치 등이 제공되는 리셉션이 이어질 것입니다be followed by a reception.

오후 1시 – 3시: 에너지 부문의 녹색화Greening the Energy Sector, 메인홀
경력이 많은 에너지 자문an experienced energy consultant인 윌리엄 팟츠가 어떻게 하면 에너지업계가 미래에 좀 더 친환경적으로more environmentally friendly 변할 수 있는지에 대한 토론을 이끌lead a discussion 것입니다.

오후 3시 30분 – 5시: 워크숍, 여러 강의실
참가자들은 많은 워크숍 중에서 선택하실 수 있습니다. ① 캘리포니아 대학교의 스티븐 도일 교수는 501호에서 '에너지와 사회'에 대한 연구회를 열run a workshop 것입니다. 503호에서는 뉴클리어 퓨처스의 최고 경영자인 토머스 백스터와 대표적인 환경문제 전문가인 수잔 리 간의 멋진 논쟁을 참관하시게witness a fascinating debate 됩니다. MIT의 찰스 가르시아 교수는 506호에서 "새로운 에너지 기술Emerging Energy Technologies"에 관한 워크숍을 열 것입니다.

오후 5시 30분 – 6시: 마지막 연설, 메인홀
② 마지막 연설final address은 베스트셀러 "삼각관계: 21세기의 에너지, 환경, 인구 증가의 균형"의 작가인 스튜어트 커닝엄이 하실 것입니다. 커닝엄 씨는 엑스포 주최자인 로라 스펠링이 소개해 드릴 것입니다.

---

1. 스티븐 도일의 워크숍이 이루어지게 될 장소는?

    (A) 메인홀
    (B) 501호
    (C) 503호
    (D) 506호

2. 이날의 마지막 강연자는?

    (A) 토머스 백스터
    (B) 찰스 가르시아
    (C) 스튜어트 커닝엄
    (D) 로라 스펠링

정답 1.(B) 2.(C)

ONE MORE STEP 학회나 전시회와 같은 행사에서 자주 출제되는 주요 어휘를 살펴보고 Short Quiz를 풀어보세요.

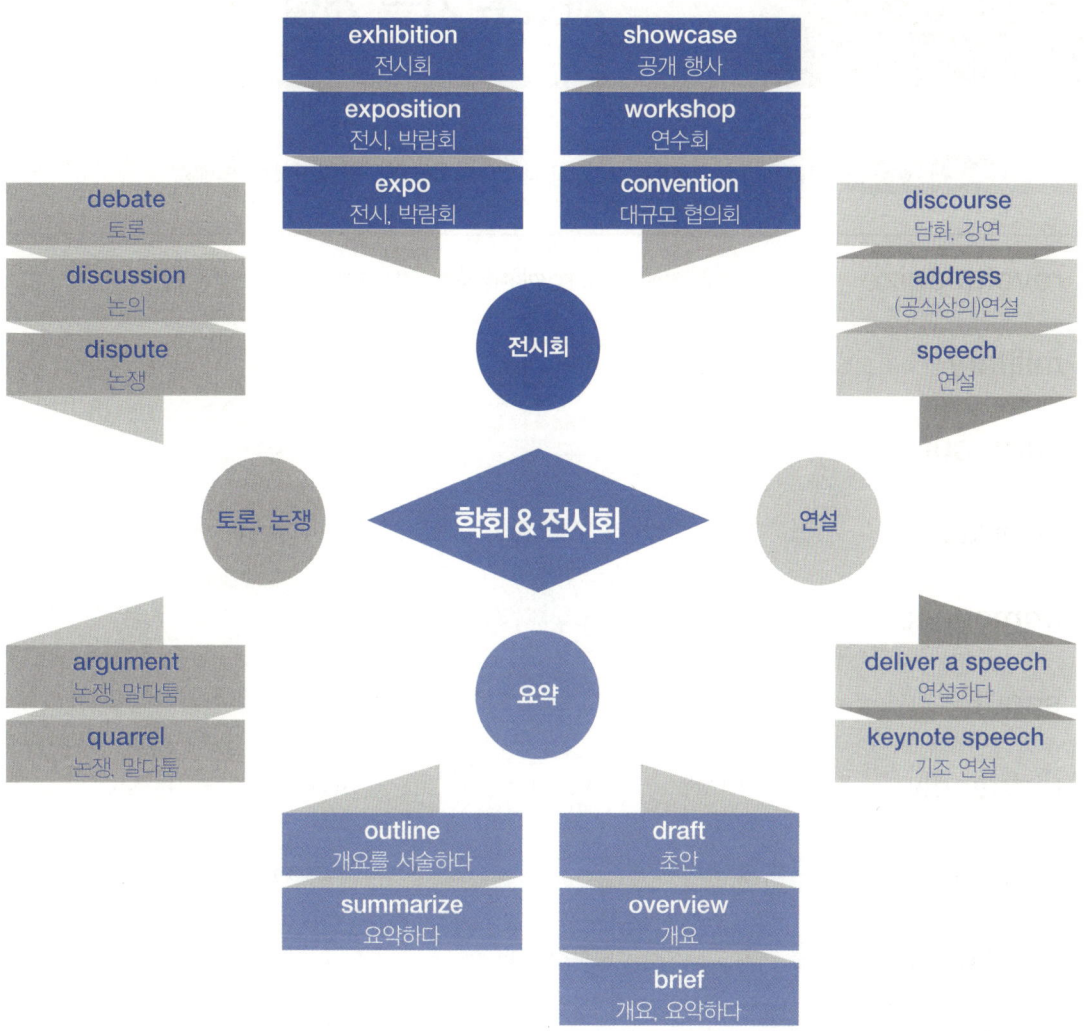

Short Quiz 다음 문장을 완성할 수 있는 적절한 어휘를 고르세요.

Q1. I'll ☐ brief ☐ dispute you in full detail tomorrow as soon as the office opens.
내일 사무실이 열리자마자 모든 자세한 사항을 **요약해서 설명해** 드리겠습니다.

Q2. Our final ☐ overview ☐ address will be given by renowned author, Stuart Cunningham.
마지막 **연설**은 유명 작가인 스튜어트 커닝엄 씨가 하실 것입니다.

Q3. An experienced energy consultant will lead a ☐ discussion ☐ summarize on the current energy issues.
경력이 많은 에너지 자문이 현재 에너지 문제에 대한 **토론**을 이끌 것입니다.

KEY 17 — 새로운 기술 개발

STEP 1 어휘와 구문
지문의 주요 어휘들을 살펴보고 그 어휘를 활용하여 구문을 완성해 보세요.

어휘	뜻	구문
revolutionize	동 혁신을 일으키다	_revolutionize_ the way 방식에 혁신을 일으키다
military	명 군대	the _____ 군대, 군인
carry out	수행하다	_____ the task 업무를 수행하다
operations	명 작전	military _____ 군사 작전
unmanned	형 무인의	_____ robots 무인 로봇
scout	동 정찰하다	_____ the area 그 지역을 정찰하다
unfriendly	형 적의가 있는	scout _____ skies 적의 상공을 정찰하다
disarm	동 무장 해제하다	_____ roadside bombs 길가의 폭탄을 해체하다
intelligence	명 지능	artificial _____ 인공 지능
maximize	동 최대화하다	_____ the usefulness 유용성을 최대화하다
deployment	명 배치	the best _____ pattern 최적의 배치 패턴
minimize	동 최소화하다	_____ drone losses 무인 비행기 손실을 최소화하다
in charge of	~을 책임지고 있는	_____ the military 군을 책임지고 있는
rule	동 지배하다	be _____d over by computers 컴퓨터의 지배를 받는
when it comes to	~의 경우에는	_____ carrying out tasks 업무를 수행하는 경우에는
control	명 통제력	no _____ over robots 로봇에 대한 통제력이 없는

Questions 1-3 refer to the following article.

Dyne Cybersystems Moves Forward

Dyne CyberSystems is revolutionizing the way that the military carries out its operations. For years, drones and other unmanned robots have been doing dangerous work instead of soldiers, from scouting unfriendly skies to disarming roadside bombs. Now, the orders these robots take will come from a powerful new computer A.I. (Artificial Intelligence). — [1] — This A.I. can maximize the usefulness of military robots. For instance, the A.I. will be able to instantly calculate the best deployment patterns to minimize drone losses while maximizing the intelligence they can gather.

Not everyone is impressed, though. — [2] — Some critics fear that putting an A.I. in charge of the military is the first step toward a nightmare, in which we are ruled over by computers. — [3] — As he pointed out repeatedly in his interview with the New York Daily, the A.I. is very smart when it comes to carrying out certain tasks. However, it has no control over any combat robots capable of actually harming people. — [4] —

1. What is the purpose of the article?

   (A) To advertise Dyne CyberSystems' products
   (B) To warn about a dangerous military development
   (C) To discuss an advance in military technology
   (D) To highlight the usefulness of predator drones

2. What can be inferred about military robots?

   (A) They have powerful combat capabilities compared to men.
   (B) They are mostly used to keep soldiers out of danger.
   (C) They are not really worth the huge cost of maintaining them.
   (D) They will achieve a certain level of intelligence.

3. In which of the position marked [1], [2], [3] and [4] does the following sentence best belong?

   "The head of Dyne CyberSystems, John Taggart, laughs off such fears."

   (A) [1]
   (B) [2]
   (C) [3]
   (D) [4]

추론 유형은 지문에 드러난 사실을 다른 표현으로 paraphrasing한 것을 찾는 것으로 학습자의 추측에 의존해서는 안 된다.

STEP 3 구문과 해석 확인하기

문제 1-3 다음 기사문을 참조하세요.

정답 근거 문장

다인 사이버시스템즈가 진보하다

①다인 사이버시스템즈는 군대가 작전을 수행하는 the military carries out its operations 방식에 혁신을 일으키고 있다 be revolutionizing the way. ②수년 동안 무인 비행기와 기타 무인 로봇들은 병사들을 대신하여 instead of soldiers 적의 상공 정찰에서 from scouting unfriendly skies 길가의 폭탄 해체에 이르기까지 to disarming roadside bombs 위험한 일을 해오고 있다. 이제 이 로봇들이 받는 명령은 강력한 새 컴퓨터인 A.I. (인공지능 Artificial Intelligence)로부터 나오게 될 것이다. 이 A.I.는 군사 로봇의 유용성을 최대화할 maximize the usefulness 수 있다. 예를 들면, 무인 비행기의 경우, 무인 비행기가 수집할 수 있는 정보를 최대화하는 동시에 무인 비행기 손실은 최소화하는 minimize drone losses 최선의 배치 대형 deployment patterns을 A.I.가 즉각 산정할 수 있을 것이다.

하지만 모든 사람들이 감명을 받은 것은 아니다. 일부 비평가들은 A.I. 컴퓨터에 군을 맡기는 in charge of the military 것은 컴퓨터에 의해 지배를 받는 be ruled over by computers 악몽으로 가는 첫 걸음이라고 염려한다. ③다인 사이버시스템즈의 대표인 존 태거트는 이러한 두려움을 웃어넘기고 있다. 뉴욕 데일리와의 인터뷰에서 그가 거듭해서 지적했듯이, A.I.는 특정 임무를 수행하는 데 있어서 when it comes to carrying out certain tasks 아주 똑똑하다. 그러나 실제로 사람을 해칠 수 있는 전투 로봇을 통제할 능력은 없다 no control over any combat robots.

1. 이 기사의 목적은?

(A) 다인 사이버시스템즈 제품을 광고하기 위해
(B) 위험한 군사적 발전에 관해 경고하기 위해
(C) 군사 기술의 진보에 대해 논의하기 위해
(D) 무인 비행기의 유용성을 강조하기 위해

2. 군사 로봇에 대해 추론할 수 있는 것은?

(A) 인간에 비해 강력한 전투 능력을 지니고 있다.
(B) 대개 병사들이 위험에서 벗어나도록 하기 위해 이용되고 있다.
(C) 막대한 유지 비용을 치를 가치가 사실은 없다.
(D) 일정 수준의 지적 능력을 갖게 될 것이다.

3. [1], [2], [3] 그리고 [4]로 표시된 위치 중에서 다음 문장이 들어가기에 가장 적절한 곳은?

"다인 사이버시스템즈의 대표인 존 태거트는 이러한 두려움을 웃어넘기고 있다."

(A) [1]
(B) [2]
(C) [3]
(D) [4]

정답 1.(C) 2.(B) 3.(C)

ONE MORE STEP 　군사 영역의 새로운 기술에서 자주 출제되는 주요 어휘를 살펴보고 Short Quiz를 풀어보세요.

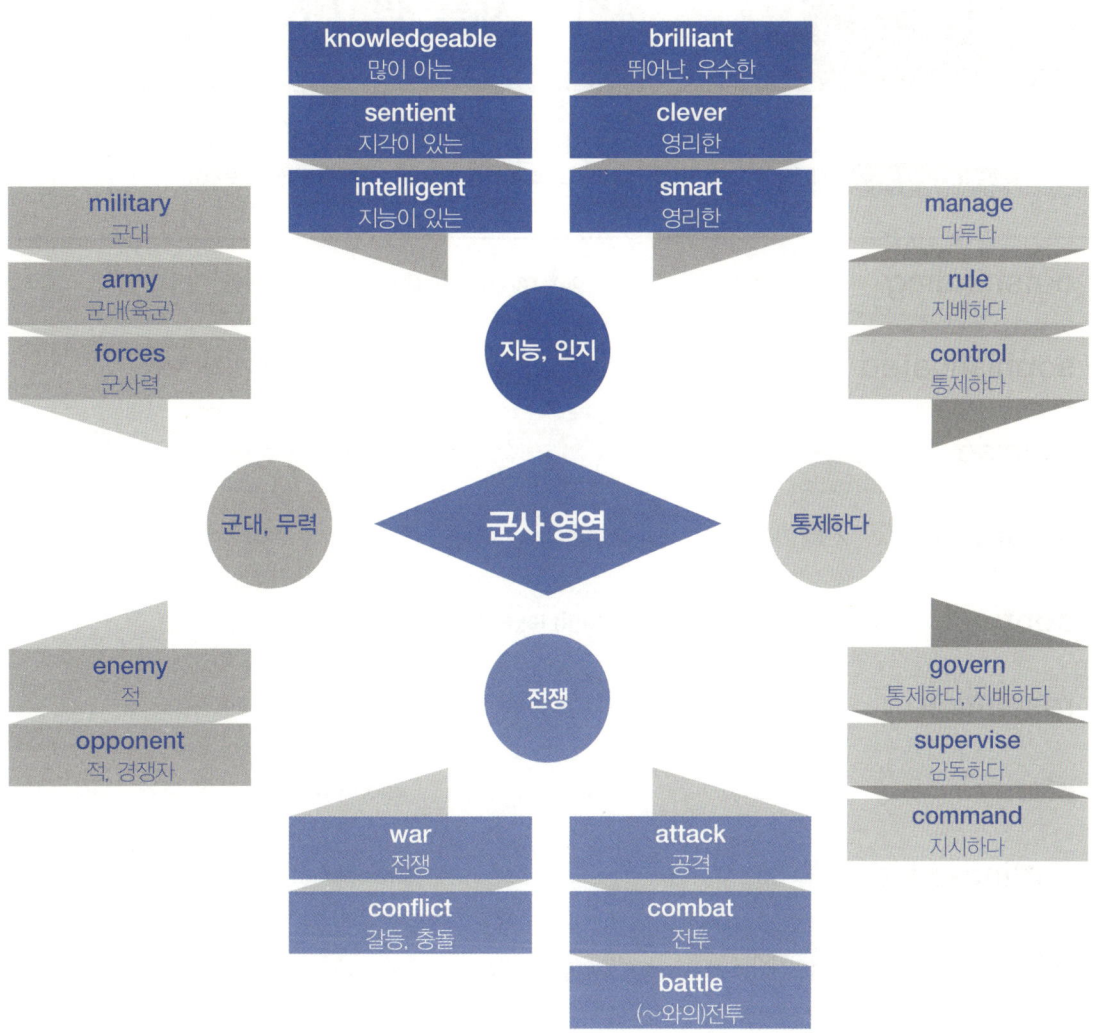

✅ **Short Quiz**　다음 문장을 완성할 수 있는 적절한 어휘를 고르세요.

Q1. The A.I. lacks any of the traits necessary to make it ☐ supervise　☐ sentient.
　　인공지능은 **지각이 있도록** 만드는 특질은 가지고 있지 않다.

Q2. It has no control over any ☐ combat　☐ smart robots capable of actually harming people.
　　이것은 실제로 사람을 해칠 수 있는 **전투** 로봇을 조종할 능력은 없다.

Q3. Dyne CyberSystems is revolutionizing the way that the ☐ military　☐ manage carries out its operations.
　　다인 사이버시스템즈는 **군**의 작전 수행 방식에 혁신을 일으키고 있다.

KEY 18 최신 제품 광고 & 리뷰

STEP 1 어휘와 구문 지문의 주요 어휘들을 살펴보고 그 어휘를 활용하여 구문을 완성해 보세요.

단어	품사/뜻	구문	해석
outstanding	형 뛰어난	_outstanding_ product	뛰어난 제품
sophisticated	형 고성능의	the _____ cell phone	고성능 휴대폰
precise	형 정확한	_____ description	정확한 설명
saturation	명 채도	precise color _____	정밀한 색의 채도
contrast	명 대비	high level of _____	높은 수준의 대비
resolution	명 해상도	high level of _____	높은 수준의 해상도
clarity	명 선명도	with _____ and detail	선명하고 상세하게
cutting-edge	형 최첨단의	_____ processor	최첨단 프로세서
exceptional	형 뛰어난	_____ multitasking system	뛰어난 다중 작업(여러 일을 동시에 하는) 체계
storage	명 저장	_____ space	저장 공간
sensor	명 감지기	fingerprint _____	지문 감지기
unlock	동 (잠긴 것을) 열다	_____ your phone	휴대폰 잠금을 해제하다
secure	형 안전한	keep your phone _____	휴대폰을 안전하게 하다
high-tech	형 첨단 기술의	_____ smartphone	첨단 기술의 스마트폰
innovation	명 혁신	high-tech _____	첨단 기술의 혁신
premium	형 고급의	_____ design	고급 디자인

Duble Passages

flagship	명 주력 제품	the latest _____ phone	최신 주력 휴대폰
revive	동 회복시키다	_____ sales	판매량을 회복시키다
dwindle	동 줄어들다	_____ sales	판매량이 줄어들다
counter	동 대항하다	_____ its rival	경쟁업체에 대항하다
centerpiece	명 가장 중요한 항목	_____ of the launch	출시에서 가장 중요한 항목
preside over	~을 주관하다	be _____ed _____ by the CEO	CEO에 의해 주관되다
spec	명 사양	technical _____s	기술적인 사양
accurate	형 정확한	_____ enough	충분히 정확한
exaggerate	동 과장하다	_____ its quality	이것의 품질을 과장하다
indeed	부 정말로	_____ hold	정말로 저장하다
hardly	부 전혀 ~이 아니다	_____ professional	전혀 전문적이라고 할 수 없는
limited	형 제한된	continue to be _____	여전히 제한적이다
display	명 화면(에 나타나는 정보)	the brightest _____	가장 밝은 화면
traditional	형 구식의	_____ lock screen	구식의 잠금 화면
live up to	~에 부응하다	_____ the advertising	광고에 부응하다
competitively	부 경쟁적으로	be _____ priced	경쟁력 있는 가격의

> **STEP 2** 주제별 예제

Questions 1-5 refer to the following advertisement and an article.

난이도 ★★☆

Blueberry F, Outstanding Phone, The Best Phone Ever

The Blueberry F is the most sophisticated cell phone in the world.

Product Features
The 6-inch full HD screen provides precise color saturation, high levels of contrast and resolution.

The Blueberry F's camera is among the best of the year. You can snap professional-looking photos in any light, and can enjoy video chat with clarity and detail.

A cutting-edge processor and 16GB RAM provide exceptional multitasking system for sending texts, watching video online and surfing the Web. It also has a 32GB storage space for your apps, music, photos, and more.

The Blueberry F has a fingerprint sensor. Touch your finger to unlock your phone, it keeps your phone secure. Aside from the high-tech innovations, the Blueberry F has a premium design. The aluminum case is absolutely gorgeous and the back sits perfectly in your hand.

Blueberry F Review: Not Perfect But Still Great

Last week, Atcom launched its latest flagship phone to revive its dwindling sales and to counter its rival, HumTech. The device is the centrepiece of the launch presided over by Zach Epstein, Atcom CEO. Regretfully, the Blueberry F is not exactly the same as it is advertised to be. The technical specs are accurate enough, but the claims about its quality are clearly exaggerated.

32GB of storage can indeed hold astonishing amount of photos and videos, but the camera quality is hardly professional. The quality continues to be limited in low light. When it comes to app performance and user experience, the Blueberry F still lags behind HumTech's new model, AT 5.

Although the quality of the features doesn't live up to the advertising, there is no reason not to buy this phone. The first thing you'll notice is the Blueberry F is competitively priced.

The Blueberry F has the brightest display ever. The clarity is stunning, the contrast is equally impressive. The fingerprint sensor is more secure than a traditional lock screen, and it also does save you time.

Passage 1
1. In the advertisement, the word "sophisticated" in line 1 is closest in meaning to

   (A) popular
   (B) renowned
   (C) beautiful
   (D) advanced

Passage 2
2. What is the main claim of the article about the Blueberry F?

   (A) It will only appeal to adolescents.
   (B) It fails to live up to its advertising.
   (C) It is in danger of becoming obsolete.
   (D) It is the best product of its kind.

Passage 2
3. According to the article, what can be inferred about the Blueberry F?

   (A) It is relatively inexpensive.
   (B) It has superior extras.
   (C) It is an outdated phone.
   (D) It has a good warranty.

Passage 2
4. Why does the article suggest people buy the phone?

   (A) It is relatively inexpensive.
   (B) It has superior extras.
   (C) It is the phone of the future.
   (D) It has a good warranty.

Passage 1&2
5. What claim made in the ad does the article support?

   (A) The professional nature of its camcorder
   (B) The competitiveness of its pricing
   (C) The amount of its storage capacity
   (D) The quality of its mp3 playback abilities

STEP 3 구문과 해석 확인하기

문제 1-5 다음 광고와 기사문을 참조하세요.

정답 근거 문장

블루베리 F, 뛰어난 휴대폰Outstanding Phone, 최고의 휴대폰

블루베리 F는 전세계에서 가장 ① 고성능의the most sophisticated 휴대폰입니다.

제품 특징

6인치의 고품질 화면은 정밀한 색의 채도precise color saturation와 높은 수준의 대비와 해상도high levels of contrast and resolution를 제공합니다.

블루베리 F의 카메라는 올해에 나온 것 중 가장 뛰어납니다. 전문가처럼 보이는 사진을 어떤 빛 조건에서도 찍으실 수 있으며 선명하고 상세한 화질로with clarity and detail 비디오 채팅을 즐기실 수 있습니다.

최첨단 프로세서cutting-edge processor와 16GB의 기억장치는 메시지를 보내고 온라인으로 비디오를 시청하고 웹 서핑을 하는 뛰어난 다중 작업 체계exceptional multitasking system를 제공합니다. ⑤ 저희는 또한 어플리케이션, 음악, 사진 그리고 그 외의 것을 위한 32GB의 저장 공간storage space도 드립니다.

블루베리 F는 지문 인식기a fingerprint sensor를 갖고 있습니다. 휴대폰의 잠금을 해제하기unlock your phone 위해 손가락을 올리세요. 이것이 귀하의 휴대폰을 안전하게secure 해 줄 것입니다. 첨단 기술의 혁신 the high-tech innovations 외에도, 블루베리 F는 고급스러운 디자인a premium design을 갖고 있습니다. 알루미늄 케이스는 정말로 멋지고, 뒷면은 손 안에 완벽하게 들어옵니다.

블루베리 F 리뷰: 완벽하지는 않지만 여전히 뛰어난

지난 주에 앳컴은 감소하는 있는 판매량을 회복시키고revive its dwindling sales 경쟁사인 흄테크에 대항하기 counter its rival 위해 최신 주력 휴대폰latest flagship phone을 출시했습니다. 이 장치는 앳컴의 최고 경영자인 자크 앱스타인에 의해 주도된presided over by 신제품 출시의 가장 중요한 항목the centrepiece of the launch입니다. ② 유감스럽게도, 블루베리 F는 광고와 완벽히 일치하지는 않습니다. 기술적인 사양technical specs은 충분히 정확하지만accurate enough, 그 품질에 대한 주장들은 분명히 과장되어 있습니다clearly exaggerated.

⑤ 32GB의 저장소는 정말로indeed 깜짝 놀랄만한 양의 사진과 영상을 저장할 수 있지만, 카메라의 품질은 전문적인 수준은 아닙니다hardly professional. 어두운 곳에서의 품질이 여전히 제한적continues to be limited입니다. 어플리케이션의 기능과 사용자 경험에 관해서, 블루베리 F는 흄테크의 새로운 모델인 앳 5보다 뒤떨어집니다.

③&④ 기능의 품질이 광고에 부응하진 못하지만live up to the advertising, 이 휴대폰을 구매하지 않을 이유는 없습니다. 귀하께서 가장 먼저 알아차리시게 될 것은 블루베리 F가 경쟁력 있는 가격을 갖추고 있다는competitively priced 것입니다.

블루베리 F는 지금까지 나온 제품 중 가장 밝은 화면the brightest display을 갖추고 있습니다. 선명도는 깜짝 놀랄 만한 수준이며, 색의 대비도 그만큼 인상적입니다. 지문 인식기는 구식의 잠금 화면traditional lock screen보다 더 안전하며, 시간을 절약해 줄 수 있습니다.

지문1

1. 광고의 1행에 있는 단어 '고성능의'와 의미상 가장 가까운 것은?

   (A) 인기 있는
   (B) 명성 있는
   (C) 아름다운
   (D) 진보한

지문2

2. 블루베리 F에 관한 기사의 주된 주장은?

   (A) 젊은이에게만 호소력이 있을 것이다.
   (B) 광고 내용에 부응하지 못한다.
   (C) 시대에 뒤질 위험에 처해 있다.
   (D) 이 분야에서 최고의 제품이다.

지문2

3. 기사에 따르면 블루베리 F에 대해 추론할 수 있는 것은?

   (A) 비교적 값이 저렴하다.
   (B) 우수한 추가 기능이 있다.
   (C) 구식 전화기이다.
   (D) 보증 조건이 좋다.

지문2

4. 기사에서 사람들에게 전화기를 사라고 제안하는 이유는?

   (A) 비교적 값이 저렴하다.
   (B) 우수한 추가 기능이 있다.
   (C) 미래의 전화기이다.
   (D) 보증 조건이 좋다.

지문1&2 통합

5. 광고에서 주장하는 내용 가운데 기사에서 지지하는 것은?

   (A) 캠코더의 전문적인 특성
   (B) 가격 경쟁력
   (C) 저장 용량
   (D) mp3 재생 기능의 품질

정답 1.(D) 2.(B) 3.(A) 4.(A) 5.(C)

ONE MORE STEP 제품 개발과 평가에서 자주 출제되는 주요 어휘를 살펴보고 Short Quiz를 풀어보세요.

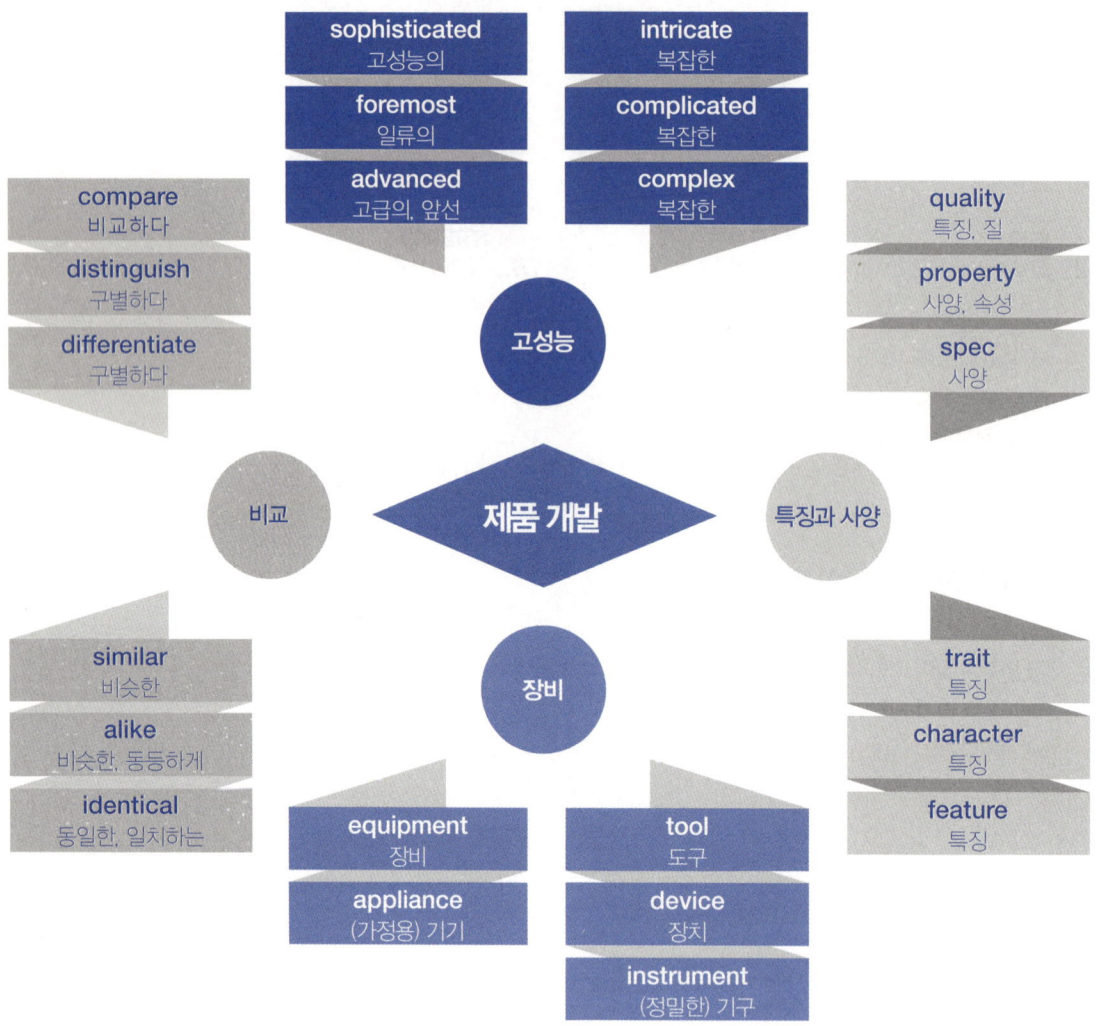

✓ Short Quiz 다음 문장을 완성할 수 있는 적절한 어휘를 고르세요.

Q1. The Bluberry F is the most ☐ differentiate   ☐ sophisticated cell phone in the world.
블루베리 F는 세계에서 가장 **고성능**의 휴대폰 입니다.

Q2. The ☐ device   ☐ feature is the centrepiece of the launch presided over by Zach Epstein.
그 **장치**는 자크 앱스타인에 의해 주도된 신제품 출시의 가장 중요한 항목입니다.

Q3. The technical ☐ specs   ☐ tools are accurate enough, but its quality is clearly exaggerated.
기술적인 **사양**은 정확하지만 이것의 품질은 분명 과장되어 있습니다.

Practice Test 2

Questions 1-2 refer to the following web chat.

Chatter Box

Kelly Regina (09:47)   Good morning, Johan. Have there been any developments in the marketing campaign?

Johan Tremaine (09:49)   Hi, Kelly. Sorry you couldn't make it on Tuesday. It went pretty much as we had expected, though. The client liked the overall direction of our proposed marketing campaign.

Kelly Regina (09:50)   Wonderful. Is there anything else to consider?

Johan Tremaine (09:52)   They were a bit worried that the ads lacked enough "energy" to appeal to the under-18 crowd.

Linda Evans (09:52)   Hi, Kelly. I'll explain about that. I think it may be caused by the blue tone which is mostly applied to the ads.

Kelly Regina (09:53)   Hi, Linda. Did you explain that blue goes much better with the idea of "cool and refreshing"?

Linda Evans (09:54)   I tried, but they were adamant. Could you revise or replace those ads so that the entire line conveys a greater sense of energy and excitement?

Kelly Regina (09:55)   OK. I think I'll have finished with the work by Monday at the latest.

Johan Tremaine (09:56)   Thanks in advance.

Linda Evans (09:56)   Just e-mail me and Johan once you complete the revision, please. Thanks.

Send ▶

---

1. What is the purpose of the web chat?

    (A) To criticize an employee's performance
    (B) To lament the loss of an important client
    (C) To inform the results of a meeting
    (D) To discuss the healthiness of coke

2. How did the original ads try to convey the invigorating nature of the product?

    (A) By employing warm colors
    (B) By emphasizing health benefits
    (C) By including musical tones
    (D) By using shades of blue

GO ON TO THE NEXT PAGE ➡

Questions 3-7 refer to the following article and letter.

Comparison Corner

Each month, our magazine features a comparison of new cars available on the market. This month, we have test-driven four of the top makes and models of small SUVs. We think this will help readers choose from a market that has grown exponentially in recent years.

Make	Cost	Model	Features	Safety
Hyashi	$17,455	X-7	Five comfortable seats Optional third-row seating V-6 engine providing lots of power to go up hills	Six standard air bags Five-star crash-test rating
Edison	$18,250	Condor	Rear cargo space holding lots of stuff Standard GPS with basic model	Comes with standard four air bags Four-star crash-test rating
Toyonka	$18,760	Avatar	Standard third-row seating Available with V-6 or four cylinder engine	Five air bags are standard Five-star crash-test rating
Venus	$16,900	Trophy	Standard GPS with basic model Foldable picnic table in rear cargo space	Standard four air bags Three-star crash-test rating

Test Driver Reader Reaction

Dear Editor:

Thank you for your ratings of small SUVs last month. They helped me decide which one to buy.

After making my purchase, I would like to offer your readers some advice. First, make sure that you test drive two or three vehicles, even if you love the first one you try. Resist the temptation to buy right away. Second, pay attention to the company that makes each vehicle. If the cars in its other market segments are high-quality, chances are good that its small SUV will be also the same. Finally, don't forget to strike a good balance between power and safety. The primary purpose of an SUV is to be powerful and to protect you and your family when you're in it. And remember, you get what you pay for, and a good reputation is usually worth a slightly higher price. Keep up the good work!

Gene Knapp
Owner, Gene's Garage

3. Why does Test Driver magazine publish Comparison Corner?

   (A) To rate the quality of area auto dealerships
   (B) To help readers make purchasing decisions
   (C) To analyze car reviews submitted by readers
   (D) To suggest ideas for new types of vehicles

4. What do the Edison Condor and Venus Trophy have in common?

   (A) They each come with third-row seating.
   (B) Each comes with five standard air bags.
   (C) They each come with standard GPS.
   (D) They both have V-6 engines.

5. Who most likely is Gene Knapp?

   (A) An automotive writer
   (B) A vehicle reviewer
   (C) An automobile dealer
   (D) An auto mechanic

6. Which small SUV did Gene Knapp likely purchase?

   (A) Venus Trophy
   (B) Edison Condor
   (C) Hyashi X-7
   (D) Toyonka Avatar

7. In the letter, the word "segments" in paragraph 2, line 4, is closest in meaning to

   (A) dealers
   (B) classes
   (C) cities
   (D) flavors

GO ON TO THE NEXT PAGE

Questions 8-12 refer to the following e-mail, announcement and coupon.

To: Koichi Tanaka
From: Maria Garcia
Re: New branch opening

Mr. Tanaka,

We are now less than a month away from the grand opening of the new branch in Chatham. As you will be the manager of this particular store, you should be responsible for the formal announcement. I'd give you some general advice on how to go about composing it.

Include all of the stereotyped phrases: the wide range of products we stock, our everyday low prices, the various opening day specials, and so on. I'll leave it up to you to decide on the details. Just make sure they follow company guidelines. You can also mention that Grace Dole herself is going to come by and cut the ribbon for the opening ceremony. Her involvement should generate good press.

Finally, I would like the announcement to focus heavily on the number of people the store will employ. That should help counter some of the negative press we'll inevitably receive from our critics simply for being such a large company.

Good luck.

Sincerely,
Ms. Garcia

Grand Opening

The Grand Opening of its Chatham branch will occur at 8:00 A.M. on November 6, 2016.

The new Hamilton store will provide steady employment for more than fifty citizens, and generate an additional two-hundred jobs in the delivery and manufacturing sectors. To celebrate this, Grace Dole, the mayor of Chatham, will be on-hand to cut the ribbon and officially declare the store open.

The store will offer everyday low prices on a wide variety of products, from grocery items to household appliances. Beyond our everyday great deals, for its opening day, the Hamilton Mart will be having several one-time only specials. All kitchen appliances, for instance, will be 20% off their regular retail prices. Get discounts with coupon and promo codes on our website. Also, anyone who signs up for a Points Card on opening day will be automatically entered into a raffle for a free television.

One Day Only!
Friday, November 6
Bring this coupon and get

$20 off
on your purchase of $50 or more

Present this coupon to any cashier at Hamilton Mart Chatham and use it for payment on your purchase of $50 or more.
Not redeemable for cash. Limit of one coupon per transaction per customer.
This is a promotional coupon and is valid on Friday, November 6, 2016 only.

---

8. What detail would Ms. Garcia like the announcement to emphasize?

    (A) The number of jobs the store will create
    (B) The specials the store will offer
    (C) The size of the company
    (D) The products the store will stock

9. What is NOT mentioned as information for a store opening announcement?

    (A) The wide variety of products sold
    (B) The regular low cost of the products
    (C) The deals available on opening day
    (D) The special sale on stereo and typewriter

10. In the e-mail, the word "inevitably" in paragraph 3, line 2, is closest in meaning to

    (A) fairly
    (B) rapidly
    (C) probably
    (D) certainly

11. How can people enter a contest?

    (A) By purchasing kitchen appliances
    (B) By buying electronic devices
    (C) By applying for a Hamilton Mart card
    (D) By signing up for a TV game show

12. What is implied about a discount coupon?

    (A) The coupon can be converted into money.
    (B) The coupon was sent to VIP members only.
    (C) The coupon will be applied every purchase.
    (D) The coupon will be valid for only one day.

GO ON TO THE NEXT PAGE

Questions 13-14 refer to the following article.

An Interview With Tom Rhodes, Genius Software's CEO

By John Lewis, contributor

I recently had the opportunity to meet Mr. Rhodes, the Chief Executive of Genius Software. He was appointed as CEO in 2011. He has overseen Genius's rapid growth. In 2012, he announced that Genius Software purchased the entire business assets of Value Semiconductor. After the acquisition, it expanded the business to computer equipment and in August it launched its first laptop, Genesis 1. It has been a great success, and Genius Software jumped to be a leading global company.

Q. How did you decide to produce Genesis 1?
A. The merger with Value Semiconductor influenced us in many ways. Genius Software was already among the top five in the market. But I've always wanted more. I believed we could achieve something great. We could finally create a laptop with better software and faster hardware.

Q. How was it possible that Genesis 1 could attract such a large number of customers?
A. Thorough analysis and devotion. At the early stage of development, we tried to find a strategy to attract as many consumers as possible. We conducted preliminary studies on all competitive products. Besides, our engineers were committed to making the perfect product. At later stages a minor defect was detected. Even though it was a very minor one, we didn't overlook it and postponed the launch to correct it.

13. What is the purpose of the article?

    (A) To advertise Genius's products
    (B) To announce a business agreement
    (C) To discuss a successful case of business
    (D) To warn about faults of acquisition

14. What can be inferred about Genius Software?

    (A) It reported multi-million dollar losses in 2010.
    (B) It was accused of not understanding the market.
    (C) It has achieved a great success in electronics market.
    (D) It collaborated with its competitors to develop a new product.

정답과 해설 P. 21

UNIT 7
비용의 지불과 청구

KEY STORY

여러 물건을 주문order한 경우에는 송장(세부 청구 내역서)invoice을 받게 되는데요. 이 영수증은 어떤 품목description을 주문했는지, 제품 당 단가unit price는 얼마인지, 배송shipping and handling에 드는 비용은 얼마인지를 포함하여 내야 할 총 금액total due을 알려줍니다. 만일 제 때 비용을 지불하지 않으면 독촉장reminder을 받게 됩니다.

경기 침체economic recession가 이어짐에 따라 매출액sales figure이 감소decline하고 순이익net profit이 줄어들거나 주식 가격stock price이 떨어지는 등 어려움을 겪고 있는 회사들이 많습니다. 이들은 판매를 촉진하기 위해 홍보활동promotion을 하는 등 단골 고객loyal customer을 모으기 위해 노력합니다. 이런 행사는 보통 제한된limited 시간 동안만 유효valid하거나 특정 고객들에게만 독점적으로exclusively 제공됩니다.

Before the Step

지문의 주요 어휘들을 살펴 보고 그 어휘들을 활용하여 구문을 완성해 보세요.

decline	동 감소하다	sales figures _decline_ d 매출액이 감소했다
net profit	명 순이익	the _____s fall 7 percent 순이익이 7% 떨어지다
slump	명 폭락	the _____ of stock prices 주식 가격의 폭락
financial	형 재정, 회계의	the _____ expert 재정 전문가
recession	명 불황, 침체	the economic _____ 경기 침체
temporary	형 일시적인	_____ decline 일시적인 감소
prompt	형 즉각적인	_____ measures 즉각적인 조치
reconstructing	명 구조 조정	_____ or wage freeze 구조 조정이나 임금 동결
R&D	연구 개발	_____ (Research & Development) 연구 개발
cut back	삭감하다	_____ on spending 지출을 줄이다
investment	명 투자	cut back in R&D _____ 연구 개발에 대한 투자를 줄이다
urge	동 촉구하다	_____ staff to work longer 직원들에게 열심히 일할 것을 촉구하다
productive	형 생산적인	_____ workforce 생산적인 인력
expenditure	명 지출, 경비	travel _____ 출장 경비
constraint	명 제약	the _____s of time and space 시간과 공간의 제약
tight	형 엄격한	_____ constraints 엄격한 제약

Attention All Staff Members:

Our sales figures declined more than expected in the second quarter. The net profits have fallen 7 percent to 23 million, and this is the largest decline in a decade. If this situation continues, this will also naturally result in the slump of stock prices. The financial experts said that the fall in vehicle sales was caused by the economic recession.

We hope that the decline is just temporary but prompt measures to deal with the crisis are needed. But first of all, I'd like to assure you that the company isn't considering any kind of reconstructing or wage freeze. R&D is an important factor in determining the company's future success so we don't want to cut back on R&D investment. Instead, we urge every staff member to work longer hours to be more productive. The travel expenditure constraints are going to be tighter. In addition, the marketing department is discussing lowering prices temporarily, the details will be announced on Monday.

● 어휘와 구문을 학습한 후 지문 해석을 완성해 보세요.

모든 직원들에게 알립니다:

지난 2분기 우리 회사의 매출액이 예상보다 더 _____ 했습니다 declined more than expected. _____ net profits이 7퍼센트 감소하여 2천 3백만 달러까지 떨어졌으며, 이는 10년 동안 가장 큰 감소입니다. 만일 이런 상황이 지속된다면, 또한 자연스럽게 _____ the slump of stock prices으로 이어질 것입니다. _____ the financial expert가 말하기를 _____ the economic recession로 인한 자동차 판매의 감소가 원인이라고 합니다.

이 감소가 단지 _____ temporary 것이기를 바라지만, 이 위기에 대처하기 위한 _____ prompt measures가 필요합니다. 그러나, 무엇보다도 저는 여러분께 회사는 어떤 종류의 _____ reconstructing or wage freeze도 고려하고 있지 않다는 것을 약속 드리고자 합니다. _____ R&D은 회사의 미래 성공을 결정하는데 중요한 요소이므로 우리는 연구 개발에 대한 투자를 _____ cut back 싶지 않습니다. 대신에, 우리는 모든 직원들에게 더 오래 일하고 _____ be more productive 것을 _____ urge 바입니다. _____ the travel expenditure constraints은 점점 _____ be tighter 질 것입니다. 또한, 마케팅 부서는 가격을 일시적으로 낮추는 것을 논의하고 있으며, 자세한 내용은 월요일에 공시될 것입니다.

KEY 19 — 연체 알림과 독촉

STEP 1 어휘와 구문
지문의 주요 어휘들을 살펴보고 그 어휘를 활용하여 구문을 완성해 보세요.

단어	품사/뜻	구문
attention	명 주목	call your _attention_ 주목해 주세요
statement	명 입출금 내역서	the account _____ 거래 명세서
annual	형 연간의	an _____ income 연간 소득
subscription	명 구독(료)	an annual _____ 연간 구독료
due	형 지불해야 하는	_____ on July 1 7월 1일까지 지불해야 하는
remain	동 남아있다	still _____ unpaid 아직 지불하지 않은 채로 남아있다
reminder	명 독촉장	sent you a _____ a week ago 일주일 전에 독촉장을 보내다
duty	명 직무, 임무	the _____ to inform you 알려드려야 할 의무
regulation	명 규정	rules and _____s 규칙과 규정들
membership	명 회원 (자격)	a _____ fee 회비
cancel	동 취소하다	your membership will be _____ed 귀하의 회원 자격은 취소될 것입니다
successive	형 연속적인	two _____ months 연속 두 달
terminate	동 종료하다	_____ your membership 회원 자격을 종료시키다
valuable	형 귀중한	be a _____ member 귀중한 회원이다
payment	명 지불금	send your _____ 지불액을 보내다
ignore	동 무시하다	_____ this letter 이 편지는 무시하세요

Questions 1-3 refer to the following letter.

Gold Reading Club

August 19, 2016

Dear Patrick Harris,

We call your attention to the enclosed account statement, which informs you that your annual subscription to the club due on July 1 still remains unpaid. I sent you a reminder a week ago but there was no response from your end. — [1] —

It is my duty to inform you that according to the rules & regulations of the club, membership may be cancelled if the subscriptions for two successive months are not paid. — [2] —

We would be very sorry to terminate your membership, especially as you have been a valuable member of the club. — [3] —

The subscription dues are only $120. — [4] — The amount is small, but not the less important. I hope to receive your check for the above amount towards the dues at the earliest.

If you have already sent your payment, please ignore this letter.

Yours sincerely,
Susan Erickson

---

1. What is the purpose of the letter?

   (A) To require a subscription
   (B) To terminate a membership
   (C) To notify a delay in payment
   (D) To invite to an anniversary event

2. What is Mr. Harris asked to do?

   (A) Send another reminder to Ms. Erickson.
   (B) Cancel his annual subscription.
   (C) Submit a full payment on subscription.
   (D) Return the last issue of the magazine.

3. In which of the position marked [1], [2], [3] and [4] does the following sentence best belong?

   "This is our last and final reminder in this matter."

   (A) [1]
   (B) [2]
   (C) [3]
   (D) [4]

문제에 사람 이름이 언급되는 경우 편지의 수신인과 발신인, 본문 중에 제 3의 인물이 있는지의 여부를 확인한 후 문제에서 요구하는 정보를 찾는다.

STEP 3 구문과 해석 확인하기

문제 1-3 다음 편지를 참조하세요.

정답 근거 문장

골드 독서 클럽

2016년 8월 19일

패트릭 해리스 씨에게,

① 7월 1일이 마감인due on July 1 연간 구독료annual subscription가 아직 납부되지 않았음still remains unpaid을 알려 드리는 첨부된 거래 명세서the enclosed account statement에 주목해 주십시오call your attention. 일주일 전에 독촉장reminder을 보내 드렸으나 귀하께서 응답하지 않으셨습니다. ③ 이것이 이 문제에 대한 저희의 마지막 독촉장입니다.

클럽의 규칙과 규정들rules & regulations에 따르면, 두 달간 연속적으로 납부를 하지 않으시면 회원 자격membership이 취소될be cancelled 것임을 알려드리는 것이 제 의무my duty to inform입니다.

특히 귀하께서 저희 클럽의 소중한 회원valuable member이시므로, 회원권이 종료되는terminate your membership 것을 매우 유감스럽게 생각합니다.

② 미지불된 구독료는 단 120달러입니다. 이 금액은 크지는 않지만 중요하지 않은 것은 아닙니다. 위 청구 금액에 대한 귀하의 수표를 최대한 빨리 받을 수 있기를 바랍니다.

이미 지불을 하셨다면send your payment, 이 편지는 무시해 주십시오ignore.

수잔 에릭슨 올림

---

1. 이 편지의 목적은?

   (A) 구독을 신청하기 위해
   (B) 회원권을 종료하기 위해
   (C) 대금 연체를 알려주기 위해
   (D) 기념 행사에 초대하기 위해

2. 해리스 씨가 요청 받은 것은?

   (A) 에릭슨 씨에게 또 다른 독촉장 보내기
   (B) 연간 구독 취소하기
   (C) 구독료 지불하기
   (D) 잡지의 지난 호를 돌려주기

3. [1], [2], [3] 그리고 [4]로 표시된 위치 중에서 다음 문장이 들어가기에 가장 적절한 곳은?

   "이것이 이 문제에 대한 저희의 마지막 독촉장입니다."

   (A) [1]
   (B) [2]
   (C) [3]
   (D) [4]

정답 1.(C) 2.(C) 3.(A)

ONE MORE STEP 요금 납부에서 자주 출제되는 주요 어휘를 살펴보고 Short Quiz를 풀어보세요.

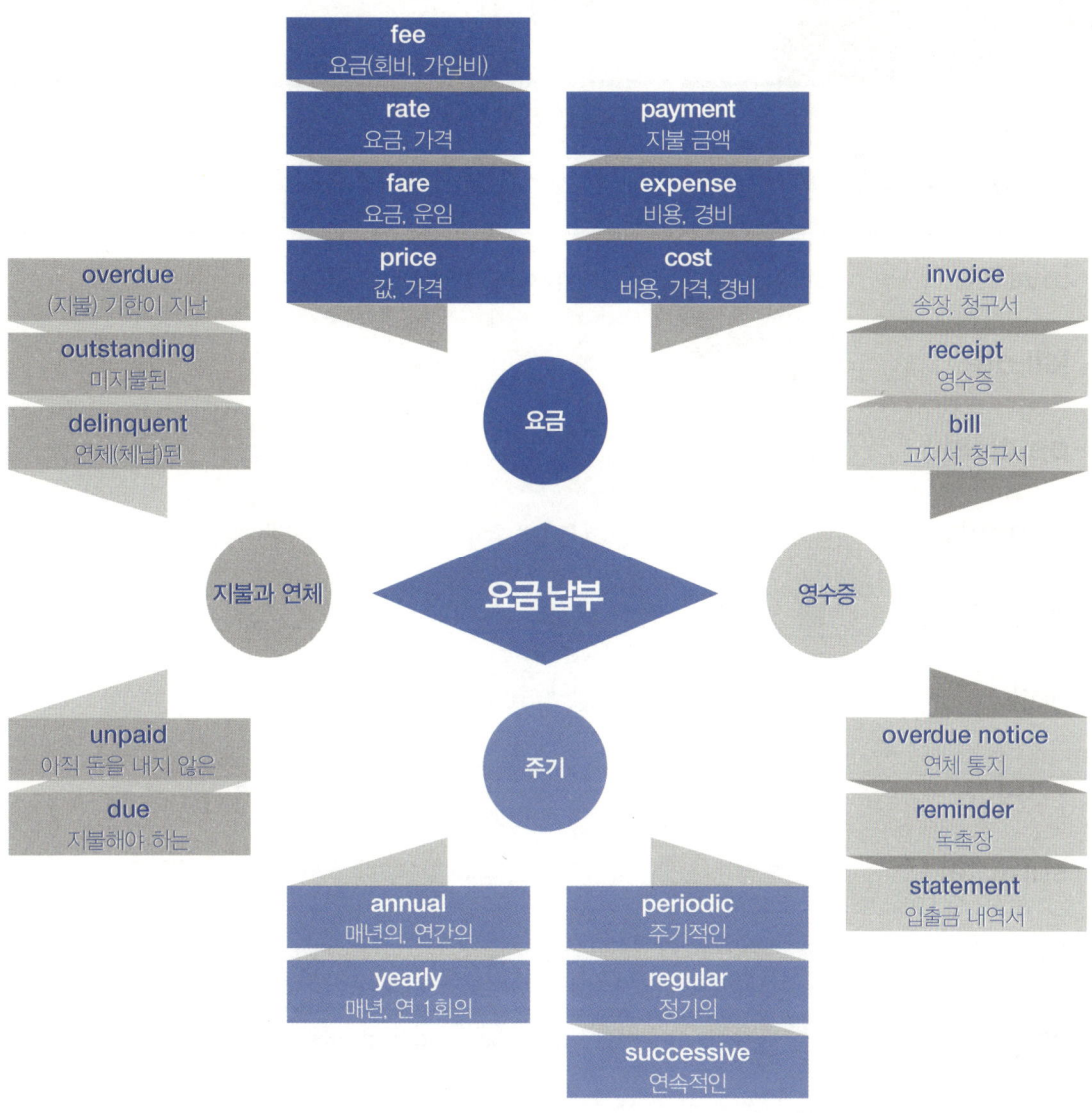

✓ **Short Quiz** 다음 문장을 완성할 수 있는 적절한 어휘를 고르세요.

Q1. We call your attention to the enclosed account ☐statement   ☐payment.
첨부된 거래 **명세서**를 봐 주시기를 바랍니다.

Q2. Your annual subscription to the club ☐due   ☐fare on July 1 still remains unpaid.
7월 1일이 **마감인** 연간 구독료가 아직 납부되지 않았습니다.

Q3. Your membership may be cancelled if the subscriptions for two ☐successive   ☐regular months are not paid.
두 달간 **연속적으로** 구독료를 납부하지 않으시면 회원 자격이 취소될 것입니다.

KEY 20　　송장

STEP 1　어휘와 구문
지문의 주요 어휘들을 살펴보고 그 어휘를 활용하여 구문을 완성해 보세요.

단어	품사/뜻	구문
invoice	명 송장, 세부 청구 내역서	send an _invoice_ 송장을 보내다
kill off	~을 대대적으로 죽이다	_____ pests 해충을 죽이다
pesticide	명 살충제	use _____s to kill them off 그것들을 죽이기 위해 살충제를 사용하다
quantity	명 양	a large _____ of pesticides 대량의 살충제
description	명 종류, 품목	pesticides of every _____ 모든 종류의 살충제
unit	명 종목	_____ price 단가, 품목별 가격
total	형 총, 전체의	a _____ amount of products 상품의 총 수량
subtotal	명 소계	_____ for each description 각 품목의 소계
tax	명 세금	sales _____ 판매세(판매액에 부과되는 세금)
ship	동 수송하다	_____ping method 배송 방법
handle	동 다루다	_____ the product carefully 상품을 조심스럽게 다루다
due	명 내야 할 돈	total _____ 총 지불금액
check	명 수표	pay by _____ 수표로 지불하다
payable	형 지불할 수 있는	make all checks _____ 모든 수표를 지불 가능하게 하다
concerning	전 ~에 관한	_____ this invoice 이 송장에 관해서
contact	동 연락하다	_____ us at this address 이 주소로 저희에게 연락하세요

STEP 2 주제별 예제

Questions 1-3 refer to the following invoice.

난이도 ★☆☆

Kill Them Off Pesticides
321 Rodeo Lane Markham, Illinois, 37025 Phone: 234-555-2364

Ship To:
Bill Jackson
Agribusiness X, Inc.
234-555-0631

Invoice #31
Date: June 12, 2016

QUANTITY	DESCRIPTION	UNIT PRICE	TOTAL
10	Weed Wither	$35.30	$353.00
5	Aphid Away	$97.50	$487.50
15	BugOff	$50.00	$750.00
7	Treated Tomato Seed	$24.99	$174.93
	SUBTOTAL		$1765.43
	SALES TAX		$123.58
	SHIPPING & HANDLING		
	TOTAL DUE		$1889.01

Make all checks payable to Kill Them Off Pesticides. If you have any questions concerning this invoice, please contact us at kop@vandal.com. Thank you for doing your business with us!

1. Where is the company that sent the invoice located?

   (A) Durham
   (B) Markham
   (C) York
   (D) Jacksonville

2. How much does one Treated Tomato Seed Pack cost?

   (A) $24.99
   (B) $35.30
   (C) $123.58
   (D) $174.93

3. What is Kill Them Off Pesticides' preferred method payment?

   (A) check
   (B) telephone banking
   (C) e-mail transfer
   (D) credit card

송장은 구매한 상품에 대한 영수증으로 단가(Unit Price), 소계(Subtotal), 총 지불 금액(Total Due)와 같은 금액과 관련된 어휘들이 자주 사용되며 금액 정보를 묻는 문제가 자주 출제된다.

STEP 3 구문과 해석 확인하기

문제 1-3 다음 송장을 참조하세요.

정답 근거 문장

킬뎀오프 페스티사이즈 Kill Them Off Pesticides
일리노이 주, 마크햄 37025, 로데오 레인 321, 전화: 234-555-2364

배송지:
빌 잭슨
애그리비즈니스 X 주식회사
234-555-0631

송장 Invoice 번호 31
날짜: 2016년 6월 12일

수량 QUANTITY	품목 DESCRIPTION	단가 UNIT PRICE	총액 TOTAL
10	잡초 제거	35달러 30센트	353달러
5	진딧물 퇴치	97달러 50센트	487달러 50센트
15	벌레 퇴치	50달러	750달러
7	② 화학 처리된 토마토 씨	24달러 99센트	174달러 93센트
	소계 SUBTOTAL		1765달러 43센트
	판매세 SALES TAX		123달러 58센트
	배송 제경비 SHIPPING & HANDLING		
	총 지불금액 TOTAL DUE		1889달러 1센트

③ 모든 수표 all checks를 킬넴오프 페스티사이즈 사로 지불 가능하도록 make payable 해 주십시오. 이 송장에 관해 concerning this invoice 질문이 있으시면, kop@vandal.com으로 저희에게 연락 주십시오 contact us. 거래해 주셔서 감사합니다!

---

1. 송장을 보낸 회사의 위치는?

(A) 더럼
(B) 마크햄
(C) 요크
(D) 잭슨빌

2. 화학 처리 토마토팩 한 개의 가격은?

(A) 24달러 99센트
(B) 35달러 30센트
(C) 123달러 58센트
(D) 174달러 93센트

3. 킬넴오프 페스티사이즈 사가 선호하는 지불 방법은?

(A) 수표
(B) 텔레뱅킹
(C) 이메일 송금
(D) 신용 카드

정답 1.(B) 2.(A) 3.(A)

ONE MORE STEP 상품을 구매하는 상황에서 자주 출제되는 주요 어휘를 살펴보고 Short Quiz를 풀어보세요.

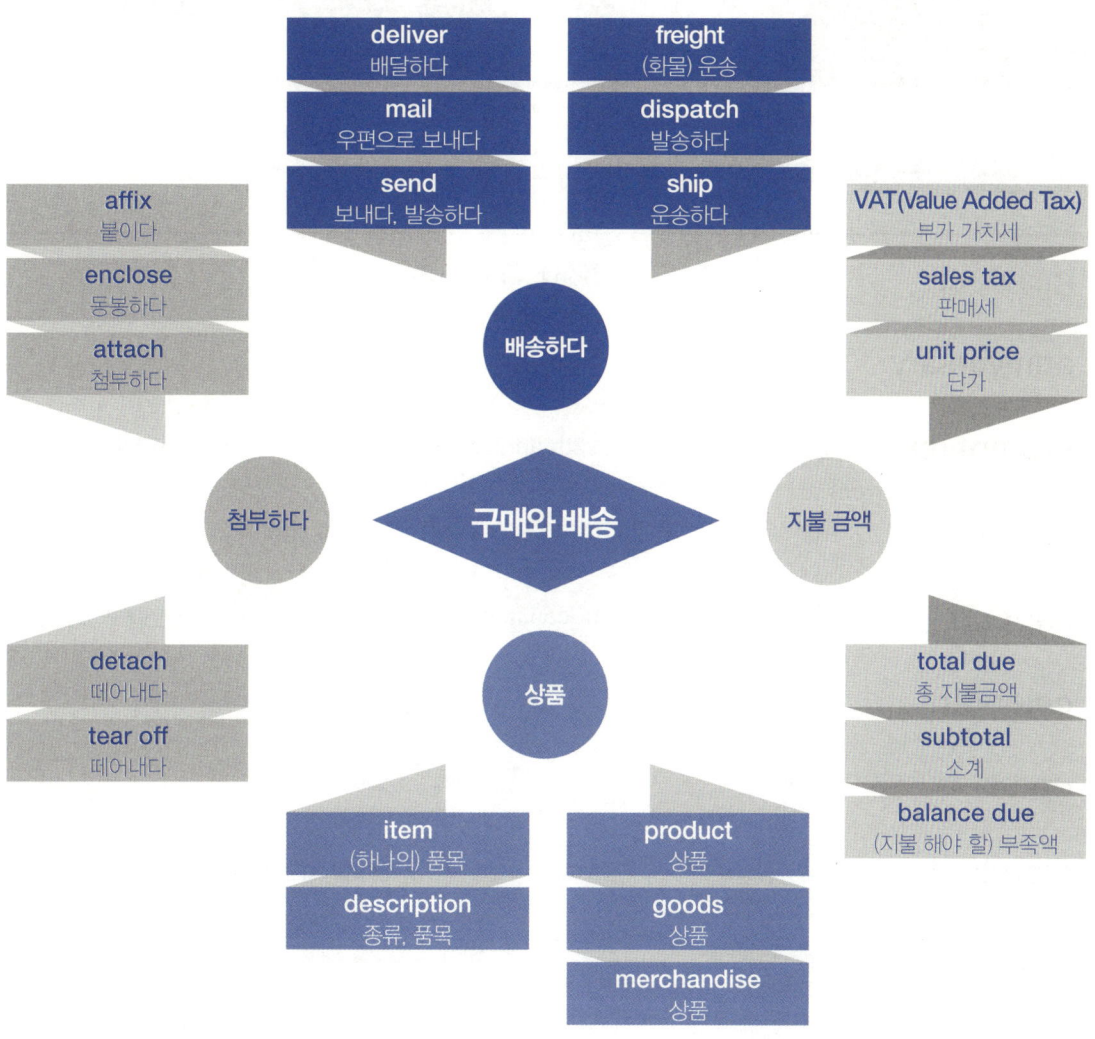

☑ Short Quiz 다음 문장을 완성할 수 있는 적절한 어휘를 고르세요.

Q1. The ☐total due ☐unit price is one thousand nine hundred dollars with sales tax.
총 지불금액은 판매세를 포함하여 천구백 달러입니다.

Q2. A copy of the invoice is ☐enclosed ☐detached with the package.
송장의 복사본 한 부가 소포에 **동봉되었습니다**.

Q3. Kill Them Off sells pesticides, and they ☐ship ☐affix to American and foreign post office address.
킬뎀오프사는 살충제를 판매하며 미국과 전세계 주소지로 **배송해 드립니다**.

KEY 21 광고, 제품 주문서 & 항의

STEP 1 어휘와 구문 지문의 주요 어휘들을 살펴보고 그 어휘를 활용하여 구문을 완성해 보세요.

어휘	뜻	구문	해석
miss out	놓치다	Don't _miss out_	놓치지 마세요
anniversary	명 기념일	12th _____	12번째 기념일
promotion	명 홍보(활동)	12th anniversary _____	12주년 기념 행사
found	동 설립하다	be _____ed 12 years ago	12년 전에 설립되다
support	명 지지, 성원	because of your _____	여러분의 성원 덕분에
celebrate	동 축하하다	_____ our birthday	기념일을 축하하다
up to	~까지	_____ 30%	30%까지
standard	형 표준, 일반의	free _____ shipping	무료 일반 배송
exceed	동 초과하다	_____ $50	50달러를 초과하다
moisture	명 수분	_____ in the air	공기 중의 수분
draw	동 끌어당기다	_____ moisture from the air	공기 중의 수분을 끌어당기다
absorb	동 흡수하다	_____ water	물을 흡수하다
purify	동 깨끗이 하다	_____ skin	피부를 깨끗이 하다
even out	고르게 하다	_____ skin tone	피부색을 고르게 하다
excessive	형 과도한	_____ oil and dirt	과도한 기름기와 노폐물
exclusive	형 독점적인	_____ offers	독점적인 제안

Triple Passages

loyal	형 충성스러운	for our _____ customers	저희 단골 고객들을 위해
valid	형 유효한	a _____ offer	유효한 제안
limited	형 제한된	valid for a _____ time only	제한된 기간 동안에만 유효한
invoice	명 송장, 청구서	send an _____	송장을 보내다
subtotal	명 소계	_____s for each category	각 항목의 소계
tax	명 세금	raise the sales _____	판매세를 올리다
total due	총 지불해야 할 금액	The _____ is $66.14.	총 지불금액은 66.14달러이다.
status	명 상태	the _____ of your order	주문 상태
quality	형 고급, 양질의	_____ products	양질의 제품
purchase	명 구매품	the invoice for my _____	구매에 대한 청구서
order	동 주문하다	_____ four products	4개의 제품을 주문하다
neither ~ nor	~도 ~도 아닌	_____ delivered _____ indicated	배달되지도 표시되지도 않은
charge	동 청구하다	_____ a shipping fee	배송비를 청구하다
record	명 기록	check my _____s	나의 기록을 확인하다
notice	동 알아차리다	_____ right away	바로 알아 차리다
resolve	동 해결하다	_____ this matter soon	이 문제를 곧 해결하다

Questions 1-5 refer to the following advertisement, invoice, and e-mail.

Don't Miss Out! – 12th Anniversary Special Promotion

It has been 12 years since Younique was founded this month. Our company has grown to be the No. 1 cosmetic company because of your support. Join us to celebrate our birthday. Save up to 30% and receive free samples worth $20 when you spend more than $40 on your order. The promotion code is 12BDAY. Enjoy free standard shipping on any order that exceeds $50.

Our most popular items are:

1. 24-hour face moisturizer: Helps reduce moisture loss while drawing and absorbing moisture from the air. It also helps even out your skin tone.

2. Mud masque: White clay from the Amazon helps to purify skin by drawing out excessive oil and dirt.

Find out more about our products and events on our website: www.younique.com. This is an exclusive offer for our loyal customers and valid for a limited time only.

Younique
Mill Way, Ashford, CT1 1DG Tel: 01233 420185

Ship to: Mia Merill
Sturry Road, Rainham, ME8 8AY

Date: June 12, 2016
Invoice: Y042889
Customer ID: Mia27

Item	Qty	Cost
Toning lotion	1	$15
Facial mist	1	$20
24-hour face moisturizer	1	$23
Lipcolour #28	1	$20
Subtotal		$78
Special promotion (30% off)		(- $23.4)
Sales Tax		$6.24
Shipping & Handling		$5.30
Total Due		$66.14

If you want to check the status of your order, visit our web site, please.
www.younique.com

To: Karen Kavett <K.kavett@Younique.com>
From: Mia Merrill <Mia27@ownme.com>
Date: June 12, 2016

Dear Ms. Kavett

Thank you for sending me quality products. I've just received the invoice for my purchase. I believe Younique is the best cosmetics brand I have ever used. However, I found a few problems on the invoice. The invoice shows that I ordered four products, including a lipstick, but I never ordered this item. It was neither delivered nor indicated on my order records. I also found the standard shipping fee was charged. When I saw your advertisement you sent me, it said standard shipping would be free on every order over $50. If you check my records, you will notice that my order was over $50. I would appreciate it greatly if you would resolve this matter soon.

Best regards,
Mia Merrill

Passage 1

1. What is suggested about Younique?
   (A) They opened a new branch in Ashford.
   (B) They provide free shipping service to all customers.
   (C) They have been running a business for over a decade.
   (D) They offer various discount rates on their items.

Passage 1

2. What is NOT mentioned about the promotion?
   (A) The kinds of popular items
   (B) The amount of free gifts
   (C) The duration of the event
   (D) The maximum discount rate

Passage 1

3. In the advertisement, the word "exclusive" in line 11, is closest in meaning to
   (A) restrictive
   (B) imperative
   (C) alternative
   (D) competitive

Passage 2&3

4. For what product did Younique probably charge Ms. Merrill incorrectly?
   (A) A toning lotion
   (B) A facial mist
   (C) A moisturizer
   (D) A lipcolour

Passage 3

5. What does Ms. Merrill want Ms. Kavett to do?
   (A) Send a revised invoice
   (B) Settle on a solution to her problem
   (C) Refund her money right away
   (D) Change the method of shipment

Critical KEY

각 지문의 유형과 논리적 관계를 파악하면 각 문제의 단서가 어느 지문에 있는지 유추할 수 있다. 4번 문제의 경우 유니크사가 잘못 청구한 제품을 묻고 있으므로 송장과 고객의 이메일을 참고해야 한다.

STEP 3 구문과 해석 확인하기

문제 1-5 다음 광고와 송장, 이메일을 참조하세요.

정답 근거 문장

놓치지 마세요!Don't Miss Out! – 12주년 특별 행사Anniversary Special Promotion

① 이번 달에 유니크가 창립된be founded 지 12주년째를 맞습니다. 여러분의 성원 덕분에because of your support 저희 회사는 최고의 화장품 회사로 성장해 왔습니다. 저희 창립 기념일을 함께 축하해 주세요Join us to celebrate. ② 40달러 이상 구매하시면 30%까지up to 30% 할인을 받으실 수 있고 20달러 상당의 무료 샘플도 드립니다. 행사 코드는 12BDAY입니다. 50달러가 넘는exceed $50 주문은 무료 일반 배송free standard shipping을 받으실 수 있습니다.

가장 인기 있는 제품은:

1. 24시간 수분 크림: 수분 손실을 감소시켜 주는 동시에 공기 중의 수분을 끌어들여 흡수시켜drawing and absorbing moisture 드립니다. 이것은 또한 당신의 피부를 고르게 안정시켜even out your skin tone 드립니다.
2. 진흙 마스크: 아마존에서 온 흰색 점토가 과도한 기름기와 노폐물을 제거함으로써by drawing out excessive oil and dirt 피부를 깨끗하게purify skin 해 드립니다.

홈페이지에서 저희 제품과 행사에 대한 더 자세한 정보를 찾아 보세요. 이 행사는 저희 단골 고객분들our loyal customers ③ 전용 제안exclusive offer이며 제한된 기간 동안에만 유효valid for a limited time only합니다.

유니크
밀웨이, 애쉬포드, CT1 1DG 전화: 01233 420185

배송지: 미아 메릴
스터리 로드, 레인험, ME8 8AY

날짜: 2016년 6월 12일
송장Invoice 번호: Y042889
고객 ID: Mia27

Item	Qty	Cost
토닝 로션	1	$15
페이셜 미스트	1	$20
24시간 수분 크림	1	$23
④ 립칼라 #28	1	$20
소계Subtotal		$78
특별 행사 (30% 할인)		(−$23.4)
판매세Sales Tax		$6.24
배송 및 처리 비용		$5.30
총 지불금액Total Due		$66.14

주문 상태the status of your order를 확인하고 싶으시다면, 홈페이지를 방문해주세요.
www.younique.com

수신: 카렌 카벳 〈K.kavett@Younique.com〉
발신: 미아 메릴 〈Mia27@ownme.com〉
날짜: 2016년 6월 12일

카벳 씨에게

좋은 제품quality products을 보내주셔서 감사합니다. 저는 지금 막 제 구매에 대한 청구서the invoice for my purchase를 받았습니다. 저는 지금까지 제가 사용한 것 중에 유니크가 최고의 화장품 브랜드라고 믿습니다. 그러나, 저는 제 청구서에 몇 가지 문제가 있는 것을 발견했습니다. ④ 이 송장은 제가 립스틱을 포함하여 4가지 물건을 주문했다고order 보여주고 있는데, 저는 이 제품을 주문한 적이 없습니다. 이것은 배송되지도 않았고 제 구매 기록에도 없습니다neither delivered nor indicated. 저는 또한 일반 배송비가 청구되어 있는be charged 것을 발견했습니다. 당신이 제게 보내주신 광고를 보았을 때, 그 광고에서는 50달러 이상의 모든 주문은 일반 배송비가 무료라고 하고 있습니다. 제 기록을 확인해 보시면check my records 제가 50달러 이상을 주문했다는 것을 아실notice 것입니다. ⑤ 이 문제를 해결해resolve this matter 주시면 감사하겠습니다.

미아 메릴

1. 유니크사에 대해 암시된 것은?

(A) 그들은 애쉬포드에 새로운 지점을 열었다.
(B) 모든 고객들에게 무료 배송을 제공한다.
(C) 그들은 10년 이상 회사를 운영해 왔다.
(D) 제품에 대해 다양한 할인율을 제공한다.

2. 광고에 따르면, 행사에 대해 언급되지 않은 것은?

(A) 인기 있는 제품의 종류
(B) 무료 선물의 양
(C) 행사 기간
(D) 최대 할인율

3. 광고의 11행에 있는 단어 '독점적인'과 의미상 가장 가까운 것은?

(A) 제한적인
(B) 필수적인
(C) 대안의
(D) 경쟁적인

4. 유니크사가 메릴 씨에게 잘못 청구한 제품은?

(A) 토닝 로션
(B) 페이셜 미스트
(C) 수분 크림
(D) 립 칼라

5. 메릴 씨가 카벳 씨에게 요청하는 것은?

(A) 수정된 청구서를 보낼 것
(B) 그녀의 문제를 해결해 줄 것
(C) 그녀의 돈을 바로 환불해 줄 것
(D) 배송 방법을 변경할 것

정답 1.(C) 2.(C) 3.(A) 4.(D) 5.(B)

ONE MORE STEP 제품을 구매하는 상황에서 자주 출제되는 주요 어휘를 살펴보고 Short Quiz를 풀어보세요.

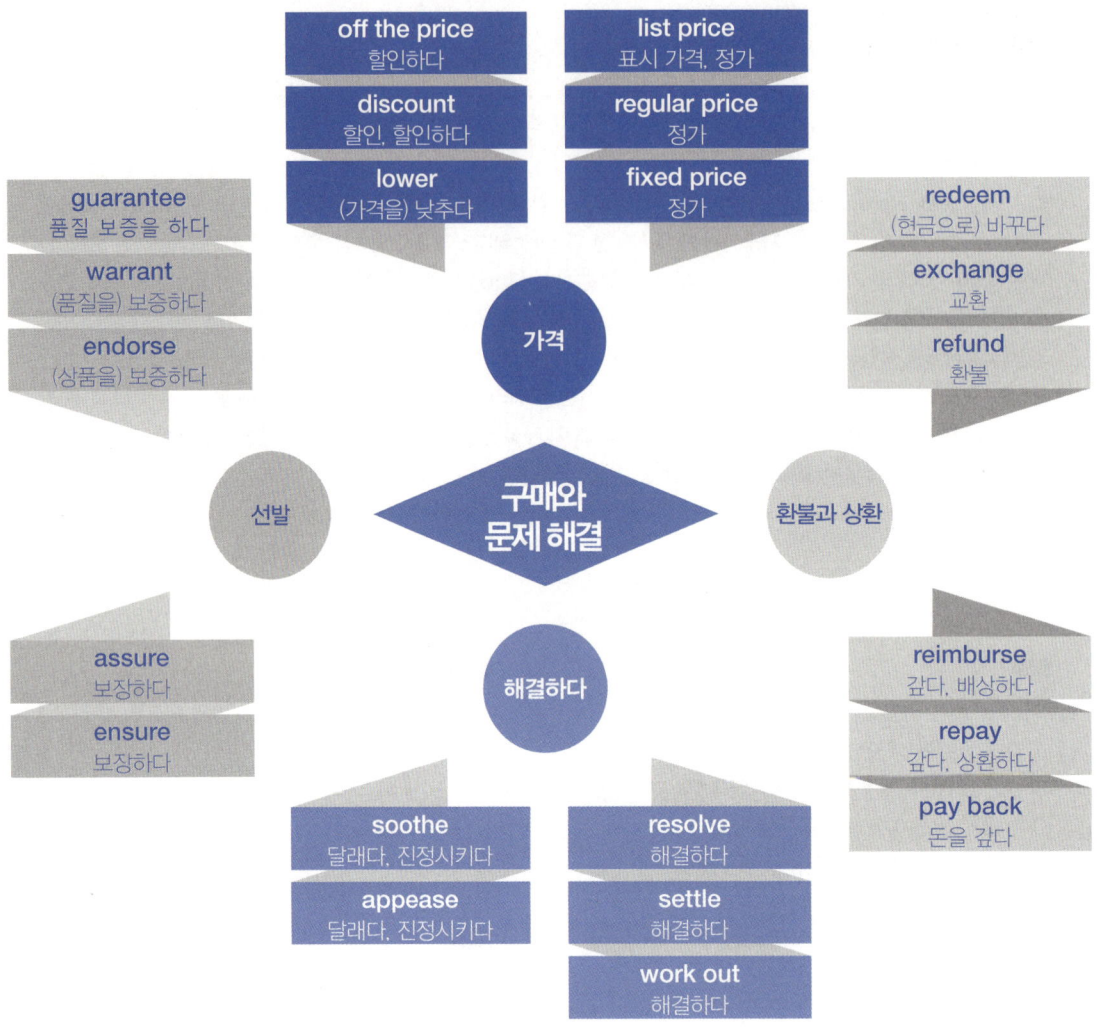

✓ Short Quiz 다음 문장을 완성할 수 있는 적절한 어휘를 고르세요.

Q1. Ms. Merill asked Ms.Kavett to ☐ refund   ☐ assure her money right away.
메릴 씨는 카벳 씨에게 그녀의 즉시 돈을 **환불**해 줄 것을 요청했다.

Q2. I would appreciate it greatly if you would ☐ resolve   ☐ reimburse this matter.
이 문제를 **해결해** 주시면 감사하겠습니다.

Q3. Our items are priced 30% off the ☐ regular   ☐ lower price during the special promotion.
저희 제품은 이 특별 행사 동안에 **정가**에서 30% 할인됩니다.

UNIT 8
건물과 시설 유지

KEY STORY

건물structure을 세우고construct 개조하는 renovate 일에 대해서도 알아 볼까요? 의뢰인의 입찰 공고architectural bid request에 대해 응찰자respondent들은 어떤 건물을 세울 것인지 계획을 담은 제안서 proposal를 제출합니다. 총 면적gross square feet이나 층story수, 어떤 시설들을 갖추고 있을house 것인지에 대한 초안을 작성draft하여 마감일 전에 제출해야 합니다.

공사construction를 시작commence하게 되면 이로 인해 불편disruption을 겪게 될 사람들에게 미리 사과 하고 언제 종료 completion될 것인지에 대한 안내도 해야 합니다.

이런 과정을 거쳐 공사가 시작되면 의뢰인은 설계concept에 맞는 건물을 짓는데 필요한 건축 자재building material와 노동력labor, 공사 현장building site을 감독하는 데에 필요한 비용을 부담할incur 준비를 해야 합니다.

Before the Step

지문의 주요 어휘들을 살펴 보고 그 어휘들을 활용하여 구문을 완성해 보세요.

construction	명 건설	the plan to start _construction_	건설을 시작하려는 계획
rise	동 오르다	_____ over a kilometer	1킬로미터 이상 솟아오르다
set	동 세우다	_____ the record	기록을 세우다
structure	명 구조	a freestanding _____	독립 구조물
house	동 수용하다	_____ offices and stores	사무실과 상점들을 수용하다
mixture	명 혼합	a _____ of offices and hotels	사무실과 호텔의 복합체
surround	동 둘러싸다	be _____ed by parks	공원들에 둘러 쌓이다
boast	동 자랑하다	_____ over 400 stores	400개가 넘는 상점들을 자랑하다
state	동 말하다	_____d by the Prime Minister	수상에 의해 언급되다
ostensible	형 표면상의	the _____ reason	표면적인 이유
attract	동 끌어들이다	_____ a number of tourists	수많은 관광객을 끌어들이다
draw	동 끌다	_____ attention	주의를 끌다
affluent	형 부유한	an _____ nation	부유한 국가
investor	명 투자자	attractive to _____s	투자자들에게 매력적인
catapult into	~한 상태에 이르게 하다	_____ a major investment destination	주요 투자처가 되다
garner	동 모으다	_____ positive attention	긍정적인 관심을 모으다

The Pillar Tower: The world's tallest building

November 31, Singapore - The government of Singapore announced today that it plans to start construction of the Pillar Tower next month. The Pillar Tower, when completed, will rise over a kilometer into the sky. This will make it over 200 meters taller than the recently completed Burj Dubai, which set the record for the tallest freestanding structure less than a year ago. The Pillar Tower will house a mixture of offices, hotels, and apartments. It will be surrounded by several parks and the world's largest mall, the Pillar Shopping Complex, which will boast over 400 stores.

As stated by the Singaporean Prime Minister, the ostensible reason for the tower's construction is to attract a greater number of tourists to the city-state. Many outside observers, though, say this is only a side benefit. The real reason for the construction, these analysts say, is to draw attention to the nation as an affluent one that should be attractive to foreign investors. Either way, the announcement concerning the Pillar Tower has garnered much positive attention overseas and it may catapult into a major investment destination.

● 어휘와 구문을 학습한 후 지문 해석을 완성해 보세요.

필라 타워: 세계에서 가장 높은 건물

싱가포르 정부는 다음 달에 필라 타워의 _____ 을 시작할 계획 plans to start construction이라고 오늘 발표했다. 필라 타워가 완공되면 지상 1킬로미터 이상 높이로 _____ 것이다 rise over a kilometer into the sky. 그렇게 되면 최근 완공되어 1년여 전에 최고층 _____ freestanding structure의 _____ set the record 버즈 두바이보다 200미터 이상 높게 될 것이다. 필라 타워는 사무실, 호텔, 아파트의 _____ mixture를 _____ house 될 것이다. 이 건물은 몇 개의 공원과 400개가 넘는 상점을 _____ boast over 400 stores 될 세계 최대 쇼핑몰인 필라 쇼핑 단지에 _____ be surrounded by 것이다.

싱가포르 수상에 의해 _____ stated by 바와 같이 타워를 건설하는 _____ ostensible reason는 이 도시 국가에 더 많은 관광객을 _____ attract a greater number of tourists 위한 것이다. 그러나 외부의 대다수 관찰자들은 이는 부수적인 이익일 뿐이라고 말한다. 이 분석가들이 말하는 타워의 진짜 목적은 _____ affluent 국가라는 이미지로 _____ draw attention 외국인 _____ foreign investors을 유치하는 것이다. 어느 쪽이든, 필라 타워에 관한 발표로 싱가포르는 해외에서 이주 긍정적인 관심을 _____ garnered, 이는 싱가포르를 주요 투자처로 만들 수 있을 것이다.

KEY 22   보수 공사 알림

STEP 1   어휘와 구문   지문의 주요 어휘들을 살펴보고 그 어휘를 활용하여 구문을 완성해 보세요.

어휘	품사/뜻	구문
remind	동 상기시키다	_remind_ you the renovation 수리를 알리다
renovation	명 수리	the planned _____s 예정된 수리
commence	동 시작되다	will _____ next week 다음 주에 시작할 것이다
expand	동 확장하다	_____ the complex 단지를 확장하다
phase	명 단계	the first _____ of renovation 수리의 첫 단계
complete	동 끝마치다	_____ by mid-March 3월 중순까지 끝내다
remain	동 계속 ~이다	_____ open for business 계속 영업을 위해 열려있다
unavoidable	형 불가피한	_____ disruption 불가피한 불편
disruption	명 혼란, 불편	_____ during the renovation 수리 중의 불편
period	명 기간	renovation _____ 수리 기간
enter	동 들어가다	_____ the cafeteria 카페에 들어가다
exit	동 나가다	_____ the main building 본관 건물을 나가다
walk around	걸어 다니다	_____ to the parking lot 주차장까지 걸어서 돌아가다
entrance	명 입구	main _____ 정문 출입구
facility	명 시설	enjoy the new _____ 새 시설을 즐기다
in advance	미리	apologize _____ 미리 사과하다

STEP 2 주제별 예제

Questions 1-3 refer to the following memorandum.

난이도 ★☆☆

DATE: February 7
TO: All staff at Be Fit Sports Complex
FROM: Brian Woods, General Manager
SUBJECT: Renovations

We wanted to remind you all that the planned renovations to the sports complex will commence next week. As you know, we will be expanding the complex by building a new wing on the south side. We hope to have the first phase of the renovations completed by mid-March. There will be a second and final phase of renovations running from early July to late August. Please note that we will be closing for three weeks beginning on August 2.

Be Fit will remain open for business during the first phase of renovations. However, there will be some unavoidable disruption caused by the work. The cafeteria will remain open during the renovation period. However, to enter the cafeteria you will need to exit the main building and walk around to the parking lot to enter the cafeteria. The entrance will be through the black door. The red door will lead to the staff lockers and shower area.

We are confident that you will enjoy the new facilities once the renovations are done and we apologize in advance for any inconvenience caused during the renovation period.

1. What is the purpose of the memo?

    (A) To inform staff of the upcoming building work
    (B) To announce the end date of the renovations
    (C) To explain the eating arrangements
    (D) To apologize for the disruption that has been caused

2. When will be all the renovations be over?

    (A) By mid-March
    (B) By early July
    (C) By early August
    (D) By late August

3. How can employees get to the cafeteria during the renovation period?

    (A) By passing through the new south wing
    (B) By using the black door in the parking lot
    (C) By using the red door at the back of the complex
    (D) By walking past the staff lockers and shower area

Critical KEY

보수 공사를 알리는 글에서는 공사가 초래할 불편에 대해 사과하는 내용과 **공사의 이유, 범위, 기간 혹은 종료일**에 대한 정보를 제공한다.

STEP 3 구문과 해석 확인하기

문제 1-3 다음 회람을 참조하세요.

정답 근거 문장

> 날짜: 2월 7일
> 수신: 비피트 스포츠 콤플렉스의 전 직원
> 발신: 총무부장 브라이언 우즈
> 제목: 수리
>
> ① 예정되었던 스포츠 단지의 수리**the planned renovations to the sports complex**가 다음 주에 시작될**commence next week** 것임을 알려드리고자 합니다. 아시다시피, 남쪽에 새 건물을 지음으로써 단지를 확장하게 될 것입니다. ② 수리의 첫 단계**the first phase of the renovations**가 3월 중순까지 완료**complete by mid-March**되기를 바라고 있습니다. 7월 초부터 8월 말까지 두 번째 및 마지막 단계의 수리가 있을 것입니다. 8월 2일부터 3주 동안은 문을 닫게 됨에 유의하십시오.
>
> 비피트는 수리 첫 단계 동안에는 영업할 것입니다. 그러나, 건축 작업으로 인해 어쩔 수 없이 불편**unavoidable disruption**을 끼쳐 드리는 상황이 있게 될 것입니다. 카페테리아는 수리 기간에 계속 영업할**remain open** 것입니다. ③ 그러나 카페테리아에 들어가려면 본관 건물을 나가서 주차장으로 걸어서 돌아가야**walk around to the parking lot** 합니다. 입구는 검은색 문을 지나게 되어 있습니다. 빨간색 문은 직원용 사물함과 샤워 시설로 들어가는 곳입니다.
>
> 일단 완공되면 새 시설을 좋아하시리라 확신합니다. 그리고 수리 기간에 생기는 불편함에 대해 미리 사과 드립니다 **apologize in advance for any inconvenience**.

1. 이 메모의 목적은?
   (A) 직원들한테 곧 있을 건축 공사를 알려 주려고
   (B) 수리의 마지막 날짜를 알려 주려고
   (C) 식사 준비에 관해 설명하려고
   (D) 야기된 불편에 관해 사과하려고

2. 모든 수리의 완료 예정 시기는?
   (A) 3월 중순
   (B) 7월 초
   (C) 8월 초
   (D) 8월 말

3. 수리 기간에 직원들이 카페테리아에 갈 수 있는 방법은?
   (A) 새 남쪽 건물을 지나서
   (B) 주차장에 있는 검은색 문을 이용해서
   (C) 단지 뒤편에 있는 붉은색 문을 이용해서
   (D) 직원용 사물함과 샤워 시설을 지나감으로써

정답 1.(A) 2.(D) 3.(B)

ONE MORE STEP 시설 관리와 보수공사에서 자주 출제되는 주요 어휘를 살펴보고 Short Quiz를 풀어보세요.

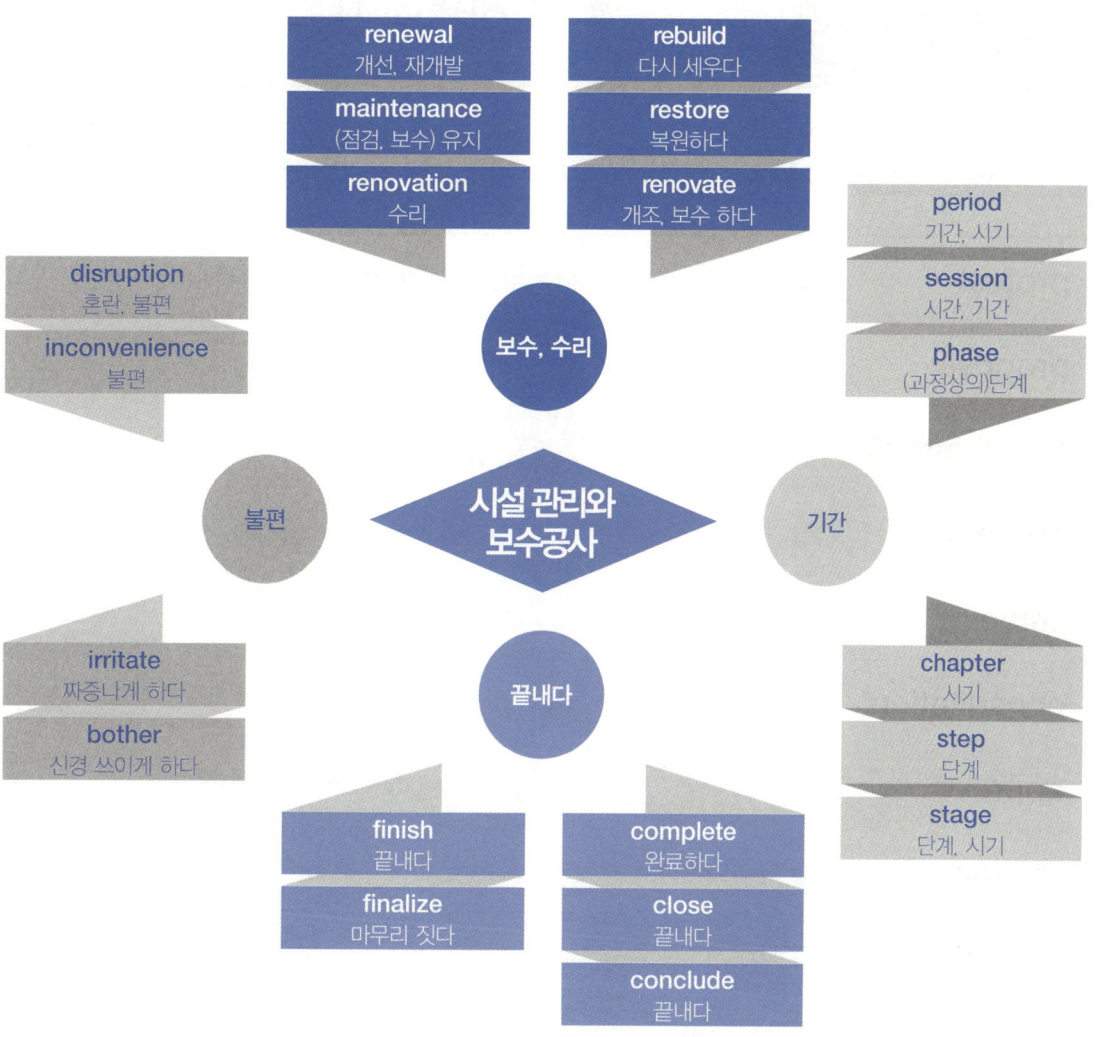

✅ Short Quiz 다음 문장을 완성할 수 있는 적절한 어휘를 고르세요.

Q1. The cafeteria will remain open during the renovation ☐ disruption ☐ period.
카페테리아는 보수 **기간** 동안에 계속 영업할 것입니다.

Q2. We hope to have the first phase of the renovations ☐ completed ☐ Irritated by mid-March.
수리의 첫 단계가 3월 중순까지 **완료되기를** 바랍니다.

Q3. The planned ☐ renovations ☐ inconveniences to the sports complex will commence next week.
예정되어있는 스포츠 단지의 **수리**는 다음 주에 시작할 것입니다.

KEY 23 — 도시 계획에 대한 항의

STEP 1 어휘와 구문
지문의 주요 어휘들을 살펴보고 그 어휘를 활용하여 구문을 완성해 보세요.

어휘	품사/뜻	구문
protest	명 시위, 항의	_protest_ against the policy 정책에 반대하는 시위
propose	동 제안하다	_____ a city plan 도시 계획을 제안하다
turn A into B	A를 B로 바꾸다	_____ a park _____ a parking lot 공원을 주차장으로 바꾸다
attempt	동 시도하다	_____ to make this happen 이것을 일어나게 하다
serve	동 (필요 등을) 채우다	_____ the new shopping mall 쇼핑몰의 필요를 충족시키다
consultation	명 협의	public _____ 시민 협의
approve	동 승인하다	_____ the city plan 도시 계획을 승인하다
motion	명 동의, 발의	approve the _____ 발의안을 승인하다
council	명 의회	May 6 _____ meeting 5월 6일 지방 의회 회의
session	명 회의, 회기	through a single _____ 한 번의 회의 만으로
virtually	부 사실상	with _____ no debate 사실상 토론 없이
slate	동 예정이다	be _____d to begin 시작할 예정이다
stretch	명 지역, 구간	_____ of black asphalt 검은 아스팔트가 깔린 지역
call on	요구하다	_____ people to meet 사람들이 만날 것을 요구하다
inclement	형 (날씨가) 사나운	in the event of _____ weather 날씨가 좋지 않을 경우에
reschedule	동 일정을 변경하다	_____ to 7:00 P.M. 오후 7시로 일정을 변경하다

Questions 1-3 refer to the following announcement.

Parkview Parking Lot Protest – May 20

Mayor David Miller is proposing to turn Parkview's largest green space, Trinity Park, into a parking lot to serve the new shopping mall built last year. — [1] — He approved the motion through the May 6 council meeting in a single session, with virtually no debate. Now, construction is slated to begin in less than three weeks, starting on June 7. This is an outrage. The last thing our neighborhood needs is fewer trees and another stretch of black asphalt. — [2] —

The Coalition of Concerned Citizens for the Environment is calling on all the people, whose neighborhood will be affected by this mall to meet at the park at 2:00 p.m. on May 20, to protest the Mayor's decision. — [3] — In the event of inclement weather, the protest will be rescheduled to at 7:00 p.m. on June 1. If we work together, we can save our beloved park so that it will be there for future generations to enjoy. — [4] —

---

1. What is the purpose of the announcement?

   (A) To call for political action
   (B) To propose a parking lot
   (C) To demand a mayoral election
   (D) To protest the lack of parking areas

2. When will the parking lot be built?

   (A) May 6
   (B) May 20
   (C) June 1
   (D) June 7

3. In which of the position marked [1], [2], [3] and [4] does the following sentence best belong?

   "The mayor is attempting to make this happen with minimum public consultation."

   (A) [1]
   (B) [2]
   (C) [3]
   (D) [4]

세부 사항을 확인하는 유형 중 날짜나 기간을 묻는 문제가 출제될 수 있다. 지문에 **여러 날짜가 등장하는 경우, 각 날짜의 의미**에 표시를 해두고 혼동하지 않도록 주의한다.

STEP 3 구문과 해석 확인하기

문제 1-3 다음 공지를 참조하세요. 정답 근거 문장

파크뷰 주차장 시위protest - 5월 20일

시장인 데이비드 밀러는 파크뷰의 최대 녹지대인 트리니티 공원을 작년에 지어진 새 쇼핑몰을 위한 주차장으로**turn Trinity Park into a parking lot** 바꿀 것을 제안하고**propose** 있습니다. ③ 시장은 이를 최소의 시민 협의만으로**with minimum public consultation** 이루어지도록 하려 하고**attempt to** 있습니다. 그는 5월 6일 지방 의회 회의를 통해 사실상 토론도 없었던**with virtually no debate** 한 번의 회의**in a single session**만으로 발의안을 통과**approve the motion**시켰습니다. ② 이제 건설이 3주도 남지 않은 6월 7일에 시작될 예정입니다. 이것은 불법입니다. 우리 마을은 나무가 줄어들고 검은 아스팔트가 깔린 또 다른 지역이 절대 필요하지 않습니다.
이에 따라 ① 환경 관련 시민 협회(CCCE)는 이 주차장에 의해 영향 받게 되는 모든 사람들에게 5월 20일 오후 2시에 공원에서 모여 시장의 결정에 항의할 것을 촉구하고자**call on** 합니다. 날씨가 궂을 경우**In the event of inclement weather** 시위는 6월 1일 오후 7시로 조정될**be rescheduled to** 것입니다. 우리가 함께 노력하면, 미래의 세대들이 즐길 수 있는**for future generations to enjoy** 소중한 공원**our beloved park**을 구할 수 있습니다.

---

1. 이 공지의 목적은?

(A) 정치적인 행동을 요구하기 위해
(B) 주차장을 제안하기 위해
(C) 시장 선거를 요구하기 위해
(D) 주차장 부족에 항의하기 위해

2. 주차장이 건립될 때는?

(A) 5월 6일
(B) 5월 20일
(C) 6월 1일
(D) 6월 7일

3. [1], [2], [3] 그리고 [4]로 표시된 위치 중에서 다음 문장이 들어가기에 가장 적절한 곳은?

"시장은 이를 최소의 시민 협의만으로 이루어지도록 하려 하고 있습니다."

(A) [1]
(B) [2]
(C) [3]
(D) [4]

정답 1.(A) 2.(D) 3.(A)

ONE MORE STEP 정책의 승인과 반대에서 자주 출제되는 주요 어휘를 살펴보고 Short Quiz를 풀어보세요.

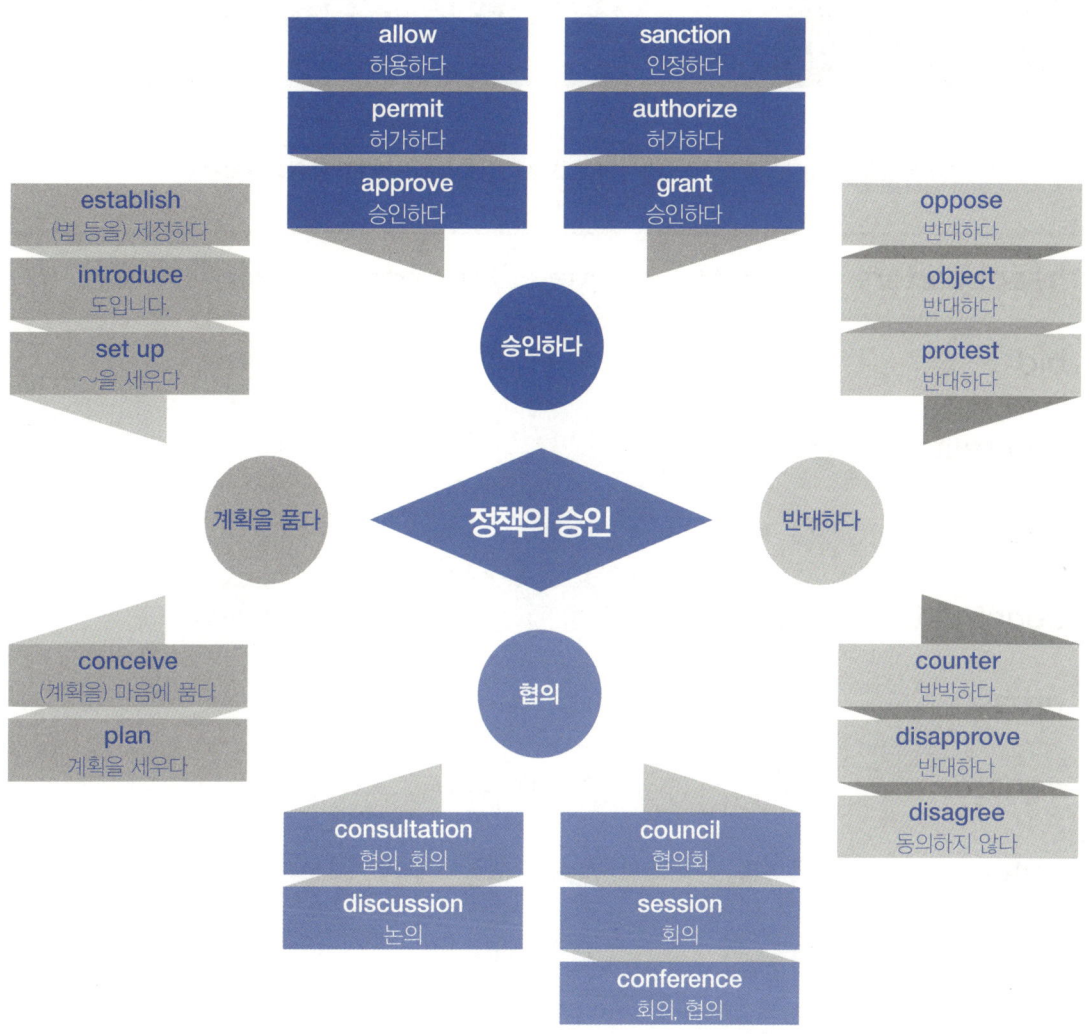

✅ **Short Quiz** 다음 문장을 완성할 수 있는 적절한 어휘를 고르세요.

Q1. He ☐ generated   ☐ approved the motion through the council meeting in a single session.
그는 지방 의회 회의에서 한 번의 회의만으로 법안을 **승인했습니다**.

Q2. The mayor is attempting to make this happen with a minimum ☐ consultation   ☐ counter.
시장은 이를 최소한의 **협의**만으로 이루어지도록 하려고 하고 있습니다.

Q3. The committee is calling on people to meet at the park to ☐ conceive   ☐ protest the mayor's decision.
위원회는 시장의 결정에 **반대하기** 위해 사람들이 공원에서 모일 것을 촉구합니다.

KEY 24 — 입찰 공고 & 건축 제안서

STEP 1 어휘와 구문
지문의 주요 어휘들을 살펴보고 그 어휘를 활용하여 구문을 완성해 보세요.

어휘	품사/뜻	구문
headquarters	명 본사, 본부	a new _headquarters_ building — 새 본사 건물
bid	명 입찰	_____ opening date — 입찰 개시일
contract	명 계약	_____ amount — 계약 금액
overview	명 개요	project _____ — 프로젝트 개요
construct	동 건설하다, 짓다	_____ new buildings — 새 건물들을 짓다
gross	형 총계의	a _____ profit — 총 수익
square	형 (건물 면적 단위) 평방의	248,000 gross _____ feet — 총 248,000 평방 피트
outer	형 밖의	the _____ part — 바깥 부분
suburbs	명 교외	in the outer _____ — 먼 교외에
completion	명 완료	upon _____ — 완성하자마자
demolish	동 철거하다	_____ the old building — 그 오래된 건물을 철거하다
mandatory	형 의무적인	_____ pre-proposal meeting — 의무적인 사전 회의
respondent	명 응답자, 응찰자	_____s who do not attend — 참석하지 않은 응찰자들
requirement	명 필요조건	submission _____ — 제출 요건
no later than	늦어도 ~까지	_____ April 25 — 늦어도 4월 25일까지
format	명 서식, 형식	in pdf _____ — pdf 형식으로

Triple Passage

architectural	형 건축상의	_____ bid request	건축 입찰 요청
propose	동 제안하다	_____ the following	다음을 제안하다
story	명 (건물의) 층	a six-_____ building	6층 건물
build	동 건설하다	_____ on the site	부지에 건설하다
visible	형 눈에 보이는	_____ from the street	도로 쪽에서 보이는
concept	명 설계, 계획	an open _____ in the middle	가운데가 개방된 설계
floor	명 층	each _____	각 층
house	동 갖추다, 수용하다	_____ the lobby and lounge	로비와 라운지를 수용하다
fully-equipped	형 완전히 갖춘	a _____ sports center	장비를 완전히 갖춘 스포츠 센터
incur	동 (비용을) 부담하다	_____ all costs	모든 비용을 부담하다
material	명 재료, 소재	building _____s	건축 재료
desired	형 원하는	specify _____ changes	원하는 변경 사항을 명시하다
labor	명 일, 노동	charge $200 for all _____	모든 인건비에 대해 200달러를 청구하다
draft	동 초안을 작성하다	plan and _____	계획을 세우고 초안을 작성하다
site	명 (건설) 현장	oversee the building _____	건설 현장을 감독하다
withdraw	동 철회하다	_____ our suggestion	우리 제안을 철회하다

Questions 1-5 refer to the following notice and e-mail.

Project Name: Construction of New Frump Headquarters
Owner: Frump Industries Inc.
Bid Opening Date: April 1, 2016
Contract Amount: $39,924,031

Project Overview
Frump Industries Inc. would like to construct a new headquarters building of up to 248,000 gross square feet in the outer suburbs. The existing building has become outdated in design and construction. Upon completion of the new headquarters, the old one will be demolished.

Pre-proposal meeting
We have scheduled a pre-proposal meeting.
The time and location of this meeting are as follows: April 5, 2016

Frump Industries Inc.
55 Vendor Street, Savannah
Georgia 22435

Attendance at this meeting is mandatory. We will not accept proposals from respondents who do not attend.

Proposal submission requirements
Your proposal must be submitted no later than April 25, 2016 at 2 P.M. We will not consider late proposals. Submit a copy of your entire proposal in pdf format, with all attachments.

To: Larry Wilson@Frump.com
From: Belinda Lanks@archson.com
Date: April 20, 2016
Re: **Construction Bid Proposal**

Dear Mr. Wilson,

This is a proposal submitted to Frump Industries Inc. In response to your architectural bid request for your new company headquarters building, we propose the following.

1. A modern, six-story glass and chrome building to be constructed on the south side of the lot. A parking garage will be built on the building's east side, keeping the west side gardens visible from the street. The building will have an open concept in the middle, ensuring that

all offices are built on only the window side of the corridors. Each floor will have its own conference room. The first floor will house the lobby, lounge, and a fully-equipped sports center.

2. The client is to incur all costs of building materials and labor; he/she can specify desired changes to materials before the plans are drafted. We charge $200 per hour for all labor, including planning, drafting, and overseeing the building site.
Should we receive no response within 60 days, our suggestion will be withdrawn.

Belinda Lanks
ARCH & SON COMMERCIAL ARCHITECTS

Passage 1

1. What is indicated about the project?

   (A) The project building will be located in the center of the city.
   (B) The old building will have to be used as a branch office.
   (C) Attendance of the pre-proposal meeting is essential.
   (D) The project does not set a closing date.

Passage 2

2. What is the e-mail mainly about?

   (A) The construction of a new building
   (B) A renovation project
   (C) A new street grid
   (D) A marketing campaign

Passage 1&2

3. What can be inferred about Ms. Lanks' proposal?

   (A) It proposes a concrete building.
   (B) It must be submitted before the indicated deadline.
   (C) It includes a parking garage on the building's southern side.
   (D) It houses offices, lounges, cafeteria and restaurants.

Passage 2

4. According to the e-mail, what is NOT included in the charges?

   (A) Planning the construction
   (B) Drafting the building
   (C) Submitting the proposal
   (D) Overseeing the construction site

Passage 2

5. What will probably happen if Frump Industries doesn't respond in two months?

   (A) Arch and Son will automatically begin working.
   (B) Arch and Son will not work on the project.
   (C) Arch and Son will submit a new proposal.
   (D) Arch and Son will automatically send them a bill.

Critical KEY

입찰 공고와 제안서이므로 공고에서 제시하는 조건을 제안서가 갖추고 있는지 묻는 연계문제의 출제 가능성이 높다. 이처럼 **지문간의 관계**를 파악하면 어느 부분을 중점적으로 읽어야 할 지 추측할 수 있다.

STEP 3 구문과 해석 확인하기

문제 1-5 다음 공지와 이메일을 참조하세요.

정답 근거 문장

프로젝트명: 프럼프사의 새 본사Headquarters 건물 건축
소유주: 프럼프 주식회사
입찰 시작 날짜 Bid Opening Date: 2016년 4월 1일
계약 금액 Contract Amount: $39,924,031

프로젝트 개요Project Overview

프럼프 주식회사는 교외 지역에in the outer suburbs 248,000 평방 피트gross square feet에 이르는 새 본사 건물을 짓고자construct 합니다. 현재의 건물은 디자인과 건축 양식이 낡았습니다. 새 본사 건물이 완료되면Upon completion, 구 건물은 철거될be demolished 것입니다.

사전 회의

저희는 사전 회의 일정을 잡아놓았습니다.
시간과 장소는 다음과 같습니다: 2016년 4월 5일

　　　　　　　프럼프 주식회사
　　　　　　　55 벤더 스트리트, 사바나
　　　　　　　조지아 22435

①이 회의 참석은 의무mandatory입니다. 저희는 이 미팅에 참석하지 않은 응찰업체respondents의 제안서는 받지 않을 것입니다.

제안서 제출 요구사항submission requirements

③제안서는 2016년 4월 25일 오후 2시보다 늦지 않게no later than 제출되어야만 합니다. 저희는 늦게 제출된 제안서는 고려하지 않을 것입니다. 전체 제안서 한 부와 첨부 문서를 pdf 형식으로in pdf format 제출해 주십시오.

수신: Larry Willson@Frump.com
발신: Belinda Lanks@archson.com
날짜: ③4월 20일, 2016
제목: 건축 입찰 제안서

윌슨 씨에게,

②이것은 프럼프 주식회사에 제출하는 제안서입니다. 귀사의 새 본사 건물에 대한 건축 입찰 요청architectural bid request에 답하여 저희는 다음을 제안합니다propose the following.

1. 6층six-story짜리의 현대적인 유리와 크롬으로 이루어진 건물이 부지의 남쪽에 건설construct on the south side of the lot될 것입니다. 주차장이 건물의 동쪽에 세워지면서, 서쪽의 정원은 도로 쪽까지 시야가 트이게visible from the street 될 것입니다. 건물은 중앙이 트인 설계an open concept in the middle로, 모든 사무실이 복도의 창

쪽으로만 지어질 것입니다. 각 층each floor에는 회의실이 있게 됩니다. 1층은 로비와 라운지, 그리고 각종 기구들이 완비된fully-equipped 스포츠 센터를 수용할house 것입니다.

2. 건축 자재building materials 비용 및 인건비는 모두 고객 부담incur all costs; 그/그녀는 설계에 들어가기 전에 자재에 대해 원하는 변경 사항을 명시specify desired changes하실 수 있습니다. ④ 저희는 계획, 초안 작성drafting 및 건축 현장the building site 감독까지 포함하여 모든 인건비에 대해 시간당 200달러를 청구할charge $200 per hour for all labor 것입니다.

⑤ 60일 이내로 답장을 받지 못하면, 저희의 입찰은 철회될be withdrawn 것입니다.

벨린다 랭스
아크앤선 커머셜 아키텍트

1. 프로젝트에 대해 명시된 것은?

(A) 프로젝트 빌딩은 도심에 위치할 것이다.
(B) 오래된 빌딩은 지사의 사무실로 사용될 것이다.
(C) 사전 회의에 참석하는 것은 필수이다.
(D) 프로젝트는 마감일을 정하지 않았다.

2. 이메일은 주로 무엇을 다루고 있는가?

(A) 새 건물의 건축
(B) 보수 공사 계획
(C) 새로운 격자무늬 거리
(D) 마케팅 캠페인

3. 랭크 씨의 제안서에 대해 추론할 수 있는 것은?

(A) 이것은 콘크리트 건물을 제안하고 있다.
(B) 이것은 명시된 마감일 이전에 제출되어야 한다
(C) 이것은 건물의 남쪽에 주차장을 포함하고 있다.
(D) 사무실, 라운지, 카페테리아와 레스토랑을 수용하고 있다.

4. 이메일에 따르면 청구서에 포함되지 않는 것은?

(A) 건축 계획
(B) 빌딩 초안 작성
(C) 제안서 제출
(D) 건축 현장 감독

5. 프럼프 주식회사가 2개월 내로 답하지 않으면 어떻게 되겠는가?

(A) 아크앤선이 자동적으로 일을 시작할 것이다.
(B) 아크앤선이 프로젝트 일을 하지 않을 것이다.
(C) 아크앤선이 새 제안서를 제출할 것이다.
(D) 아크앤선이 자동적으로 그들에게 청구서를 보낼 것이다.

정답 1.(C) 2.(A) 3.(B) 4.(C) 5.(B)

ONE MORE STEP ▶ 건축 계약에서 자주 출제되는 주요 어휘를 살펴보고 Short Quiz를 풀어보세요.

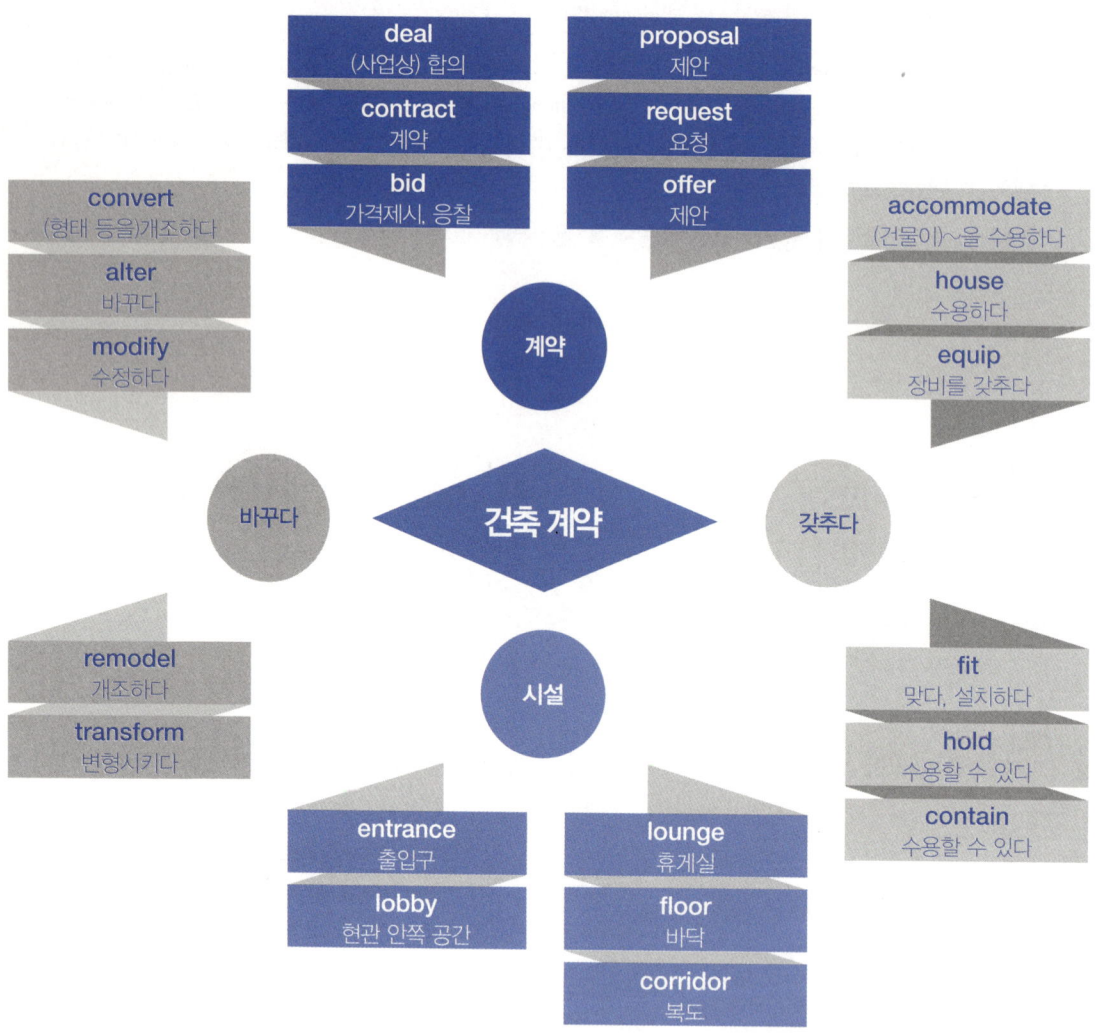

☑ **Short Quiz** 다음 문장을 완성할 수 있는 적절한 어휘를 고르세요.

Q1. The first floor will ☐ remodel ☐ house the lobby and lounge.
1층에는 로비와 라운지를 **수용할** 것입니다.

Q2. This is a ☐ proposal ☐ contract submitted to Frump Industries, Inc.
이것은 프럼프 주식회사에 제출하는 **제안서**입니다.

Q3. All offices are built on only the window side of the ☐ entrance ☐ corridors.
모든 사무실이 **복도**의 창가 쪽으로만 지어질 것입니다.

UNIT 9
열심히 일했다면 휴식도 필요한 법

KEY STORY

사무실에서 벗어나get away from 회사에서 후원하는sponsor 사내 스포츠팀에 가입join해보세요. 때로는 유명renowned 배우들이 나오는 공연performance을 함께 관람할 수 있도록 비용을 부담cover해 주기도 합니다. 이런 활동이 직원들의 사기morale와 연대 의식team spirit을 높여줄boost 수 있기 때문에 많은 회사들이 이를 권장하고 있습니다.

휴가 동안에 어디론가 떠나 느긋하게relaxing 긴장을 풀 수 있는unwind 시간이 있어야 더 열심히 일을 할 수 있답니다.

목적지destination를 정한 후에는 좋은 날짜나 장소를 위해서는 온라인으로 예약을 해야book online 합니다. 호텔이나 별장과 같은 숙박시설accommodation을 예약reservation할 때는 저렴한affordable 곳에서부터 고급스러운luxury 곳까지 자신의 취향에 맞게 선택하세요.

Before the Step

지문의 주요 어휘들을 살펴 보고 그 어휘들을 활용하여 구문을 완성해 보세요.

어휘	품사/뜻	구문
lodge	명 별장	The Lakeshore _lodge_ 레이크쇼어(호숫가) 별장
get away from	~에서 벗어나다	_____ the office 사무실에서 벗어나다
head	동 (~로) 가다	_____ to the lodge 별장으로 가다
professional	명 전문직 종사자	perfect for busy _____s 바쁜 전문직 종사자들에게 맞는
relaxing	형 느긋하게 하는	a _____ opportunity 느긋하게 쉴 기회
bond	동 유대감을 형성하다	_____ with colleagues 동료들과 유대감을 형성하다
luxurious	형 호화로운	_____ lodge 호화로운 별장
accommodation	명 숙소	_____ for guests 손님들을 위한 숙소
package deal	일괄 거래 상품	_____ starting at $75 75달러부터 시작하는 일괄 거래 상품
pass	명 출입증	offer free _____es 무료 출입증을 제공하다
guided	형 가이드가 안내하는	free _____ tour 무료 가이드 안내 여행
preserve	명 수렵, 낚시 금지 구역	nearby nature _____ 근처에 있는 자연보호구역
unwind	동 긴장을 풀다	need to _____ 긴장을 풀 필요가 있다
alternatively	부 그 대신에	_____ visit website 대신 웹사이트를 방문하다
book	동 예약하다	_____ online 온라인으로 예약하다
vacation	명 휴가	book your _____ 휴가를 예약하세요

The Lakeshore **Lodge**

If you and your business colleagues need to **get away from** the office for a while, try **heading** to The Lakeshore Lodge. We offer a quiet, calm return to nature that is perfect for busy **professionals** looking for a **relaxing bonding** opportunity. Our **luxurious** lodge offers all of the following:

- Lakefront cabin
- Breakfast in bed
- Fishing, canoeing, and sunbathing
- **Accommodation** for up to 15 guests
- **Package deals** starting at only $75 per person

Now, for this month of July only, we are offering a 20% discount for all groups of 10 or more, as well as free **passes** for the **guided** tours through the nearby nature **preserve**.

So, if you need to **unwind** for a weekend, or even a week, give us a call at 416-555-2643 during our office hours between 9:00 A.M. - 5:00 P.M., Monday to Sunday. **Alternatively**, you can **book** your **vacation** online anytime at www.lakeshorelodge.ca.

● 어휘와 구문을 학습한 후 지문 해석을 완성해 보세요.

레이크쇼어 _____ **Lodge**

여러분과 직장 동료들이 잠시 동안 사무실을 _____ **get away from the office** 필요가 있으시다면, 레이크쇼어 로지로 _____ **head to** 보십시오. 편안하게 _____ **a relaxing bonding opportunity**를 찾는 바쁜 전문가들에게 _____ **perfect for busy professionals** 조용한 자연으로 돌아가실 수 있습니다. 저희 고급 별장 **luxurious lodge**은 다음 모두를 제공해 드립니다:

- 호숫가 오두막
- 침대에서 드시는 아침 식사
- 낚시, 카누와 일광욕
- 최고 15명까지 가능한 _____ **accommodation**
- 일인당 단 75달러의 가격부터 시작하는 _____ **package deals**

그리고 7월 한 달 동안만 저희는 10명 이상의 모든 단체 손님들께 부근의 _____ **nearby nature preserve**을 구경하시는 가이드 동반 관광에 대해 _____ **free passes for the guided tours** 뿐 아니라 20퍼센트 할인도 해 드립니다.

그러니 주말 동안, 혹은 일주일 동안 _____ **need to unwind** 한다면 저희 416-555-2643로 월요일부터 일요일, 9시부터 5시 사이 근무 시간 동안 전화를 주십시오. _____ **Alternatively**, 언제라도 www.lakeshorelodge.ca에서 온라인으로 휴가를 _____ **book your vacation online** 수 있습니다.

KEY 25 — 사내 스포츠 팀 창단

STEP 1 · 어휘와 구문 지문의 주요 어휘들을 살펴보고 그 어휘를 활용하여 구문을 완성해 보세요.

단어	품사/뜻	구문
join	동 가입하다	_join_ a softball team 소프트볼 팀에 가입하다
local	형 지역의	a _____ softball league 지역 소프트볼 리그(연합)
propose	동 제안하다	_____ several times 여러 번 제안하다
boost	동 북돋우다	_____ employees' confidence 직원들의 자신감을 북돋우다
morale	명 사기	employees' _____ 직원들의 사기
spirit	명 (공동체) 정신	build team _____ 팀의 (공동체) 정신을 쌓다
position	명 위치, 처지	in a _____ to help 도울 수 있는 위치에 있는
afford	동 ~할 여유가 되다	_____ to create a team 팀을 창단할 여유가 있다
sponsor	동 후원하다	_____ a team 팀을 후원하다
feasible	형 실현 가능한	a _____ plan 실현 가능한 계획
tryouts	명 선발 테스트	_____ for the team 팀에 들어가기 위한 선발 테스트
regardless of	~에 관계없이	_____ his or her skill level 개인의 능력 수준에는 관계없이
equipment	명 장비	most other _____ 대부분의 다른 장비들
sign-up	명 등록	a _____ sheet 등록 신청서
post	동 게시하다	_____ a sign-up sheet 등록 신청서를 게시하다
bulletin	명 공고	the _____ board 게시판

STEP 2 주제별 예제

Questions 1-3 refer to the following memorandum.

난이도 ★★☆

To: All Employees in the Marketing Department
From: Hal Jansen, Director of Marketing
Re: Department Softball Team

Following the suggestion of several employees, we are starting a softball team and joining a local softball league. This has been proposed several times by many employees as a great way to boost employees' morale and to build team spirit, and the company is finally in a position to afford to create and sponsor a team. Games will be held at 7:00 P.M. every Tuesday and Thursday. If enough people are willing, we could play three or four times a week, but at the moment it seems we do not have sufficient players able to make the sort of commitment to make that feasible.

There are no tryouts for the team. Any employee who wants to join is welcome, regardless of his or her skill level. The company will provide team jerseys, baseball caps, and most other equipment, although you will have to bring your own bats. If interested, please sign the sign-up sheet posted below this notice.

I will post the details on the bulletin board as they become available.

Thanks

Hal Jansen

1. What is the topic of the announcement?

    (A) Use of company equipment
    (B) The creation of a sports team
    (C) The need to improve company morale
    (D) Rules for company employees

2. How often will the team be playing?

    (A) Once a week
    (B) Twice a week
    (C) Three times a week
    (D) Four times a week

3. What must interested employees provide?

    (A) Proof of skill level
    (B) Softball bats
    (C) Team jerseys
    (D) Baseball caps

어떤 일이 발생하는 **빈도 수나 주기**를 묻는 문제도 자주 출제된다. '일주일에 한 번(once a week)'이 지문에 나온다면 문제 보기에는 '주 1회의(weekly)'로 표현된다.

STEP 3 구문과 해석 확인하기

문제 1-3 다음 회람을 참조하세요.   정답 근거 문장

수신: 마케팅 부 전 직원
발신: 마케팅 부장, 할 잰슨
제목: 부서 소프트볼 팀

---

① 몇몇 직원들의 제안에 따라, 우리는 소프트볼 팀을 출범시켜 이 지역 소프트볼 리그에 들어갈**joining a local softball league** 계획입니다. 이에 대해 많은 직원들이 직원 사기를 북돋고**boost employees' morale** 팀 정신을 쌓는**build team spirit** 좋은 방법으로 여러 번 제안해**propose several times** 왔고, 회사에서는 마침내 팀을 창설하여 후원할 수**afford to create and sponsor** 있는 상황이**in a position** 되었습니다. ② 시합은 매주 화요일과 목요일 오후 7시에 열립니다. 할 의사가 있는 사람이 충분하면, 일주일에 서너 번 시합을 할 수도 있습니다만, 현재로서는 그게 가능할**feasible** 정도로 전념할 수 있는 선수가 충분치 않아 보입니다.

③ 팀원이 되기 위한 자격 시험**tryouts for the team**은 없습니다. 합류하고 싶은 직원은 실력에 관계 없이**regardless of his or her skill level** 누구나 환영입니다. 회사에서 경기용 팀 셔츠와 야구 모자, 그리고 대부분의 기타 장비**most other equipment**를 제공하겠지만, 배트는 자기 것을 가져와야 합니다. 관심이 있으시면, 이 공지 아래에 게시된**posted below this notice** 등록 신청서**sign-up sheet**에 서명하십시오.

장비들이 이용 가능해지는 대로 상세한 정보를 게시판**the bulletin board**에 공지하겠습니다.

감사합니다.

할 잰슨

---

1. 이 안내의 주제는?
   (A) 회사 장비의 이용
   (B) 스포츠 팀의 창설
   (C) 회사의 사기를 진작시킬 필요성
   (D) 회사의 직원들을 위한 규칙

2. 팀은 얼마나 자주 시합을 하게 될 것인가?
   (A) 일주일에 한 번
   (B) 일주일에 두 번
   (C) 일주일에 세 번
   (D) 일주일에 네 번

3. 관심 있는 직원들이 갖고 와야 하는 것은?
   (A) 실력의 입증
   (B) 소프트볼 배트
   (C) 팀 운동 셔츠
   (D) 야구 모자

정답 1.(B) 2.(B) 3.(B)

ONE MORE STEP 여가 활동에서 자주 출제되는 주요 어휘를 살펴보고 Short Quiz를 풀어보세요.

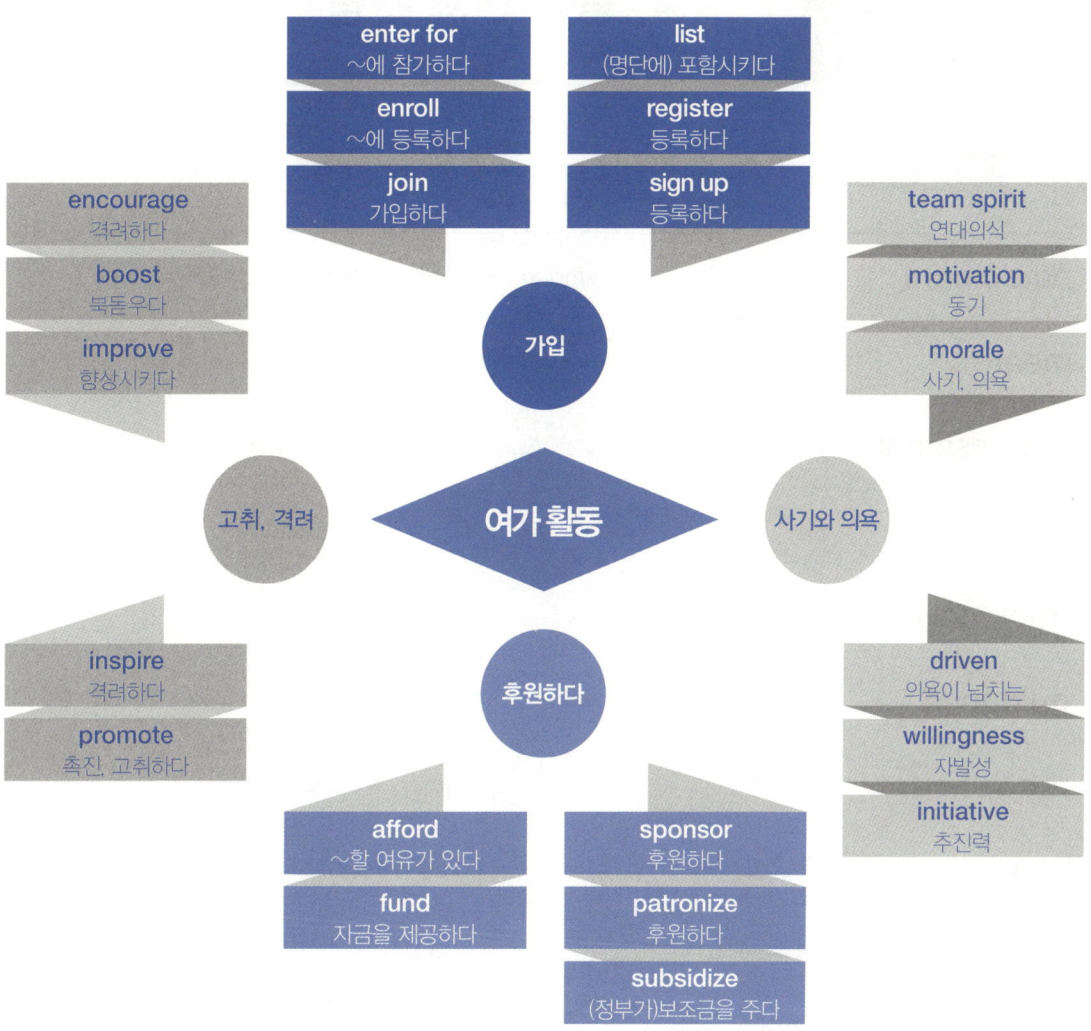

✓ **Short Quiz** 다음 문장을 완성할 수 있는 적절한 어휘를 고르세요.

Q1. We are starting a softball team and ☐joining ☐funding a local softball league.
우리는 소프트볼 팀을 출범시켜 이 지역 소프트볼 리그에 **가입**하려고 합니다.

Q2. The company is finally in a position to afford to create and ☐sponsor ☐sign up a team.
회사에서는 마침내 팀을 창설하여 **후원할** 수 있는 상황이 되었습니다.

Q3. This has been proposed by many employees as a way to ☐boost ☐afford employees' morale.
이것은 직원들의 사기를 **북돋울 수** 있는 방법으로 많은 직원들에 의해 제안되었습니다.

KEY 26 　공연 단체 관람

STEP 1　어휘와 구문　지문의 주요 어휘들을 살펴보고 그 어휘를 활용하여 구문을 완성해 보세요.

어휘	품사/뜻	구문
participant	명 참가자	among the __participant__s 참가자들 중에서
meal	명 식사	eat a five-course _____ 5단계 코스 요리를 먹다
professional	형 전문적인	_____ chefs 전문 요리사
diner	명 식사하는 사람, 손님	few _____s in the restaurant 레스토랑의 손님들 몇 명
track down	(범인 등을) 따라 잡다	_____ the killer 살인범을 잡다
guidance	명 안내	with _____ from detective 탐정이 주는 안내와 함께
renowned	형 유명한	_____ actor 유명한 배우
play	동 역할을 하다	_____ed by renowned actor 유명한 배우에 의해 연기되는
organize	동 준비하다	_____ a trip 이동을 준비하다
performance	명 공연	a trip to the _____ 공연장으로의 이동
cover	동 (경비를) 부담하다	_____ the cost of tickets 티켓 비용을 부담하다
cost	명 비용	the _____ of tickets 티켓 비용
additional	형 추가의	an _____ ticket 추가 티켓
rate	명 요금	at a discounted _____ of $85 $85의 할인된 가격으로
out of one's pocket	자기 돈으로	pay _____ 자기 돈으로 지불하다
significant	형 중요한	_____ other 중요한 다른 사람

STEP 2 주제별 예제

Questions 1-2 refer to the following memo.

난이도 ★★☆

To: All staff
From: Belinda Sandler
Re: Murder Mystery Dinner

As many of you may have heard, the famous "Holmes and Watson Murder Mystery Dinner" has come to Sydney. For $115, participants get to eat a five-course meal prepared by professional chefs. During the course of a meal, one of the guests will be horribly "murdered", with the diners having to work together to track down the killer, with some guidance from Conan Doyle's famous detective, played by renowned actor Jarek Dimitrius. The head of Human Resources, Bill Gently, thinks that this might be an excellent chance for employees to bond with each other, something that is especially important given how many recent additions there have been to our corporate team. Therefore, we are trying to organize a trip to the performance on Monday, October 25. The dinner starts at 7:00 P.M., and runs until 10:00 P.M.

If you wish to participate, please e-mail me and let me know by October 20. The company will cover the cost of the tickets for any employee who signs up. Employees may also purchase an additional ticket at a discounted rate of $85 out of their own pocket if they wish to bring a friend or significant other to the performance. Just be sure to let me know when you sign up yourself, and to give the money for the ticket to my secretary, Jill Fischer.

Sincerely,
Belinda Sandler

---

1. Why is this trip being organized?

    (A) To reward employees for their work on a project
    (B) To put employees and clients together socially
    (C) To build employees' level of cultural sophistication
    (D) To allow employees to get to know each other

2. Who will act as a detective?

    (A) Belinda Sandler
    (B) Conan Doyle
    (C) Jarek Dimitrius
    (D) Bill Gently

지문 속에서 사람의 이름과 직책이나 역할이 여러 개 등장하는 경우 해당 직책이 누구인지를 묻는 문제가 출제될 수 있다. **인물과 그의 직책**을 혼동하지 않도록 주의한다.

STEP 3 구문과 해석 확인하기

문제 1-2 다음 메모를 참조하세요.   정답 근거 문장

수신: 전 직원
발신: 벨린다 샌들러
제목: 살인 미스터리 만찬

많은 분들이 들으셨을 텐데, 유명한 홈즈와 왓슨의 살인 미스터리 만찬이 시드니에 왔습니다. 115달러에, 참가자들은 전문 요리사가 준비하는**prepared by professional chefs** 5단계 코스 요리를 드시게 되며, 식사 중간에 손님 중 한 명이 잔혹하게 '살해될'**be horribly murdered** 것입니다. ② 식사를 하던 사람들은 유명한 배우 자렉 디미트리우스가 연기하는**played by renowned actor** 코난 도일의 유명한 탐정의 안내를 받아**with some guidance**, 함께 살인자를 추적할**track down the killer** 것입니다. ① 인사부장 빌 젠틀리는 이번이 직원들이 유대 관계를 형성할 아주 좋은 기회**be an excellent chance for employees to bond**가 될 수 있다고 생각하고 있는데, 우리 법인팀에 최근 얼마나 많은 사람들이 충원되어 왔나를 고려해 볼 때 이는 정말 중요한 것입니다. 10월 25일 월요일에 공연에 갈 준비를 하려고**organize a trip to the performance** 합니다. 만찬은 오후 7시에 시작해서 밤 10시까지 이어집니다.

참가하고 싶으시면 10월 20일까지 저에게 이메일을 보내 알려 주시기 바랍니다. 등록하는 직원의 표 값은 회사에서 부담할**cover the cost of the tickets** 것입니다. 직원들은 또한 친구나 중요한 다른 사람**significant other**을 공연에 데리고 오고 싶으면 자비로**out of their own pocket** 할인된 85달러의 가격으로**at a discounted rate of $85** 표를 추가 구입하실**purchase an additional ticket** 수 있습니다. 직접 등록하실 때 꼭 알려 주시고 제 비서 질 피셔에게 표 값을 주시기 바랍니다.

벨린다 샌들러 올림

---

1. 이 공연 관람이 준비되고 있는 이유는?

   (A) 직원들의 프로젝트 일에 대해 상을 주려고
   (B) 직원들과 고객이 함께 사교 시간을 가지게 하려고
   (C) 직원들의 문화적 소양 수준을 높이려고
   (D) 직원들이 서로 알게 해 주려고

2. 누가 탐정 역할을 할 것인가?

   (A) 벨린다 샌들러
   (B) 코난 도일
   (C) 자렉 디미트리우스
   (D) 빌 젠틀리

정답 1.(D) 2.(C)

ONE MORE STEP 행사와 공연을 관람하는 상황에서 자주 출제되는 주요 어휘를 살펴보고 Short Quiz를 풀어보세요.

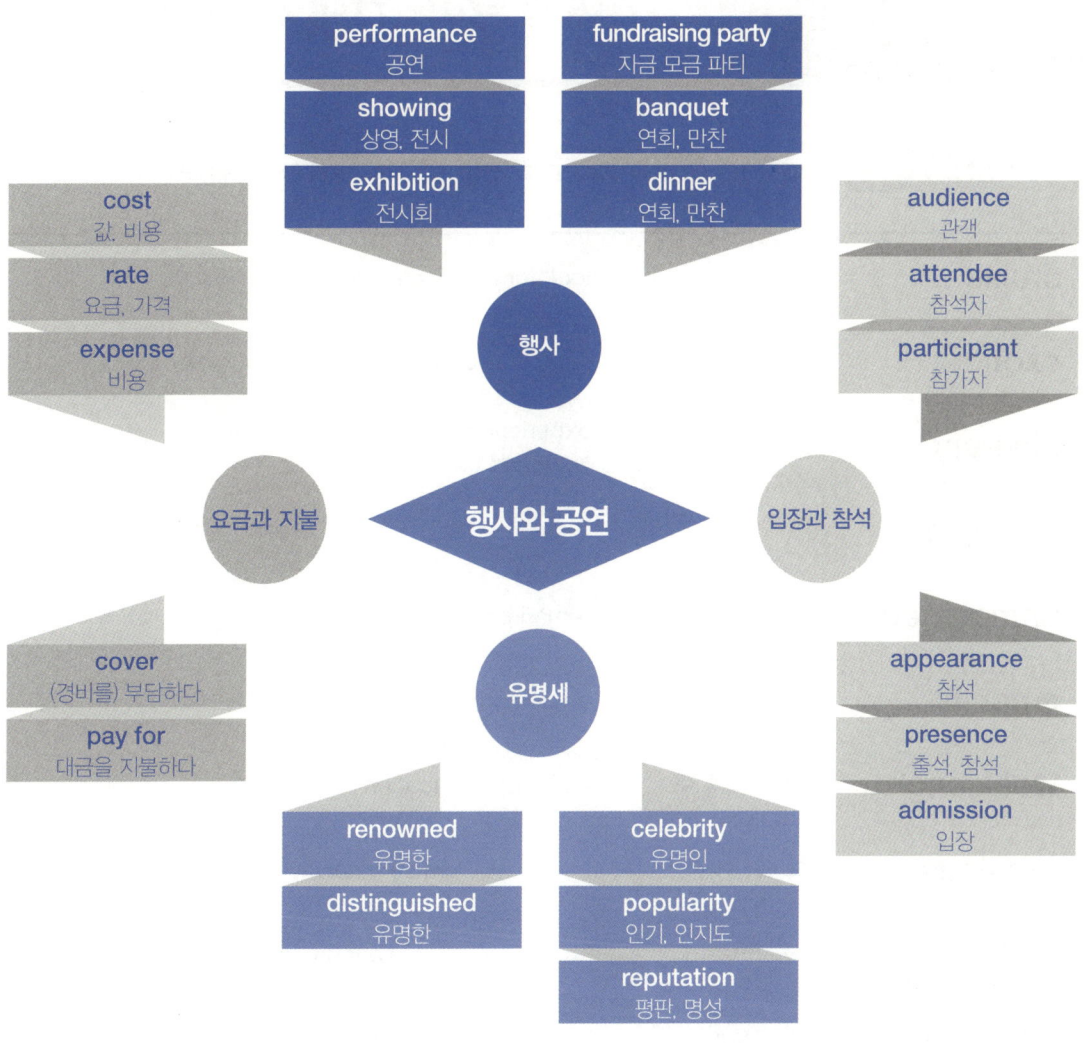

> ✓ **Short Quiz** 다음 문장을 완성할 수 있는 적절한 어휘를 고르세요.

Q1. The famous "Holmes and Watson Murder Mystery ☐ Dinner ☐ showing " has come to Sydney.
유명한 "홈즈와 왓슨의 살인 미스터리 **만찬**"이 시드니에 왔습니다.

Q2. We are trying to organize a trip to the ☐ performance ☐ appearance on Monday, October 25.
저희는 10월 25일 월요일에 **공연**에 갈 준비를 하려고 합니다.

Q3. The company will ☐ cover ☐ expense the cost of the tickets for any employee who signs up.
등록하는 직원의 표 값은 회사에서 **부담할** 것입니다.

KEY 27 — 여행 광고, 안내 & 신청서

STEP 1 어휘와 구문 지문의 주요 어휘들을 살펴보고 그 어휘를 활용하여 구문을 완성해 보세요.

단어	품사/뜻	구문
cruise	명 유람선	look for a _cruise_ tour 유람선 여행을 찾다
exotic	형 이국적인	_____ cruise tour 이국적인 유람선 여행
itinerary	명 여행 일정(표)	experience exotic _____ies 이국적인 여행 일정을 경험하다
exemplary	형 모범적인	_____ service 모범적인 서비스
unmatched	형 비할 데 없는	remarkable and _____ 뛰어나고 비할 데 없는
amenity	명 편의 시설	an unmatched _____ 비할 데 없는 편의 시설
weeklong	형 1주일에 걸친	_____ vacation 1주일간의 휴가
fabulous	형 멋진, 굉장한	_____ cruise getaway 멋진 유람선 여행
take advantage of	~을 이용하다	_____ our amenities 저희 편의시설을 이용하세요
on-board	형 선상의	_____ tennis court 선상 테니스 코트
destination	명 목적지	exotic _____s 이국적인 여행지
cabin	명 객실	luxury _____ 호화로운 객실
available	형 이용 가능한	_____ on-board amenities 이용 가능한 선상 편의 시설
major	형 주요한	_____ destinations 주요 여행지
offer	명 제안	the _____ will expire on May 31 이 제안은 5월 31일에 만료될 것이다
leisurely	형 여유로운	_____ way to spend vacation 휴가를 보내는 여유로운 방법

Triple Passages

refer	동 추천하다	_____ them to Cruise Line	그들에게 크루즈 라인을 추천하세요
affordable	형 알맞은, 저렴한	offer _____ travel package	저렴한 여행 상품을 제공하다
insurance	명 보험	travel _____	여행 보험
occur	동 일어나다	_____ during the trip	여행 중에 일어나다
luggage	명 수화물	occur to your _____	귀하의 수화물에 발생하는
passenger	명 승객	for our _____s	저희 승객들을 위해
provider	명 공급자	insurance _____	보험 제공업체
supplementary	형 보충의, 추가의	_____ services	추가 서비스
coverage	명 보상 범위	supplementary _____	추가적인 보상 범위
for free	무료로	travel with us _____	우리와 함께 무료로 여행하다
eligible	형 자격이 있는	_____ to use	이용할 자격이 있는
rate	명 요금	at the standard _____	표준 요금으로
reservation	명 예약	_____ form	예약서
category	명 항목	a stateroom _____	객실 항목
bedding	명 침구류	use existing _____	기존 침구를 사용하다
stock	동 (상품을) 갖추다	_____ baby formula on board	선상에 이유식을 갖추다

Questions 1-5 refer to the following advertisement, e-mail, and form.

Evercalm Cruise Lines

Experience our exotic itineraries, exemplary service and unmatched amenities!

Tired of staying in hotel rooms and doing the usual dull tours whenever you visit a new place? Try one of our weeklong fabulous cruises. Enjoy the beauty of the ocean as you bathe in the sun, or take advantage of our on-board tennis courts, pool, or spa.

Choose from four exotic destinations:
· Fiji: $130 per person a night
· Jamaica: $100 per person a night
· Hawaii: $145 per person a night
· Australia: $150 per person a night
* Luxury Cabins also available: $175 (all cruises included)

Couple's Package: Now couples can enjoy a cruise to any of our major destinations for only $225 a night. (This offer will expire on May 31.)

Special Offer: Do you know someone else who's looking for a leisurely way to spend their vacation? If so, refer them to Evercalm Cruise Lines today, and you'll get a 10% discount on your next cruise with us.

For more information, visit our website: www.evercalm.com.

Dear Mr. Grey:

We are pleased to see that you are considering using Evercalm Cruise Lines for your vacation and are happy to provide you with more information about our cruise packages.

We do offer affordable travel insurance that will cover any damage that may occur to your luggage during the trip. We no longer offer health insurance for our passengers, though. Your regular insurance provider can likely offer you any supplementary coverage you may need during your trip.

Finally, children under 11 years of age can travel with us for free. Therefore, you, your wife, and your son are eligible to sign up for any of our couple's packages at the standard rate.

Sincerely,

John Osterman
President
Evercalm Cruise Lines

Reservation Form

Name: *Xavier Grey*
Address: 904 Sudbury Lane, Toronto, ON, MR5 6Y7 Phone: 01227 93663

Destination
☒ Fiji ☐ Jamaica ☐ Hawaii ☐ Australia

Stateroom Categories
☐ Inside   ☐ Ocean View
☐ Balcony   ☒ Luxury

Number of Guests: ___3___
Adults ___2___ Children (over 11) _____
Infants 0-2 year(s) and Children 2-11 year(s) are free to stay if using existing bedding. You will have to bring your own baby formula, though, as we do not stock any on board our ships.

Do you want to apply for a Couples package?   ☒ Yes ☐ No
Reference code: ___none___
Full payment due by May 11
Date: May, 8 **Signature:** *Xavier Grey*

Passage 1

1. How can people get a discount on their trip?

   (A) By signing up for a couple's package
   (B) By convincing others to book vacations
   (C) By filling in a rebate form
   (D) By having a friend phone the cruise line

Passage 2

2. In the letter, the word "supplementary" in paragraph 2, line 3, is closest in meaning to

   (A) basic
   (B) extra
   (C) inexpensive
   (D) possible

Passage 2&3

3. What can be inferred about Mr. Grey's son?

   (A) He is an identical twin.
   (B) He experiences seasickness.
   (C) He enjoys being at sea.
   (D) He is younger than eleven.

Passage 1,2&3

4. How much most likely Mr. Grey's cruise pay per night?

   (A) $130
   (B) $150
   (C) $175
   (D) $225

Passage 2&3

5. What is NOT mentioned about Mr. Grey's vacation?

   (A) He should pay for the travel by May 11.
   (B) He purchased a traveler's insurance for his baby.
   (C) He signed up for the couple's package.
   (D) He didn't apply any reference code.

삼중 지문 유형에서는 연계 문제가 1문제 이상 출제될 수 있으며 **세 지문 모두를 참고해야 하는 문제도** 출제될 수 있다.

STEP 3 구문과 해석 확인하기

문제 1-5 다음 광고와 이메일, 서식을 참조하세요.

정답 근거 문장

에버캄 크루즈Cruise 라인
이국적인 여행 일정exotic itineraries과 이상적인 서비스exemplary service,
비교할 수 없는 시설unmatched amenities을 경험하세요!

새로운 곳을 찾아갈 때마다 호텔 방에 있으면서 따분하고 일상적인 관광을 하는 데 싫증 나십니까? 일주일간의 근사한 크루즈 휴가 여행weeklong fabulous cruises 중 하나를 체험해 보십시오. 일광욕하거나 선상on-board 테니스장, 수영장 또는 온천 등을 이용하시면서take advantage of 대양의 아름다움을 경험하십시오.

이국적인 4개 여행지four exotic destinations 가운데 선택하십시오:
- 피지: 1인 1박 기준 130달러
- 자메이카: 1인 1박 기준 100달러
- 하와이: 1인 1박 기준 145달러
- 오스트레일리아: 1인 1박 기준 150달러

* 호화스러운 선실Luxury Cabins 또한 이용 가능available합니다: 175달러(모든 크루즈 포함)

④ **커플 패키지:** 이제 커플은 하룻밤에 단돈 225달러로 주요 여행지major destinations 어디로든 출발하는 크루즈를 즐기실 수 있습니다. (이 제안offer은 5월 31일에 종료됩니다.)

특별 제공: ① 휴가를 편하게 보낼 방법leisurely way을 찾고 있는 다른 누군가를 알고 계십니까? 그러시다면 그분들께 오늘 에버캄 크루즈 라인을 권하십시오refer. 그러면 저희와 함께하시는 다음 크루즈에서 10% 할인을 받으시게 됩니다.

더 많은 정보를 원하시면 저희 홈페이지를 방문해 주세요: www.evercalm.com.

그레이 씨에게:

휴가 때 에버캄 크루즈 라인 이용을 고려하고 계신다니 기쁘기 그지없으며 우리 크루즈 패키지의 좀 더 자세한 정보를 귀하께 드리게 되어 기쁩니다.

저희는 여행 중 짐에 발생할occur to your luggage 수 있는 손해를 보장할 저렴한 여행 보험affordable travel insurance을 제공하고 있습니다. ⑤ 그러나 저희는 더는 승객들을passengers 위한 건강 보험은 제공하지 않습니다. 귀하의 정규 보험 제공업체regular insurance provider는 여행 중 필요할지도 모르는 ② 추가의 보장 사항 supplementary coverage을 제공할 수 있을 것입니다.

③&④ 마지막으로, 11세 이하의 아동이 저희와 여행 시 무료for free입니다. 그러므로 귀하와 부인, 그리고 아드님께서는 사실상 표준 요금standard rate으로 우리 커플 패키지를 신청하실 자격이 되십니다be eligible to.

존 오스터맨 올림

사장
에버캄 크루즈 라인

예약서 Reservation Form

이름: 자비에 그레이
주소: 904 서드버리 레인, 토론토, 온타리오주, MR5 6Y7   전화: 01227 93663

목적지
[X] 피지 [ ] 자메이카 [ ] 하와이 [ ] 호주

객실목록 Stateroom Categories
[ ] 내부 [ ] 바다 전망 [ ] 발코니 [X] 고급

③ 인원: ___3___
성인 ___2___ 아동(11세 이상) _____
0–2세의 영아와 2–11세의 아동은 기존에 있는 침구 **existing bedding**를 사용하신다면 무료로 숙박하실 수 있습니다. 그러나 유아식은 우리 크루즈에 갖추어 놓고 있지 **stock** 않으므로 갖고 오셔야 합니다.

④&⑤ 커플 패키지를 적용하시겠습니까? [X] 네 [ ] 아니오

⑤ 추천인 번호: ___없음___
전액 완납은 5월 11일까지
날짜: 5월 8일   서명: *Xavier Grey*

[지문1]

1. 사람들이 여행을 할인 받을 수 있는 방법은?

(A) 커플 패키지를 신청함으로써
(B) 다른 사람들에게 휴가를 예약하도록 설득함으로써
(C) 할인 양식을 작성함으로써
(D) 친구에게 크루즈 라인에 전화하도록 함으로써

[지문2]

2. 편지의 두 번째 단락 3행에 있는 단어 '추가의'와 의미상 가장 가까운 것은?

(A) 기본의
(B) 별도의
(C) 값싼
(D) 가능한

[지문2&3 통합]

3. 그레이 씨의 아들에 관해 추론할 수 있는 것은?

(A) 일란성 쌍둥이이다.
(B) 뱃멀미를 겪는다.
(C) 바다에 있는 것을 즐긴다.
(D) 11세 이하이다.

[지문1,2&3 통합]

4. 그레이 씨가 지불하게 될 1박 당 크루즈 비용은 얼마가 되겠는가?

(A) 130달러
(B) 150달러
(C) 175달러
(D) 225달러

[지문2&3 통합]

5. 그레이 씨의 휴가에 대해서 언급되지 않은 것은?

(A) 그는 5월 11일까지 크루즈 여행 비용을 지불해야 한다.
(B) 그는 아이를 위해 여행자 보험에 가입할 것이다.
(C) 그는 커플 패키지를 신청했다.
(D) 그는 추천인 코드를 적용하지 않았다.

정답 1.(B) 2.(B) 3.(D) 4.(D) 5.(B)

ONE MORE STEP 여행 상품에서 자주 출제되는 주요 어휘를 살펴보고 Short Quiz를 풀어보세요.

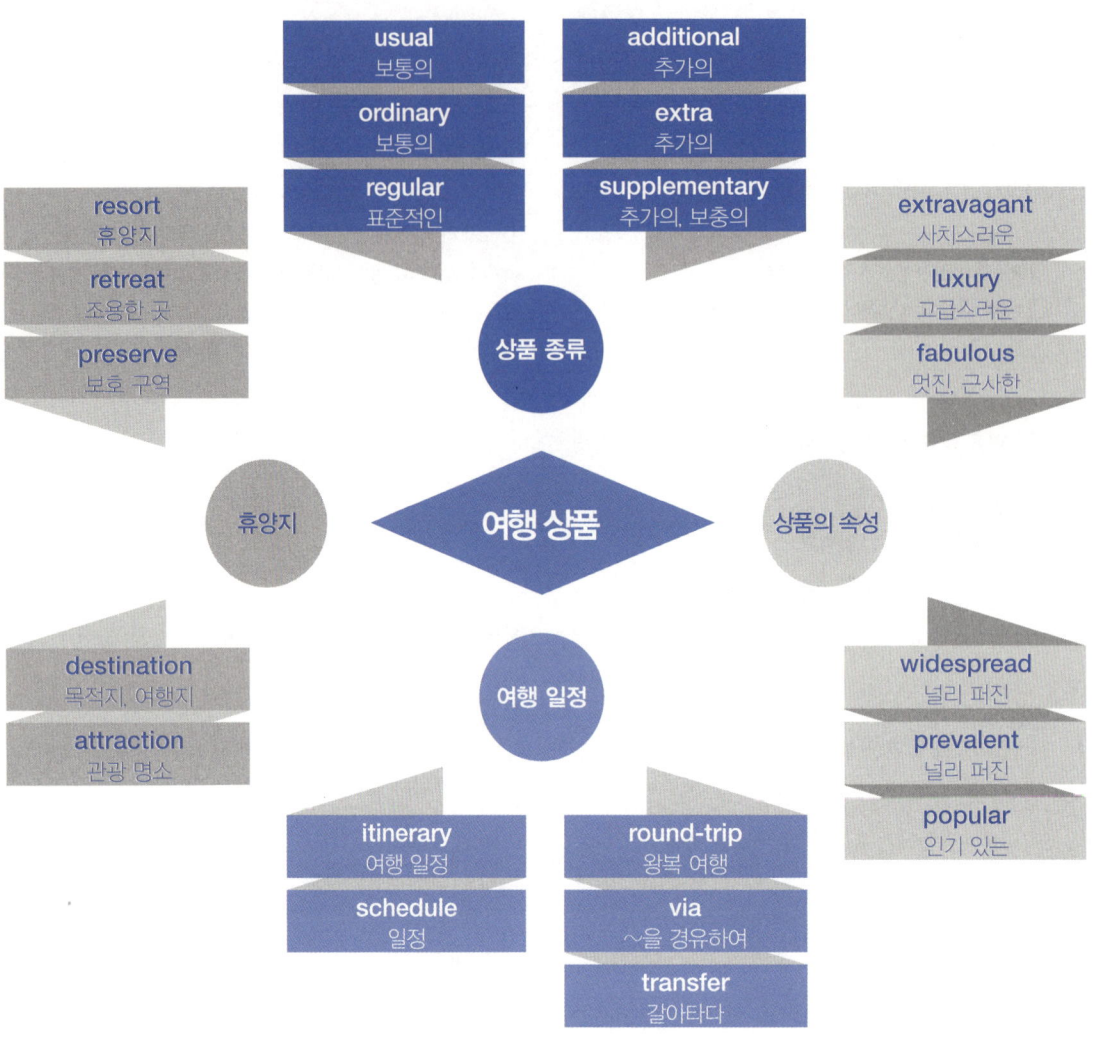

✓ **Short Quiz** 다음 문장을 완성할 수 있는 적절한 어휘를 고르세요.

Q1. Try one of our weeklong ☐ fabulous   ☐ prevalent cruises.
일주일간의 **근사한** 크루즈 휴가 여행 중 하나를 체험해 보십시오.

Q2. Your regular insurance provider can likely offer you any ☐ supplementary   ☐ itinerary coverage.
귀하의 정규 보험 제공업체는 **추가의** 보장 사항을 제공할 수 있을 것입니다.

Q3. Now couples can enjoy a cruise to any of our major ☐ destinations   ☐ preserves for only $225 a night.
이제 부부는 하룻밤에 단돈 225달러로 주요 **여행지** 어디든 크루즈 여행을 즐기실 수 있습니다.

Practice Test 3

Questions 1-3 refer to the following announcement.

THE OVERVIEW HOTEL REOPENS!

The Overview Hotel, located in the heart of the White Mountains, is pleased to announce that it is reopening its doors on June 15. The Overview, overlooking a beautiful crystal lake and surrounded by majestic mountain peaks, has long been one of Colorado's favorite tourist destinations. Unfortunately, three years ago, in the off-season, a fire destroyed all but one wing of the hotel. Given the remoteness of the location, getting construction materials to the site proved to be difficult. Also, crews could only work on the hotel in the summer months, as the harsh winters always put a stop to any building going on. Some said the Overview was closed forever, but they were wrong. The Overview has been restored to its former condition; even its central fountain has been rebuilt. The Overview has also been upgraded. Three new saunas and a swimming pool have been added, and are located just west of the world-famous hedge maze.

1. What is the purpose of the announcement?

    (A) To report the completion of the renovations
    (B) To discuss rebuilding challenges
    (C) To advertise a business
    (D) To talk about a fire

2. Why did the Overview Hotel close down?

    (A) It was sued for serving tainted food.
    (B) It was badly managed by its owners.
    (C) It failed to attract enough customers.
    (D) It was mostly destroyed in a blaze.

3. How did the long distance between the Overview and any other town affect its reconstruction?

    (A) It meant that the path into the hotel was a type of maze.
    (B) It prevented construction crews from working year round.
    (C) It made transporting materials to the work site difficult.
    (D) It kept investors from wanting to fund the rebuilding effort.

GO ON TO THE NEXT PAGE

Questions 4-8 refer to the following letters.

September 5, 2016
Mrs. Jeannette Dubois
16 Canary Lane
Danforth, Ontario, H2H 38Y

Dear Mrs. Dubois:

I am writing to inform you that The Darkest Night, by Philip Starsky is three months past due. Although you normally would be facing the maximum $20 fine, we are willing to waive this if the book is returned, given that you have been a library member for over 14 years without ever once having an overdue book before. If you have lost the book, the replacement fee is $30.00. If the book is not returned or you do not make alternative arrangements to resolve this issue, your library privileges will be suspended.

Yours sincerely,

Mr. Jerome Watson
Head Librarian
Central Library
22 Bentley Road
Danforth, Ontario, H2H 38Y
jwatson@centrallibrary.com

Central Library
22 Bentley Road
Danforth, Ontario, H2H 38Y

Dear Mr. Watson:

I'm sorry for taking so long to reply. I moved out of town. I am now living in Georgetown, and your letter only just reached me. I would like to apologize for failing to return this book. I have the utmost respect for the library system, and had no intention of essentially stealing the novel. I've enclosed the book in this package, along with a cheque for $30.00 to cover my fines. I am terribly sorry for the inconvenience.

Yours sincerely,
Mrs. Jeannette Dubois

4. What is the purpose of Mr. Watson's letter to Mrs. Dubois?

   (A) To remind her that her book is overdue
   (B) To ask for a contribution to the library
   (C) To reply to her request for an interview
   (D) To ask her to join a popular book club

5. In line 6 of the first letter, the word "alternative" is closest in meaning to

   (A) legal
   (B) different
   (C) friendly
   (D) interesting

6. Why did Mrs. Dubois not return the book?

   (A) She decided she would keep the book.
   (B) She no longer lives in the same city.
   (C) She left it behind when she packed.
   (D) She forgot the book was borrowed.

7. What mistake did Mrs. Dubois make?

   (A) She enclosed a different book by the same author.
   (B) She confused the fine with the replacement fee.
   (C) She wrote to a library in another town.
   (D) She forgot her membership number.

8. What will the library do if Mrs. Dubois does not return the book or pay the replacement fee?

   (A) Apply additional fines
   (B) Notify the police
   (C) Revoke her membership
   (D) Contact a collection agency

GO ON TO THE NEXT PAGE

Questions 9-13 refer to the following table, article and e-mail.

Les Miserables
From $75

TIME 2hrs 30mins
(1 Intermission)

Playing at
Queen's Theatre
215 West 49th Street
Chicago

※ The play shows every weeknight at 8:00 P.M., except for Friday, when it opens at 7:00 P.M. It also has two performances on Saturday, at 12:00 P.M. and 6:00 P.M.

Seats	Price
Rear Orchestra	$75
Balcony	$125
Front Orchestra	$150
Loge	$170

Les Miserables runs a great success

The latest run of Les Miserables here in Chicago is proving to be the show's greatest success to date. The cast has been playing to a full house since its opening day, and expects to continue doing so until it leaves for New York this August. Reviewer after reviewer has praised the show, and even the harshest critics have found only a few bad things to say about it. Given the show's reputation, and the fact that it probably won't return to Chicago again for a decade or so, many Chicagoans see this as their last opportunity to see one of the best shows likely to be performed in their lifetimes.

To: "Celia Angelina" <cangelina@office.com>
From: "Michael Waterson" <mwaterson@office.com>
Re: Les Miserables

Good news! I managed to get us tickets for Les Miserables after all. They're for next Wednesday's show, not the most convenient day, I admit. Still, they're front orchestra seats, and I was lucky to get any tickets at all. The theater is booked solid right up until the end of the run.

A friend of mine had to skip the show for business meetings in Los Angeles and San Francisco he just couldn't miss, so he sold me the tickets he'd already purchased at cost. Let me know if you can make it on Wednesday.

If so, we can maybe plan on meeting up early to discuss the Jericho Project. I'm a bit concerned about some of the changes proposed by the client. If not, I'm sure I can find someone else in the office who'll be interested in seeing the show with me. The reviews have been uniformly glowing with praise.

Sincerely,
Michael Waterson

9. Where will the show open in August?

(A) Los Angeles
(B) San Francisco
(C) Chicago
(D) New York

10. In the article, the word "harshest" in line 5 is closest in meaning to

(A) toughest
(B) coolest
(C) nicest
(D) dumbest

11. What can be inferred about Michael based on the e-mail?

(A) He is not normally a great fan of famous theatrical performances.
(B) He had previously been unable to purchase tickets.
(C) He will not go to the show if Celia cannot make it on Wednesday.
(D) He does not believe the reviews he has been reading in the newspaper.

12. What time will the show which Michael has tickets for begin?

(A) 2:00 P.M.
(B) 6:00 P.M.
(C) 7:00 P.M.
(D) 8:00 P.M.

13. How much did Michael pay per ticket?

(A) $75
(B) $125
(C) $150
(D) $170

GO ON TO THE NEXT PAGE

Questions 14-17 refer to the following e-mail.

To: Anthony Walker <a.walker@supreme.com>
From: Hugo Garcia <h.garcia@supreme.com>
Date: January 15

Dear Mr. Walker,

This is the inventory list you requested. At the last meeting, the directors decided to start a new sales campaign to deal with the surplus stock. Please review it before we select items for the campaign. Also, have Andy restock when any item's inventory drops below 150. This campaign is going to start on January 27, so I'd like you to complete it by January 21. Thank you in advance.

Supreme Furniture
Beginning date of Inventory: 01-Jan-2016
Ending date of Inventory: 31-Dec-2016

Inventory and Sales Control Worksheet

Item	Beginning Inventory	Purchase	Ending Inventory	Number Sold	Selling Price	Total Sales
Computer desk	28	400	125	303	$199	$60,297
Office chair	140	200	160	180	$35	$6,300
Storage cabinet	185	200	45	340	$70	$23,800
Work lamp*	43	400	340	103	$11	$1,133
Coffee table	200	100	160	140	$43	$6,020

Please note the " * " listed in Item column; this indicates an item that we'll discontinue manufacturing, it is no longer popular with our customers. The remaining products will be freely distributed. We are planning to launch an upgraded lamp in a month.

Best wishes,

Hugo Garcia
Accounting Department, Supreme Furniture

14. Where does Mr. Garcia probably work?

    (A) At an accounting firm
    (B) At a furniture manufacturer
    (C) At an advertising agency
    (D) At a financial consulting firm

15. By when does Mr. Walker have to complete the revision?

    (A) January 1
    (B) January 15
    (C) January 21
    (D) January 27

16. What product will Supreme Furniture stop selling?

    (A) A chair
    (B) A cabinet
    (C) A lamp
    (D) A table

17. What is indicated about the inventory of Supreme Furniture?

    (A) The best selling product is a storage cabinet.
    (B) A new office chair will be launched in a month.
    (C) A coffee table is more popular than a chair.
    (D) A work lamp will be restocked soon.

정답과 해설 P. 33

新TOEIC Part 7
Actual Test

모든 준비가 완료되었다면, 실제 토익 시험이라고 생각하고 시간에 맞춰 문제를 풀어보세요. (제한 시간은 54분입니다.)

PART 7

Directions: In this part you will read a selection of texts, such as magazine and newspaper articles, letters, and advertisements. Each text is followed by several questions. Select the best answer for each question and mark the letter (A), (B), (C), or (D) on your answer sheet.

Questions 147-148 refer to the following label.

ChemiTech
Liquid Pesticide Concentrate

Warning!
This solution contains chemicals that could be harmful to human health.

It is not suitable for human handling. If your skin comes into contact with the solution, wash thoroughly with soap and water. If the solution gets into your eyes, go directly to your nearest hospital. If the solution gets into your mouth or nose, drink plenty of water and consult your doctor if you begin to feel nauseous.

※ChemiTech takes no responsibility for any injuries caused by its solutions through contact with human skin or other parts of the body.

147. Why does the label carry a warning?

(A) The chemicals inside the product may leak.
(B) The product could be dangerous to touch.
(C) The cylinder contains a pesticide spray.
(D) The solution can burn human skin.

148. What should you do if the solutions get in your eyes?

(A) Contact a doctor
(B) Drink lots of fluids
(C) Wash your face with soap
(D) Notify ChemiTech

GO ON TO THE NEXT PAGE

Questions 149-151 refer to the following web page.

www.RamUni.com/support.aspx

Ramjet

About us

Shop

Code List

My Ram

Support

Congratulations on purchasing a Jet Remote.

To set up your remote, start by determining the brand of your television, VCR, DVD player, or cable box. Once you know the brand of your device, you can find the codes associated with it by clicking on the link to our Universal Remote Code List.

Then, hold either the TV, VCR, DVD, or Cable button on the remote until the power light flashes three times. Enter the first code on your list. Then, making sure the remote is pointed at the device, press the relevant device button. If the device turns off, the remote is set up to control the device. If the device does not turn off, repeat the process for the next code on the list.

If the remote does not work properly for any reason, you can call our toll-free customer service line at 1-800-555-2452 for further assistance.

149. What device is NOT mentioned as one the remote can be programmed to control?

(A) Cable box
(B) DVD player
(C) Stereo system
(D) Television set

150. Where can people find the codes they need to program their remote?

(A) In a booklet
(B) On a website
(C) On the remote
(D) At a store

151. What should people do if the codes they try do not work?

(A) Purchase a completely different remote control
(B) Try the codes associated with a similar brand
(C) Call a technician to set the remote up for them
(D) Have the remote go through all possible codes

Questions 152-153 refer to the following web chat.

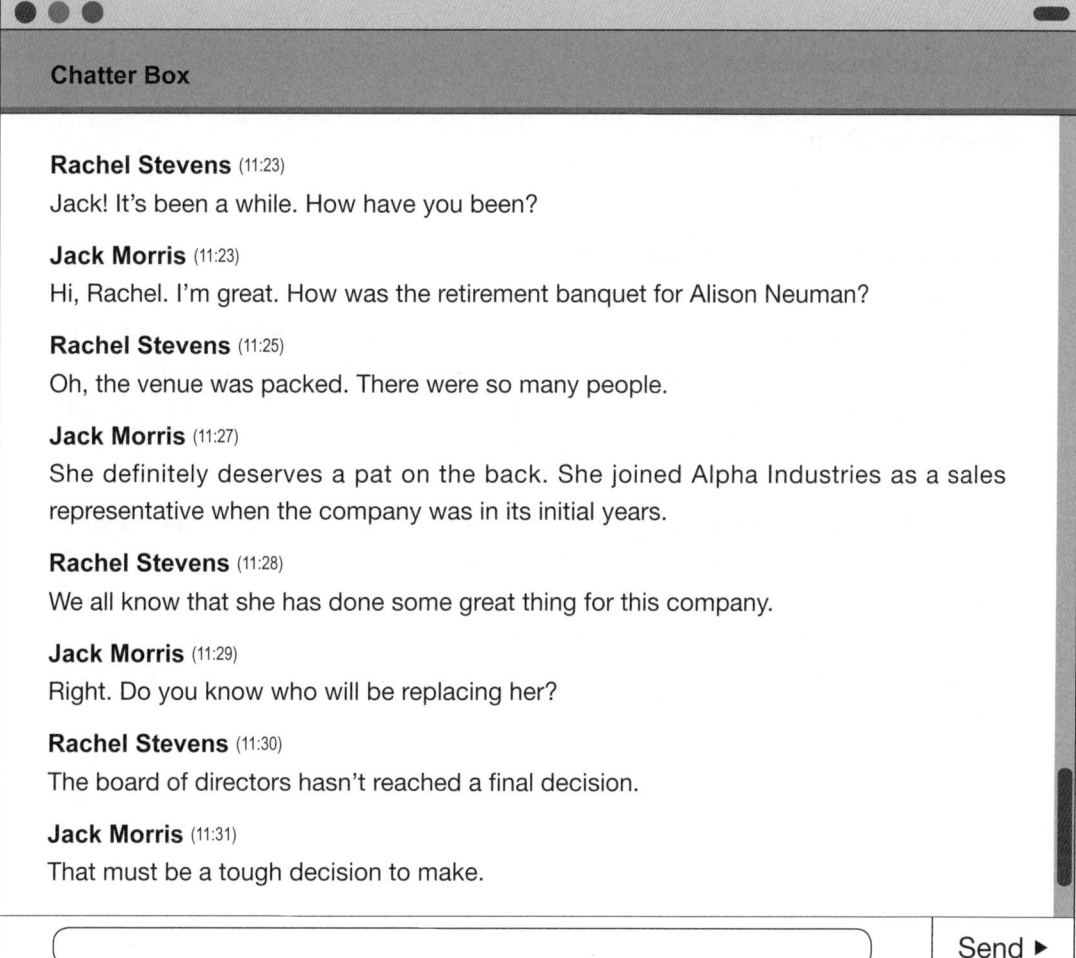

152. What is suggested about Mr. Morris?

    (A) He went to the retirement dinner.
    (B) He is in charge of the sales department.
    (C) He is a member of the board of directors.
    (D) He has a favorable attitude toward Alison Neuman.

153. At 11:25, what does Rachel mean when she writes "Oh, the venue was packed."?

    (A) The hall was crowded with people.
    (B) The hall was closed for the day.
    (C) The hall was full of packages.
    (D) The hall was under a regular inspection.

GO ON TO THE NEXT PAGE

Questions 154-155 refer to the following memorandum.

From: Nick Papadopoulos
To: All staff
Subject: Vacation
Date: July 1

I just wanted to let everyone know that I'll be on vacation from August 1 to August 14. I know many of you will be off this month too, especially those of you hoping to get in some last minute camping before the weather turns. — [1] — Fortunately, the next wave of deadlines isn't until the end of September, so any problems that crop up can probably be put off until we're back at full strength in the office.

— [2] — That said, problems almost certainly will crop up, and some of them will undoubtedly seem too urgent to put off. Certainly, we don't want to see the productivity of those who are still in the office dropping for the month too much. — [3] — He knows the projects as well as I do, and will have no trouble handling any questions or concerns you have about them. — [4] —

Sincerely,
Nick Papadopoulos

154. What is the purpose of the memorandum?

(A) To discuss problems of productivity
(B) To encourage employees to go on vacation
(C) To prepare the staff for the boss's absence
(D) To warn the employees about imminent deadlines

155. In which of the position marked [1], [2], [3] and [4] does the following sentence best belong?

"So, while I'm away, please direct all of your e-mail correspondence to our vice-president, Charles Lehnsherr."

(A) [1]
(B) [2]
(C) [3]
(D) [4]

Questions 156-157 refer to the following advertisement.

Kingston Catering
For all your catering needs!

- We are ready to cater your office party, wedding, or special event.
- We offer a wide selection of food to suit every occasion, including delicious organic and vegetarian dishes.
- Our experienced and friendly servers are available for hire.
- We also provide a wide selection of beverages, including Californian and imported fine wines.
- We can also help you find the perfect venue for your special occasion.

For all your catering needs, contact Kingston Catering now!

Kingston Catering
142 Kingston Street, San Francisco, California 94101
Tel: 415-555-465
Hours: 9:00 A.M. – 8:00 P.M. Monday to Friday

To learn more about our services and to avail of one of our online discounts, visit our website: www.kingstoncatering.com

156. What information does NOT appear in the advertisement?

(A) The kinds of events the company services
(B) The number of people the company can accommodate
(C) Examples of menu items
(D) The company's business hours

157. How can a customer get a discount for the services provided?

(A) By calling the office
(B) By sending a letter
(C) By choosing extra services
(D) By visiting the website

GO ON TO THE NEXT PAGE

Questions 158-160 refer to the following information.

❧ Sam's Copy Machine Warranty Statement ❧

We appreciate your recent purchase of a Sam's copy machine. We hope you are enjoying the quality and convenience of your new copier. We assure you that it will help to increase the efficiency in your workplace. Your purchase includes a two-year warranty and one-year free update. Also, you may select to purchase an additional 3 years of coverage under the extended warranty plan. The installation process might be quite complicated. So if you're not capable of installing the copier using the attached manual or checking the manufacturer's website, please contact us at 01380 268341. An accomplished expert will visit to help you. Once the installation is completed, the machine you added will appear on the list of available printers on your computer and operate properly. In addition to copy machines for the businesses, we also have various office automation equipment, domestic printers, fax machines and scanners.

Thanks again for your order. If you have any questions or problems, please don't hesitate to call us. Our customer service representatives are ready to help you at all times.

Maynard Road, Totton, SO53 3YJ, Tel: 01380 268341

158. How long is the warranty period?

(A) One year
(B) Two years
(C) Three years
(D) Four years

159. What device is NOT mentioned as one the company's product offerings?

(A) A copy machine
(B) A scanner
(C) A digital projector
(D) A domestic printer

160. What should customers do if the copy machines do not work?

(A) Refer to the attached manual
(B) Visit the website
(C) Reinstall the machine
(D) Call the service center

Questions 161-163 refer to the following e-mail.

To: dstronach@quadforceconsulting.com
From: c.brin@headhunters.com
Re: Vice-presidential position

Dear Mr. Stronach:

I am pleased to report that I have found a promising candidate for the vice-president position you have been looking to fill. — [1] — Peter Bregman, at the young age of 30, is Enlay Consulting's managing director. He is by all accounts extremely competent and hard-working. — [2] — Moreover, he has a wide network of government and corporate contacts that would make him a great asset to your company.

However, he is also apparently a very moral person. He will not leave his job simply because he is offered more money or a fancier title, nor will he respond to flattery.
— [3] — I have learned, though, that he has become concerned about Enlay's recent move to cut back on the benefits for its lower-level employees. — [4] — If he could be brought to see your firm as the more moral one, he could likely be talked into joining you for the right offer.

Sincerely,
Charlie Brin

161. What is NOT listed as something that would make Peter valuable to the firm?

(A) His strong work ethic
(B) His proven creativity
(C) His political contacts
(D) His level of competence

162. How can Mr. Stronach likely convince Peter to join the firm?

(A) By flattering him with personal compliments
(B) By giving him a title that sounds important
(C) By offering him a better salary and benefits
(D) By convincing him of the firm's ethical policies

163. In which of the position marked [1], [2], [3] and [4] does the following sentence best belong?

"He is also worried that the firm's accounting practices are not as transparent as they should be in a firm with good corporate governance."

(A) [1]
(B) [2]
(C) [3]
(D) [4]

Questions 164-167 refer to the following form.

Future Soft Ltd
Employee Suggestion Form

At Future Soft, we value the opinions and suggestions of our employees. Please tell us how happy you are with the following aspects of your working life.

Circle a number from 1-5.

	Very Happy				Very Unhappy
Relationship with Coworkers	**①**	2	3	4	5
Relationship with Management	1	**②**	3	4	5
Physical Working Environment	1	2	**③**	4	5
Opportunities for Advancement	1	2	3	4	**⑤**
Overall Satisfaction with the Job	1	2	**③**	4	5

Have you received the relevant job training?	Yes _X_	No ___
Has your supervisor been helpful and approachable?	Yes _X_	No ___
Are you comfortable working with your fellow team members?	Yes _X_	No ___

Comments and Suggestions

Currently, I start my first shift at 7 A.M. and finish this shift at 1 P.M. My second shift starts at 4 P.M. and finishes at 9 P.M. I don't mind the early start, but there is a lot of waiting around during the day. I suggest restructuring the shifts to one longer shift per employee per day.

Employee signature: *Ian Connor*   Date: *Mar 5, 2016*

164. What does the employee enjoy most about the job?

   (A) Starting early in the morning
   (B) Working with his teammates
   (C) Lifting heavy objects
   (D) Reporting to his management

165. What is the employee NOT satisfied with?

   (A) The level of training he gets
   (B) The attitude of his supervisors
   (C) His chances of getting a promotion
   (D) The amount of respect he receives

166. In the form, the word "relevant" in paragraph 3, line 1, is closest in meaning to

   (A) official
   (B) challenging
   (C) latest
   (D) suitable

167. What suggestion does the employee make?

   (A) Starting the shift later in the morning
   (B) Working one day less per week
   (C) Doing one shift a day instead of two
   (D) Making the break times longer

GO ON TO THE NEXT PAGE

Questions 168-171 refer to the following fax.

SISCO's FaxSoft

Dear Sir/Madam,

If you're reading this fax, you probably received it via your fax machine. Does the text look mostly blurry, even though it is in standard size and font? Faxes should not be this way. Now, you have the option of using SISCO's FaxSoft package to send faxes directly from your computer.

FaxSoft isn't the only software package that allows you to do this, of course, but only FaxSoft ensures that faxes sent will actually look better when printed from the recipient's fax machine.

FaxSoft uses its error prediction system to compensate for the inadequacy of fax machines. Essentially, the software determines what brand of fax machine it is dealing with, and uses that information to deliberately distort the image being sent. Then, the printed image ends up being much smoother than usual.

So, if you want the faxes you send to look as neat as a document printed directly from a computer, order FaxSoft today. Corporate clients are eligible for a free upgrade to our full communication package – run your fax, phone, and e-mail from one program! Call 1-555-FAX-SOFT for more details.

Sincerely,

Roger Freeman
SISCO Software, CEO

168. What problem does the advertisement claim faxes suffer from?

    (A) Poor quality lettering
    (B) Substandard fonts
    (C) Slow printing time
    (D) Inefficient operating system

169. How does FaxSoft work?

    (A) By compensating for the expected errors in the recipient's fax machine
    (B) By distorting the content of the message being sent via the fax software
    (C) By turning the faxes into emails that are sent and received on computers
    (D) By using a laser printer to create much better looking fax printouts

170. What does FaxSoft need to know to function properly?

    (A) The font type preferred by the recipient
    (B) The operating system's internal fax software
    (C) The model of the recipient's fax machine
    (D) The date that the fax was sent

171. What does FaxSoft offer to companies that order their fax software?

    (A) A computer upgrade to make programs run faster
    (B) A picture to hang in their office
    (C) A free set of phone and fax machine upgrades
    (D) A more advanced version of the software

GO ON TO THE NEXT PAGE

Questions 172-175 refer to the following online discussion.

Chatter Box

Geraldine Parr (11:00) Hi, I'm Geraldine Parr, Chief Lecturer of Burns Writing Institute. Today, I'm going to resolve every question you have. Feel free to ask me anything, please.

Helene Sontag (11:01) How long is your writing program?

Geraldine Parr (11:02) Well, the program length depends upon which section your child is enrolled in. The gifted program runs for four weeks, the standard for six, and the remedial for eight.

Helene Sontag (11:05) What are the differences among those programs?

Geraldine Parr (11:06) Each program has the same goals, but the starting level of the students determines how long it takes them to achieve those ends. In all cases, though, the program's intensive course will cover the basic language skills.

Lacey Tuner (11:08) Is that all? I have expected a curriculum for advanced students.

Geraldine Parr (11:09) Of course not. The gifted program aims to impart the mastery of the most advanced reading materials likely to come up in high school, as well as to build a solid set of writing skills.

Helene Sontag (11:13) That's good. Do you have a course regarding mathematics?

Geraldine Parr (11:15) We don't have one yet. We are considering implementing lessons on mathematics-related vocabulary, though at present these are still only in the planning stages, and will not be taught until next year.

Lacey Tuner (11:17) How about the routine for the students? Will you explain some?

Geraldine Parr (11:19) Our programs are quite strict. Students attend classes from 9:00 a.m. to 4:00 p.m. There is a half hour lunch break. Students are given a fifteen minute break during each morning and afternoon session. Students are expected to attend every day and arrive on time.

Helene Sontag (11:24) Hmm, what penalty will be given when violating rules?

Geraldine Parr (11:26) Good question. Attendance and promptness are obligatory. Students who miss a class without a physician's note will be asked to leave the program, as will be the students who are repeatedly late for class. I'm afraid time is up. If you have any other questions, please do not hesitate to contact me.

Send ▶

172. What is the main purpose of the discussion?

   (A) To give information about a program
   (B) To notify the results of the last examination
   (C) To introduce the major lecturers
   (D) To advertise a writing institute

173. How long is the program for advanced students?

   (A) 2 weeks
   (B) 4 weeks
   (C) 6 weeks
   (D) 8 weeks

174. What subject is NOT covered in the program?

   (A) Writing
   (B) Reading
   (C) Mathematics
   (D) Grammar

175. At 11:09, what does Mr. Parr mean when he writes "Of course not"?

   (A) The institute does not have advanced writing class.
   (B) The institute suggests quite generous rules for young students.
   (C) The institute assures a high level of class for talented students.
   (D) The institute requires an affordable tuition fees.

GO ON TO THE NEXT PAGE

Questions 176-180 refer to the following advertisement and letter.

MASTER MOVERS
❖ More Than Just Another Moving Service ❖

Most movers only carry your stuff into a truck, drive it from one place to another, and then carry it out again. We go beyond this. We'll actually pack all of your stuff for you, ensuring that your pictures, fine china, crystal, and other valuable items are properly padded and protected. We'll pay the full cost of any damage your furniture incurs during the moving process. This is a guarantee you won't get from any of our competitors.

We'll also disassemble large items of furniture, such as desks, tables, and bed frames, and reassemble them at the other end. This saves you hours of backbreaking labour.

Best of all, we offer all of this extra service at competitive rates with other movers.

Description	Small Truck	Medium Truck	Large Truck
2 men / mid-month	$ 90	$ 90	$ 99
2 men / end-month	$ 99	$ 99	$ 115
3 men / mid-month	$ 125	$ 125	$ 135
3 men / end-month	$ 145	$ 145	$ 155

※Three hours minimum and travel time charges included

To Whom It May Concern

Your advertisement in the last issue of INTERIOR is of great interest to me.
At the moment, I own a retail shop which sells home furnishing and accessories. As I'm going to expand my business, I'd like to move to a larger building 3 miles from the existing site. So I am wondering if your company might be able to help me.
I need you to complete the relocation of my shop by the end of this month. My shop has fragile glass decorations, so I hope you assure me that you will handle all products very carefully. I would like you to send three experienced staff, and a large truck.
If you are able to do this, please call me at 01277 23855, to schedule a meeting to discuss the details.

Sincerely,
Fraser Nelson

176. How is Master Movers different from the other moving companies?

    (A) It transports pieces of fine china.
    (B) It delivers items to the new place.
    (C) It takes care of all the packing.
    (D) It sends the bill for its services.

177. How does Master Movers claim to save people who are moving a great deal of effort?

    (A) By taking apart their heavy furniture
    (B) By assembling a strong team of movers
    (C) By providing beds to all who need them
    (D) By finishing the move by nightfall

178. Why was the letter sent?

    (A) To advertise interior ornaments
    (B) To complain about incomplete service
    (C) To announce a job vacancy
    (D) To employ a service provider

179. How much will Mr. Nelson most likely to pay for Master Movers?

    (A) $ 99
    (B) $ 125
    (C) $ 135
    (D) $ 155

180. What is NOT mentioned about Mr. Nelson?

    (A) He is the owner of a retail shop.
    (B) He wants to move to expand his business.
    (C) He requires an extra service due to the travel time.
    (D) He asks the company to finish moving at the end of the month.

GO ON TO THE NEXT PAGE

Questions 181-185 refer to the following e-mail and letter.

To: Betty Arbuckle@ITnow.com
From: John48@ITnow.com
Date: June 7, 2016
Re: My Resignation

Dear Ms. Arbuckle,

I am writing to notify you about my decision to resign from my job of assistant manager of ITNOW, effective on 27 June 2016. The decision to leave ITNOW after 3 years of service has not come easy.

I sincerely thank you for the opportunities, experiences, and knowledge I have gained at ITNOW. I have enjoyed working with many of the people who work directly under your supervision. I wish you, my colleagues, and the staff of ITNOW all the best. If there is anything I can do to provide a smoother transition during my remaining weeks, please let me know.

I would like to request a letter of reference from you as I am looking for better career opportunities in the information technology field. Please send the letter to Foxcom, 794 Alfric Lane, New York, NY, 25373, to the attention of Stephen Simmons, CEO.

Thank you in advance for your help and prompt attention to my request.

Sincerely,
John Cameron

Stephen Simmons
794 Alfric Lane
New York, NY
25373

Dear Mr. Simmons,

I am writing this letter on behalf of John Cameron. John has worked for my company, ITNOW, for over three years, and I have always been fully satisfied with his performance. He is very sociable, and works well with others. He knows when to take the lead and when to follow the instructions of others. He is also punctual and dedicated to his work, and has met every deadline he has been given without complaint.

In fact, John's work has been so excellent that I would have promoted him to a full project manager or even a division head long ago if my company had grown as rapidly as I had hoped. As it is, I cannot give him the promotion he so richly deserves. Your company, on the other hand, is large enough to provide him room for advancement. While I will miss having him as an employee, I cannot blame him for his decision to leave. My loss will be your gain, I assure you.

If you have any questions concerning John's specific duties or experiences working for me, please feel free to call me at 555-6802 any time during business hours. You may also wish to contact Bill Buckley, John's manager, whom I know thinks as highly of him as I do. He can be reached at 555-9236.

Sincerely,
Betty Arbuckle

181. Why was the e-mail sent to Ms. Arbuckle?

   (A) To recommend a competitive candidate
   (B) To tender his resignation letter
   (C) To notify her of an interview date
   (D) To accept the job at ITNOW

182. In the letter, the word "punctual" in paragraph 1, line 4 is closest in meaning to

   (A) talkative
   (B) prompt
   (C) decisive
   (D) determined

183. What can be inferred about ITNOW?
   (A) It is smaller than Mr. Simmons's company.
   (B) It is in danger of going into bankruptcy.
   (C) It has been doing extremely well financially.
   (D) It specializes in IT magazine publishing.

184. Who is the owner of ITNOW?

   (A) Stephen Simmons
   (B) John Cameron
   (C) Bill Buckley
   (D) Betty Arbuckle

185. What is suggested about John Cameron?

   (A) He is going to be an assistant manager at ITNOW.
   (B) He is pursuing a better career opportunity.
   (C) He had a plan to buy an entire asset of Foxcom.
   (D) He rejected a promotion to a manager at ITNOW.

GO ON TO THE NEXT PAGE

Questions 186-190 refer to the following e-mail, advertisement, and memo.

To: Bob Tremaine <btremaine@durabilityfootware.com>
From: Phillip Highwater <phighwater@durabilityfootware.com>
Date: May 4, 2016
Re: Marketing Reports

Dear Mr. Tremaine,

I have finished analyzing the latest set of reports from the marketing research firm we hired. Here are my own first thoughts after a quick read through:

First, our ads shouldn't focus on the quality of our product so much as on having memorable ads that make our brand name stick in people's minds. Second, our brand should have a concise name, or maybe something alliterative. Durability Footware is too long to attract people's attention. I'll leave the precise details up to you. Also, appearance is one of the main factors customers take into account when deciding what sneakers to purchase.

Anyway, see what sort of ad campaign you can put together based on the reports, and run the drafts by me before the end of the month.

Sincerely,
Phillip Highwater

FlyFree
Feel the perfect fit for the perfect run

FlyFree running shoes spent over a year in the design process. Now, the designs are finally ready to be implemented. The shoes' patent Power Jump sole technology will be highlighted at this years' Technology Showcase, which will be held at Market Plaza this July 4. FlyFree running shoes can be pre-ordered online starting July 10, and will appear in MartWals nationwide on July 15. Also available in Seers, Q-Mart, and Yellers chains by the end of the month.

The best news, though, is that FlyFree running shoes will start at $49.99, a savings of $20 or more when compared with the current lineup. For the best athletic performance money can buy, at a fraction of the cost of ordinary shoes, you'll want a pair of FlyFree running shoes.

So remember, if you want to run with freedom, run with FlyFree.

Hi, Bob,

I just received the draft copy of the press release you sent me. There are only a few revisions, nothing too surprising given that this was your first attempt at following our new format.

First, your draft seems to put performance first and leave aesthetics second. As I mentioned before, we should give our attention to style-conscious consumers. Second, can we add a section that includes the features such as height, weight, stiffness, and heel cushioning? As runners do not want shoes to weigh them down, that would be imperative information.

Also, I'd like to meet with you regarding the showcase we're planning for July. Please reply to this e-mail to confirm your availability.

Thanks for all of your hard work.

Phillip Highwater

186. In the e-mail, the word "concise" in paragraph 2, line 2, is closest in meaning to

(A) honest
(B) ridiculous
(C) obscure
(D) laconic

187. When is Flyfree's new line of sneakers being released in the offline stores?

(A) July 2
(B) July 4
(C) July 10
(D) July 15

188. What aspect of the ad reflects the marketing strategy outlined in the e-mail?

(A) The emphasis on the sneakers' competitive price
(B) The detailed focus on the sneakers' quality
(C) The use of a short and memorable brand name
(D) The description of the shoes' appearance

189. What is the purpose of the memo?

(A) To request the market research results
(B) To give some feedback on the draft
(C) To promote FlyFree running shoes
(D) To report research developments

190. According to the memo, what should Mr. Tremaine probably do next?

(A) Send the advertisement off to press
(B) Create a new brand name
(C) Amend the draft of the press release
(D) Prepare a presentation for a showcase

GO ON TO THE NEXT PAGE

Questions 191-195 refer to the following advertisement, invoice, and e-mail.

Accelerate your travel with PAYLESS Car Rental

With PAYLESS, you are guaranteed an affordable price for your vehicle. We are the largest car rental service provider in the world. We've provided high quality car rental service for over 30 years in Europe. Now, we have locations in more than 60 countries throughout Europe, the United States, Canada and Latin America. A wide range of sedans, SUVs, vans and specialty cars is available to fit your needs and budget. PAYLESS guarantees you the reliability of its vehicles.

Limited Offer

We would like you to know that we have a special offer on the Peugeot 207 until the end of the month. Its regular fee is 52 EUR per day, but you can hire it for 45 EUR per day with unlimited miles. You can pay with cash or card at the time of rental. Acceptable cards are Visa, American Express, MasterCard and Union Pay. If you pay online at the time of reservation you can get a 5% discount. Please reply to this e-mail to book it.

※ The rate doesn't include a 5% rental tax.
※ PAYLESS Rental requires a $500 refundable deposit.

Renter Info
Abby Faber
Rutherford Rd, Ashford
TN25 4BN

Model
Peugeot 207

PAYLESS Car Rental Invoice # 890428

Pickup Date: March 26
Return Date: March 28

Miles In: 0
Miles Out: 15

Description	Unit Price	Total
Daily (3 days)	€ 52	€ 156
Extra Miles	€ 0	€ 0
Subtotal		€ 156
Deposit		€ 500
Rental Tax (5%)		€ 7.8
Fuel Charge		€ 0
Total		€ 163.8

※ **Payment type:** Cash

To: Alan Becker@payless.com
From: Abby Faber@kumedia.com
Date: March 31, 2016
Re: PAYLESS Car Rental

Dear Mr. Becker,
I'm writing regarding the service your company provided. I received an invoice this morning, but I think you charged the wrong amount. You sent me an e-mail, stating that the daily rental service would be €45 per day. Your agent also assured me that I could use your rental service at a discounted price. However, the invoice shows that I am charged €52 per day for the rental of a Peugeot 207.
Please contact me about it and send me a revised invoice for the service.

Sincerely,
Abby Faber

191. For whom was the advertisement written?

(A) A professional driver
(B) An employee of Peugeot
(C) A customer of car rental service
(D) An agent of insurance company

192. What is NOT mentioned about PAYLESS?

(A) It was founded over 30 years ago.
(B) It has affiliates around the world.
(C) It provides a discounted plan.
(D) It focused on luxury vehicles.

193. For what item was Ms. Faber probably billed incorrectly?

(A) Deposit
(B) Rental tax
(C) Daily fee
(D) Fuel Charge

194. Why is Ms. Faber writing to Mr. Becker?

(A) To advertise a limited offer
(B) To notify the due date for the payment
(C) To complain about a rent overcharge
(D) To purchase additional accident insurance

195. What does Ms. Faber mention about the service she used?

(A) She made a mistake in understanding the details of the offer.
(B) She thinks PAYLESS incorrectly charged for the rental service.
(C) She is satisfied with the quality of the service provided.
(D) She agrees to visit the main office to settle the issue.

GO ON TO THE NEXT PAGE

Questions 196-200 refer to the following proposal, memorandum, and article.

To: Graham Takanora
From: Adolf Weiss
Re: A Proposal to Halt Declining Sales

As you know, sales figures have been declining slowly but steadily over the past four months in virtually all of our retail outlets. In order to reverse this trend, I propose that we institute a new method for motivating employees to close more deals. At the moment, our sales representatives only get a 5% commission on sales of $200 or more, a policy that is meant to encourage them to sell big ticket items. However, with the recent economic downturn, big ticket items are precisely what people aren't buying, as they tend to hold off on such purchases until the boom times return. In the meantime, people still need everyday appliances and other household items, and may well want to treat themselves by indulging in smaller luxuries. I therefore suggest that we encourage our sales staff to focus on increasing the sales of these items by offering them a 5% commission on all sales over $50. This change would certainly result in happier and more motivated employees, which should lead to a clear increase in sales.

Sincerely,
Adolf Weiss

To: All Sales Personnel
Re: Commission Policy Change

The commission policy for Big Mart will be changing effective July 1st. The commission rate will be reduced from 5% to 4%. To compensate for this, however, commission will now be earned on all sales over $50, rather than only on sales over $200. This should result in a roughly equal take-home pay for all sales staff, assuming sales remain at current levels. If the sales increase, so too will the pay as usual. As a result, this new structure will benefit you most when you increase the sales you make on a much wider range of items. Hopefully, these changes will inspire you to scale to ever greater heights of salesmanship. Good luck.

Graham Takanora

Big Mart Returns to Growth

By Ben Clark

Big Mart predicted a modest revenue growth next year after a decline in 2015. Big Mart had a tough year in 2015. For the 12 weeks ending March 31 2016, the sales figures show that Big Mart recovered for the first time since January 2015, increasing sales by 0.2% compared to this time last year.

The company, which hosted its annual meeting with financial analysts, also announced a dividend increase. Dave Lewis, Big Mart's CEO, kicked off the meeting with remarks that the company would report $34.1 million in revenue for 2015. Big Mart gets most of its revenue from major household appliances. Mr. Lewis said the company hopes for improved demand for home and kitchen appliances in 2016 based on the rising trend of TV cooking shows. He also stressed that Big Mart could grow, despite the economic recession, largely because of the prompt measure to deal with the market changes and also the commitment of all members of staff.

196. What is Mr. Weiss proposing?

   (A) Increasing the rate of commission on items over $200
   (B) Cutting sales staff who do not increase sales of smaller luxury goods
   (C) Increasing the range of items on which sales staff can earn commission
   (D) Rewarding only sales staff who prove to be motivated

197. When does Mr. Weiss believe that sales of big ticket items will increase?

   (A) When more sales staff are hired
   (B) When the economy improves
   (C) When their prices go down
   (D) When commissions are eliminated

198. In the memorandum, the word "scale" in line 8 is closest in meaning to

   (A) weigh
   (B) climb
   (C) debate
   (D) sell

199. How is the policy different from Mr. Weiss' proposal?

   (A) A commission will be paid on all sales.
   (B) It does not affect high-priced items.
   (C) The staff will have to meet the sales quota.
   (D) The commission rate will drop.

200. What is probably true about Big Mart?

   (A) It had an annual meeting to settle a bankruptcy crisis.
   (B) It shows a slight increase in sales figure during this quarter.
   (C) It required incompetent staff to quit their jobs.
   (D) It implemented a new policy to cut back on salary.

정답

해설

UNIT 1 사회인이 되기 위한 첫걸음

 Before the Step　　채용 공고

글의 유형 공지

해석과 구문 확인하기

> 채용 공고job opening
> 브룩스앤트레이의 일원이 되세요!
>
> 브룩스앤트레이는 2012년에 설립된 혁신적인 마케팅회사an innovative firm입니다. 우리는 현재 사업을 확장expand our business하고 있기 때문에 마케팅 주도권marketing initiatives을 잡기 위해 전문 마케팅 책임자professional marketing manager를 찾고 있습니다. 주요 업무는 모든 마케팅 활동의 실행implementing all marketing activities에 있어서 마케팅 팀을 감독하는supervise 업무를 포함하고 있습니다. 합격자successful candidate는 혁신적이고 창의적이며 마케팅에 대한 열정이 있어야 합니다.
>
> 지원 요건requirements for applications:
> - 뛰어난 커뮤니케이션 능력과 발표 능력
> - 마케팅, 비즈니스, 언론계 및 관련 분야에서의 학사 학위 이상
> - 마케팅 관련 직무에서 최소 5년의 경력
>
> 관심이 있는 지원자들은 hr@brooksandtray.com으로 이력서와 자기소개서résumé and cover letter를 같은 첨부 문서에in the same attachment 제출하세요. 최종 후보자 명단에 선발된 지원자들만 면접 요청을 받을be called for interviews 것입니다. 더 자세한 사항은 www.brooksandtray.com을 방문해 주세요.

 KEY 01　　입사 지원서

글의 유형 이메일

1. (D)

문제 유형 진위 추론하기

(1) 문제 풀이 전략 적용하기
① 편지의 발신자인 Mr. Ramsay에 대한 정보를 묻고 있다.
② 보기 중 하나만 사실이므로 지문을 모두 읽은 후에 보기를 읽으면서 옳은 것을 고른다.

(2) 풀이 과정 자세히 보기
입사 지원서를 쓰고 있으므로 (D) '현재 일자리를 찾고 있다'가 정답이다.

2. (A)

문제 유형 세부 정보 확인하기

(1) keyword 찾기
발신자인 램지 씨가 수신자인 커드슨 씨에게 이메일과 함께 보낸 것이 무엇인지 묻고 있다.

(2) 문제–지문 keyword matching
첫 문단에서 지원서, 자격증, 동료들로부터의 추천서를 함께 보냈다고 언급했다.

KEY 02　　면접 결과 기다리기

글의 유형 편지

1. (C)

문제 유형 세부 정보 확인하기

(1) keyword 찾기
크룩섕크 씨가 일하는 장소를 묻는 문제이다. 사람 이름인 크룩섕크는 다른 표현으로 바꾸어 나타낼 수 없으므로 이것이 단서 어휘가 된다.

(2) 문제–지문 keyword matching
① 편지에서 받는 사람의 정보는 본문을 시작하기 전의 상단에 있다.
② 크룩섕크 씨는 메디슨 대학교의 동물학과의 학과장임을 알 수 있다.

2. (D)

문제 유형 문장 위치 찾기

(1) 글의 구조 분석하기
① 해당 문장을 제시된 위치에 넣었을 때 글의 흐름이 자연스러운 것을 찾는다.
② 지원 상황에 대해 소식을 들을 수 있기를 바란다는 내용이므로 문맥상 편지의 마지막에 들어가는 것이 적절하다.

KEY 03 채용 공고, 지원 & 면접

글의 유형 지문1: **구인 광고** 지문2: **이메일** 지문3: **이메일**

1. (C)
문제 유형 세부 정보 확인하기

(1) 문제가 지시하는 지문 읽기
구인 광고를 낸 주체인 Champion Classrooms에 대한 정보를 묻고 있으므로 첫 번째 지문에 대한 문제이다.

(2) keyword 찾기
사업을 해 온 기간을 묻는 문제이므로 숫자 정보가 단서 어휘가 된다.

(3) 문제-지문 keyword matching
정답 근거 문장인 첫 문장에 수를 의미하는 어휘인 decade (10년)가 있다. for almost two decades이므로 약 20년임을 알 수 있다.

2. (D)
문제 유형 유의어 찾기

(1) 문제가 지시하는 지문 읽기
광고의 어휘 asset의 문맥상의 의미를 묻고 있으므로 첫 번째 지문에 대한 문제이다.

(2) 문맥상의 의미 해석하기
지원자의 여러 가지 자격 요건에 대해 말하면서 'asset'이지만, 필수적인 것은 아니라고 한 맥락으로 보아, '갖추고 있으면 더 유리할 수 있는 이점'의 뜻으로 쓰인 것을 알 수 있다. 따라서 (D)가 정답이다.

3. (B)
문제 유형 세부 정보 확인하기

(1) 문제가 지시하는 지문 찾기
지원자인 로버츠에 대한 정보를 묻고 있으므로 두 번째 지문인 지원서에 대한 문제이다.

(2) keyword 찾기
로버츠의 대학원 과정이 무엇이었는지 묻고 있다. 대학원(postgraduates)이 단서 어휘가 된다.

3) 문제-지문 keyword matching
자신이 가지고 있는 학위가 무엇인지 설명하는 두 번째 문장에서 철학 석사 학위가 있다고 하였으므로 (B)가 정답이다.

4. (C)
문제 유형 진위 추론하기

(1) 문제가 지시하는 지문 찾기
광고에서 요구하는 것 중에서 지원자인 로버츠가 갖고 있지 않은 것을 묻는 문제이므로 두 지문의 정보를 비교해야 한다.

(2) 보기와 지문 비교
보기와 본문을 대조하면서 일치하지 않는 것을 찾는다.

(3) 풀이 과정 자세히 보기
① 첫 지문의 정답 근거 문장에서 최소 3년(at least three years)의 경력을 요구하고 있다.
② 두 번째 지문의 정답 근거 문장을 보면 석사 2년간(both years of my Master's) 가르친 경험이 있음을 언급했다. 따라서 (C)가 정답이다.

5. (A)
문제 유형 세부 정보 확인하기

(1) 문제가 지시하는 지문 찾기
지원자인 로버츠가 요청 받은 것이 무엇인지 묻고 있으므로 로버츠에게 보내는 메일인 3번째 지문에 대한 문제이다.

(2) keyword 찾기
로버츠에게 보내는 이메일에서 어떤 사항을 요청하고 있는지 확인한다.

(3) 문제-지문 keyword matching
두 번째 문단 정답 근거 문장에서 면접 일정을 알려주면서 참석 여부를 확인하기 위해 답장을 해 달라고 요청하고 있다.

> **● 이메일의 제목**
> 이메일의 제목은 subject라고 명시하기도 하지만 'Re'를 쓰는 경우가 많습니다. 이때의 'Re'는 Reply(답장)의 줄임말이라고 흔히 알고 있지만 TOEIC에서는 전치사인 Regarding(~에 관하여)의 줄임말로 이메일이 어떤 내용인지를 보여줍니다. 혹은, Reference(참조)의 줄임말로 사용하기도 합니다. 모두 이메일의 내용을 암시하는 것이므로 이 교재에서는 '제목'이라고 통일하여 해석하고 있습니다.

UNIT 2 회사 생활의 시작

Before the Step 신입사원 OT

글의 유형 일정표

해석과 구문 확인하기

> 직원 예비 교육 Employee Orientation
> 9월 14일 화요일
>
> 직원들의 오리엔테이션 참석attendance은 의무적 mandatory입니다. 시내에 거주하신다면 대중 교통 public transit으로 오시길 권하는 바입니다.
>
> 오전 10시부터 10시 45분까지.
> 인사 정책.
> 인사부 데니스 패러데이 부장께서 급여 정책payroll policy, 휴가 시간 및 의료 보험health benefit packages에 관해 소개합니다.
>
> 오전 11시부터 11시 45분까지.
> 법적 사항 요약 정보Legal briefing
> 세실 파커 법률 담당 최고 책임자께서 회사의 성적 희롱 및 프라이버시 정책sexual harassment and privacy policies 뿐 아니라, 직원들의 권리 및 책임에 대해 소개합니다.
>
> 오후 1시 15분부터 2시 15분까지.
> 작업 시설operating facilities 견학
> 직원들에게 질 웨더스푼 공장장Plant Manager께서 공장을 보여줄show around the factory 예정입니다.
>
> 오후 2시 30분부터 3시 15분까지.
> 질의 응답 시간Question and Answer Period
> 모든 부서장들All department heads이 여러분이 갖고 계신 관심사를 다루거나address any concerns 질문에 답해 드립니다.

KEY 04 고용 계약서

글의 유형 계약서

1. (B)

문제 유형 글의 주제/목적 찾기

(1) 글의 종류 파악하기
첫 줄에서 '고용 조건'에 대해 이야기 할 것이라고 하고 있으므로 (B) '고용 계약서'가 정답이다.

2. (D)

문제 유형 세부 정보 확인하기

(1) keyword 찾기
어떤 방법을 묻고 있는지 동사구(be paid)를 단서로 지문을 확인한다.

(2) 문제-지문 keyword matching
① 직원이 어떤 방법으로 임금을 지급받게 될 것인지를 묻고 있으므로 계약서 항목 중에서 임금(salary) 부분을 확인한다.
② 매달 25일에 은행 계좌로 직접 입금될 것이라고 했으므로 (D) 은행 계좌이체가 정답이다.

KEY 05 인사 이동

글의 유형 회람

1. (C)

문제 유형 글의 주제/목적 찾기

(1) 글의 구조 분석하기
회사 내에서 특정 정보를 전달하기 위한 글로 편지, 이메일과 유사한 특징을 갖는다.

(2) 풀이 과정 자세히 보기
첫 문장에서 승진이 결정되었다는 것을 알려주고 있으므로 (C)가 정답이다.

2. (C)

문제 유형 세부 정보 확인하기

(1) keyword 찾기
회람의 수신자인 샤오 씨가 요청 받은 일을 묻고 있다.

(2) 문제-지문 keyword matching
① 두 번째 단락 정답 근거 문장에서 승진을 수락하려면 첨부 문서인 동의서에 서명을 한 후 제출할 것과 현재 업무를 다른 사람에게 인계할 것을 부탁하고 있다.
② 보기 중 이와 일치하는 것은 (C)이다.

KEY 06　새 부서장 안내 & 공지

글의 유형　지문1: 이메일　지문2: 공지

1. (B)

문제 유형　진위 추론하기

(1) 문제가 지시하는 지문 읽기
찬 씨가 할 일이 아닌 것을 묻고 있으므로, 첫 번째 지문인 찬 씨에게 업무 내용을 알려주고 있는 이메일에 관한 문제이다.

(2) 보기와 지문 비교
보기와 본문을 대조하면서 일치하지 않는 것을 찾는다.

(3) 풀이 과정 자세히 보기
① But(그러나)이 나오는 경우 그 앞과 뒤의 내용이 달라지는 것에 주의한다.
② 정답 근거 문장을 살펴보면, 일반적으로는 규약이나 업무에 익숙해 질 수 있도록 일주일 간의 세미나에 보내주지만, 이번에는 바로 일을 시작해 주었으면 좋겠다고 하고 있다.
③ 따라서 테런스 찬은 연수 세미나에 참석하지 않을 것이므로 (B)가 정답이다.

2. (C)

문제 유형　유의어 찾기

(1) 문제가 지시하는 지문 읽기
이메일의 어휘 implementing의 문맥상의 의미를 묻고 있으므로 첫 번째 지문에 대한 문제이다.

(2) 문맥상의 의미 해석하기
새로운 시스템을 '실행하는' 이므로 (C) performing이 가장 유사하다. 따라서 정답은 (C)이다.

3. (A)

문제 유형　추론하기

(1) 문제가 지시하는 지문 찾기
공지 사항의 예상 독자를 묻고 있으므로 두 번째 지문에 대한 문제이다.

(2) 문제 풀이 전략 적용하기
① 공지의 제목에서 카페드 컨설팅에 새로운 직원이 왔음을 알리고 있다. 본문에서는 새로운 직원인 테런스 찬에 대해 소개하고 있다.
② 카페드 컨설팅의 기존 직원들에게 새로운 직원인 테런스 찬을 소개하고 있는 글이다.

4. (D)

문제 유형　세부 정보 확인하기

(1) 문제가 지시하는 지문 읽기
찬 씨의 이전 직장에 대해서 묻고 있으므로 두 번째 지문인 새 부서장이 될 테런스 찬에 대한 정보를 공지하고 있는 지문에 대한 문제이다.

(2) keyword 찾기
테런스 찬의 이전 직장에 대한 정보를 묻고 있으므로, 그의 경력이 나열된 문장을 확인한다.

(3) 문제-지문 keyword matching
테런스 찬은 입법부 의원, 퀸즈랜드 상공 회의소 이사회 임원을 거쳐 맨드럴 시스템즈에서 근무했다. 바로 직전의 직장을 묻고 있으므로 (D)가 정답이다.

5. (D)

문제 유형　세부 정보 확인하기

(1) 문제가 지시하는 지문 읽기
찬 씨의 경력에 대해 묻고 있으므로 두 번째 지문에 대한 문제이다.

(2) keyword 찾기
시간 정보를 묻는 문제이므로 숫자 정보를 확인한다.

(3) 문제-지문 keyword matching
1991년 이후로(since 1991) 상공 회의소 이사회 임원이었다고 하였으므로 (D) 1991이 정답이다.

6. (C)

문제 유형　세부 정보 확인하기

(1) 문제가 지시하는 지문 읽기
찬 씨의 이전 경력과 새 직업의 연관성을 고려해야 하므로 두 지문을 모두 읽어야 하는 문제이다.

(2) keyword 찾기
이전 경력과 앞으로 맡게 될 업무의 내용을 비교하면서 읽는다.

(3) 문제-지문 keyword matching
① 이메일에서 입법부 경력을 언급하면서 문제를 잘 해결할 수 있을 것이라고 언습했으므로 (A)는 관련이 있다.
② 17년간의 컨설팅 경력을 기반으로 매니저 직책으로 온다고 하였으므로 (B)는 관련이 있다.
③ 1976년에 업계에 들어온 후, 맨드럴 시스템즈에 있었고 현재의 카페드 컨설팅으로 온다고 하고 있으므로 두 회사는 동일 업종이라고 추론할 수 있으므로 (D)도 관련이 있다.

UNIT 3 진짜 업무란 이런 것

Before the Step 회의록

글의 유형 회의록

해석과 구문 확인하기

코너스톤 전자 주식회사
날짜: 2016년 3월 4일 오전 10시 30분
장소: 제 2 회의실
의제Agenda: 서비스 향상
  제품 개발
  새 직원 채용

1. 제임스가 고객 설문조사 결과를 제출submitted the results했습니다. 이는 고객의 절반 이상이 서비스에 대한 불만complaints about the service이 있음을 제시하고 있습니다. 직원들은 고객 서비스와 소매점의 운영 구조operational structure의 변화 필요성에 대해 논의했습니다. 모든 고객들에게 예의를 갖추는courteous 것이 중요하기 때문에 모든 지점의 관리자들all branch managers을 재교육 시키기로 동의했습니다. 인사부에서 5월 초부터 이 과정을 운영할 것입니다.

2. 엘리자베스가 블루투스 스피커의 초안prototype을 다음 달에 점검할 준비가 거의 다 되었다는 것을 보고했습니다. 존이 포커스 그룹 고객 인터뷰를 기획할plan 것을 위임 받았습니다be delegated to.

3. 넬슨은 마케팅 부서가 심각하게 인원이 부족한 severely understaffed 상태라고 언급했습니다. 제품의 출시launching가 업무 부담work burden을 더 증가시킬 것이 예상되므로, 직원들은 온라인에 구인 광고를 게시하기로post a job opening 결정했습니다.

KEY 07 안내 편지

글의 유형 이메일

1. (A)

문제 유형 글의 주제/목적 찾기

(1) 글의 구조 분석하기
이메일은 글의 도입 부분에서 글을 쓴 목적을 제시한다.

(2) 풀이 과정 자세히 보기
첫 문장에서 항의 편지에 대해 보내는 답장임을 명시하고 있으며 첫 단락의 마지막 문장에서 불편을 겪으신 것에 사과한다고 하였으므로 정답은 (A)이다.

2. (B)

문제 유형 세부 정보 확인하기

(1) keyword 찾기
이메일의 발신자인 피터가 제공하기로 한 것을 묻고 있다.

(2) 문제-지문 keyword matching
문제를 해결하기 위해 피터가 하기로 한 것을 묻고 있으므로 이는 글의 본문에 있을 가능성이 높다. 두 번째 문단에서 '손상된 제품에 대한 대체품'을 발송했다고 하였으므로 (B)가 정답이다.

KEY 08 보고서 피드백

글의 유형 이메일

1. (A)

문제 유형 세부 정보 확인하기

(1) keyword 찾기
문제에 사람 이름이 2개 등장하고 있으므로 이메일의 발신자와 수신자 혹은 본문에 등장하는 제 3의 인물인지 확인하여 혼동하지 않도록 주의한다. 편지의 발신자인 데릭이 수신자인 안드레아에게 제안한 것을 묻고 있다.

(2) 문제-지문 keyword matching
두 번째 문단에서 한 가지 제안(suggestion)이 있다고 언급하면서 한 부분을 추가할 것을 요청하고 있다.

2. (C)

문제 유형 세부 정보 확인하기

(1) keyword 찾기
안드레아가 자신의 비서에게 연락해 주기를 원하는 이유인 구체적인 정보를 묻고 있다.

(2) 문제-지문 keyword matching
비서에게 이메일을 보내면 만날 수 있는 시간에 관해 다시 연락을 할 것이라고 하였으므로 이를 가장 잘 나타낸 것은 (C)이다.

KEY 09 항의, 웹 채팅 & 대책

글의 유형 지문1: 이메일   지문2: 웹 채팅   지문3: 공지

1. (C)
문제 유형 세부 정보 확인하기
(1) 문제가 지시하는 지문 읽기
데보라는 첫 번째 지문인 항의하는 내용의 편지를 쓴 사람이며 온라인 채팅을 이용한 고객이므로 첫 지문과 두 번째 지문에 대한 문제이다.
(2) keyword 찾기
데보라가 온라인 채팅 서비스를 이용한 이유를 묻고 있다.
(3) 문제-지문 keyword matching
① 이메일에서 인터넷이 되지 않아 고객 서비스 상담 전화에 전화를 걸었지만 문제가 해결되지 않았고, 그 이후에, 온라인 채팅 서비스를 이용했다고 하였다.
② 웹 채팅 지문에서 인터넷 연결에 도움을 원한다고 하였으므로 정답은 (C)이다.

2. (B)
문제 유형 세부 정보 확인하기
(1) 문제가 지시하는 지문 읽기
데보라가 어떻게 문제를 해결했는지 묻고 있으므로 첫 지문과 두 번째 지문에 대한 문제이다.
(2) keyword 찾기
데보라가 그녀의 문제를 어떻게 해결했는지 그 방법을 묻고 있다.
(3) 문제-지문 keyword matching
① 데보라는 인터넷에 문제가 있어 고객 서비스 센터에 전화를 걸었지만 문제를 해결할 수 없어 온라인 채팅 서비스를 이용했다.
② 온라인 채팅에서 문제를 해결하는 과정이 두 번째 지문에 제시되고 있으므로 정답은 (B)이다.

3. (A)
문제 유형 유의어 찾기
(1) 문제가 지시하는 지문 읽기
공지사항의 세 번째 줄에 있는 어휘 interruption의 문맥상의 의미를 묻고 있으므로 세 번째 지문에 대한 문제이다.
(2) 문맥상의 의미 해석하기
뒤에 이어지는 말로 보아 인터넷 연결의 중단(disconnections in their Internet service)과 같은 맥락의 의미임을 추론할 수 있다. 따라서 정답은 (A)이다.

4. (A)
문제 유형 세부 정보 확인하기
(1) 문제가 지시하는 지문 읽기
문제에서 '공지에 따르면'이라고 언급하였으므로 세 번째 지문에 대한 문제이다.
(2) keyword 찾기
문제를 해결하지 못한 경우에, 무엇을 해야 하는지를 묻고 있으므로 후속 조치로 언급된 것이 있는지를 찾는다.
(3) 문제-지문 keyword matching
① 공지 사항의 정답 근거 문장을 보면, 일반적인 방법이 듣지 않는다면, 고급 기술 지원자에게 넘기라고 대안을 제시하였다.
② 이를 가장 잘 나타내고 있는 것은 (A) '다른 부서로 넘긴다'이다.

5. (C)
문제 유형 진위 추론하기
(1) 문제가 지시하는 지문 읽기
이메일에 제기된 문제 가운데 정책이 다루지 않는 것을 고르는 문제이므로 첫 번째 지문과 세 번째 지문에 대한 문제이다.
(2) 보기와 지문 비교
보기와 본문을 대조하면서 일치하지 않는 것을 찾는다.
(3) 풀이 과정 자세히 보기
첫 번째 지문에서 직원이 다소 무례하게 말했다는 내용이 있지만 세 번째 지문인 공지사항에서는 이에 대한 언급이 없다.

Practice Test 1

🔷 문제 1-2

글의 유형 문자 메시지

해석과 구문 확인하기

> **산드라 버나드** 안녕하세요, 미리암. 다시 상기시키자면 reminding you, ① 저는 내일 세미나에 참석하기 위해 to attend a seminar 도쿄에 갑니다 be off to Tokyo. (11:27)
>
> **미리암 쉰필드** ② 이런, 깜빡 잊었네요 slip my mind. 다시 알려줘서 고마워요. 언제 돌아오시나요? (11:29)
>
> **산드라 버나드** 금요일까지는 돌아오지 않을 거예요. (11:30)
>
> **미리암 쉰필드** 전혀 문제 없어요. (11:31)
>
> **산드라 버나드** 다음 주 화요일에 우리의 프로젝트에 대해 이야기하기 위해 만날 get together 수 있는지 궁금해요. (11:33)
>
> **미리암 쉰필드** 화요일 좋네요. 오전 10시에 만날 수 있을까요? (11:35)
>
> **산드라 버나드** 좋아요. 지난 번에 보내주셨던 보고서 한 부 a copy of the report 이메일로 보내주실 수 있으세요? (11:39)
>
> **미리암 쉰필드** 물론이죠 Sure. SBernhard@kbinsurance.co.kr 이 주소로 보내면 되나요? (11:40)
>
> **산드라 버나드** 맞아요. 고마워요. 그 때 봐요. (11:40)

1. (A)

버나드 씨에 대해 암시되는 것은?
(A) 그녀는 출장갈 예정이다.
(B) 그녀는 도쿄에 일주일 간 머물기로 되어 있다.
(C) 그녀는 내일 발표를 할 예정이다.
(D) 그녀는 쉰필드 씨에게 보고서를 보낸 적이 있다.

문제 유형 추론하기

(1) 문제 풀이 전략 적용하기
① 두 사람간에 이루어진 대화이다.
② 대화에 참여한 버나드 씨에 대해 암시되는 것을 고르는 문제로 지문을 읽은 후 일치하는 것을 고른다.

(2) 풀이 과정 자세히 보기
첫 메시지에서 내일 도쿄로 떠날 예정이라고 하였으므로 (A)가 정답이다. (B), (C)에 대해서는 알 수 없으며 보고서는 쉰필드 씨가 버나드 씨에게 제출한 것이므로 (D)는 틀린 문장이다.

2. (C)

11시 29분에 쉰필드 씨가 "이런, 깜빡 잊었네요."라고 한 것은 무슨 의미인가?
(A) 그녀는 산드라가 세미나에 참석할 것이라는 것을 들은 적이 없다.
(B) 그녀는 산드라를 금요일에 만나기 원한다.
(C) 그녀는 산드라의 일정을 잊어버렸다.
(D) 그녀는 다음 주 화요일에 만나는 것에 동의한다

문제 유형 문장 의미 찾기

(1) 문맥상의 의미 해석하기
① 대화 속에서 등장하는 표현의 의미를 찾는 문제이다. slip one's mind는 '잊어버리다, 생각나지 않다'는 의미로 쓰인다.
② 이 대화 상황의 문맥을 고려해보면 산드라의 일정을 잊고 있었다는 의미와 가장 가깝다.

🔷 문제 3-7

글의 유형 지문1: 편지, 지문2: 편지

해석과 구문 확인하기

> | 수잔 포드 | 데렉 제임스 |
> |---|---|
> | 뉴저지 주 78446, | 뉴저지 주 78446, |
> | 월팍 타운십, | 월팍 타운십, |
> | 루랜드 가 92번지 | 쿨리 카운티로 84번지 |
>
> 수잔 포드 씨에게,
>
> 저는 정원용품점을 시작하려고 하는데, 비축할 to stock 화학 비료 브랜드를 찾고 있습니다. 귀사의 제품군 product line에 관한 몇 가지 질문에 대해 답변해 주실 수 있는지 궁금합니다. ③ 구체적으로 말하면, 화학 비료 혼합물의 주성분 main ingredients은 무엇이며, 어디에서 나오는 originate 것인지요?
> ④ 우리는 스스로를 전국적인 브랜드명에 대해 이 지역의 대체 local alternative 브랜드로서 광고할 market 계획입니다. 귀 회사가 이 주에서 농업계 agricultural communities에 화학 비료를 제공하는 몇 개의 지역 업체 가운데 하나입니다. 우리는 가능한 처음부터 끝까지 지역 회사가 완전히 생산한 제품을 이용하고 싶습니다.
>
> 데렉 제임스 올림

데렉 제임스
뉴저지 주 78446,
월팍 타운십,
쿨리 카운티로 84번지

수잔 포드
뉴저지 주 78446,
월팍 타운십,
루랜드 가 92번지

데렉 제임스 씨에게,

⑤우리 비료는 귀하의 상점에 아주 훌륭한 선택이 될 것입니다. 퓨어 스터프 브랜드는 거의 이 지역산일 뿐 아니라not only mostly local, 유기농입니다but organic as well. 이 비료는 톱밥, 가축 배설물, 조개 가루의 혼합물입니다. ⑦톱밥은 주 밖에서 수입됩니다be imported from out-of-state. 이는 비료가 이 지역 토양에 알맞은 영양분의 혼합물이 되도록 하기 위해 네덜란드에서 선적되어be shipped 들어오는 것입니다. 가축 배설물은 대부분 이 지역 농부들한테서 ⑥얻은 것으로, ⑦수요가 이 지역 공급업체가 제공하는 것을 초과할exceed 때만 다른 주 공급업체들을 이용합니다. 조개류 껍질은 세인트 피터스의 해산물 처리 공장processing plant에서 얻는데, 이 주에서 가장 가까운 조개류 공급원입니다.
이 정보가 귀하의 궁금증을 해결satisfy your curiosity 했기를 바라며, 퓨어 스터프를 귀하의 상점의 화학 비료 선호 브랜드로 결정하시기를 바라는 바입니다.

수잔 포드 올림

3. (A)
제임스 씨가 화학 비료에 관해 알고 싶어하는 것은?
(A) 원료의 출처
(B) 효율성
(C) 가격
(D) 인기

문제 유형 세부 정보 확인하기
(1) 문제가 지시하는 지문 읽기
제임스가 비료에 대해 알고 싶어하는 것이 무엇인지 묻고 있으므로 첫 번째 지문에 대한 문제이다.

(2) keyword 찾기
무엇을 알고 싶은지는 글을 쓴 목적과도 관련이 있으므로 글의 도입부를 확인한다.

(3) 문제-지문 keyword matching
비료의 주성분과 원산지를 묻고 있으므로 정답은 (A)이다.

4. (B)
제임스 씨가 따르려고 계획하는 마케팅 전략은?
(A) 그는 유기물 제품만 취급할 것이다.
(B) 그는 대부분 지역 제품을 들여놓을 것이다.
(C) 그는 여러 전국적인 브랜드 제품을 판매할 것이다.
(D) 그는 자신만의 브랜드를 개발할 것이다.

문제 유형 세부 정보 확인하기
(1) 문제가 지시하는 지문 읽기
제임스의 마케팅 전략에 대해 묻고 있으므로 첫 번째 지문에 대한 문제이다.

(2) keyword 찾기
편지의 목적에 뒤이어 나올 수 있는 구체적인 정보이므로 글의 후반에 나올 가능성이 높다.

(3) 문제-지문 keyword matching
두 번째 단락에서 홍보할 예정(plan to market)이라는 어구 뒤에 구체적인 방법을 명시하고 있다. 완전히 지역 회사에 의해 생산되는 제품을 이용하고 싶다고 하였으므로 이는 (B)와 일치한다.

5. (D)
포드 씨가 그녀의 서한에 덧붙인 추가 판매 포인트는?
(A) 그녀의 화학 비료에 세 가지 성분이 들어 있다.
(B) 그녀의 회사가 그에게 할인을 제공할 수 있다.
(C) 그녀의 브랜드가 폭넓은 인지도를 갖고 있다.
(D) 그녀의 화학 비료 브랜드는 완전히 유기농이다.

문제 유형 세부 정보 확인하기
(1) 문제가 지시하는 지문 읽기
포드 씨가 내세우는 판매 포인트를 묻고 있으므로 두 번째 지문에 대한 문제이다.

(2) keyword 찾기
제임스가 요청한 '지역산'일 것 이외에 추가적으로 내세우는 장점을 찾는 문제이므로 지역산이라는 장점 뒤에 제시될 것이다.

(3) 문제-지문 keyword matching
첫 문장에서 지역산일 뿐 아니라 유기농이라고 하고 있으므로 정답은 (D)이다.

6. (D)
두 번째 편지의 6행에 있는 단어 '얻은'이 의미상 가장 가까운 것은?
(A) 전송된
(B) 수확된
(C) 제조된
(D) 얻은

문제 유형 유의어 찾기

(1) 문제가 지시하는 지문 읽기
두 번째 편지의 6행에 있는 어휘 obtained의 문맥상의 의미를 묻고 있다.

(2) 문맥상의 의미 해석하기
본문에 쓰인 obtained는 모두 원료를 '얻게' 된 상황에 관해 설명하면서 사용된 것이므로 (D)가 의미가 가장 유사하다.

7. (B)
제임스 씨가 '퓨어 스터프' 브랜드를 사용하지 않게 될 것 같은 요인은?
(A) 화학 비료가 유기농이다.
(B) 톱밥이 수입된다.
(C) 조개류가 공장에서 나오는 것이다.
(D) 가축 배설물은 대부분 지역산이다.

문제 유형 추론하기

(1) 문제가 지시하는 지문 읽기
제임스 씨의 요구 사항과 퓨어 스터프사의 조건이 일치하지 않는 부분이 그 요인이 될 것이므로 두 지문을 모두 활용해야 하는 문제이다.

(2) 문제 풀이 전략 적용하기
첫 지문에서 제임스 씨의 요구사항을 확인하고 두 번째 지문에서 퓨어 스터프사 제품의 특징을 찾아 비교한다.

(3) 풀이 과정 자세히 보기
① 첫 번째 지문을 보면 제임스 씨의 요구 사항은 처음부터 끝까지 완전히 지역 생산품일 것이다.
② 두 번째 지문에서 퓨어 스터프사의 제품의 특징을 보면, 톱밥을 주 밖에서 수입하고 있으며, 가축 배설물도 수입하는 경우가 있다. (B)가 이 설명과 일치하는 보기이다.

 문제 8-12

글의 유형 지문1: 광고, 지문2: 편지, 지문3: 편지

해석과 구문 확인하기

구인: '사운드헬스' 지 편집장
메가스마트 출판사는 수상 경력이 있는 잡지 *사운드헬스*의 정규직 편집자a full-time editor를 구하고 있습니다.

편집장은 이 월간 잡지의 디자인, 내용 및 전반적인 방향에 대해 책임을 맡게 됩니다be responsible for.

맡게 될 주요 업무Primary responsibilities에는 다음 이 포함됩니다: 25명의 직원 관리supervising, 이야기의 선정selecting 및 배분assigning, 사진 선정 및 디자인.

⑧ 이상적인 지원자ideal candidate는 저널리즘 학위가 있고 최소 5년의 주요 잡지나 신문의 편집자 경력이 있어야 합니다. 추가 요구사항additional requirements으로는 뛰어난 대인 커뮤니케이션 기술을 갖추어야 하며 포토샵과 마이크로소프트 엑셀 활용에도 능해야 합니다. 건강 산업 관련 이전 경력prior experience이 있으면 바람직하겠지만, 필수 사항은 아닙니다desired but not essential.

전화는 하지 마십시오. 지원 마감deadline은 5월 31일입니다.

스티븐 바워 씨에게

저는 *사운드헬스*지의 편집자 직에 지원하고자 이 편지를 씁니다. 저는 콜롬비아 대학교의 저널리즘 석사 학위가 있습니다. 저는 현재 귀사의 중요 경쟁업체main competitors 가운데 하나인 *슈퍼 피트니스*지의 보조 편집자assistant editor입니다.

⑨ 저는 편집 과정을 전적으로 맡아fully in charge of the editing process 함으로써 제 자신을 시험할 준비가 되어 있습니다. 슈퍼 피트니스에서 제가 맡은 일에는, ⑪ 편집자가 부재 중일 때in his absence 전적인 책임을 떠맡는 것assuming full duties, 즉 15명의 기자와 4명의 사진사를 관리해야 하는 상황이 포함되어 있습니다. 저는 쿼크 익스프레스 및 기타 몇 가지 그래픽 레이아웃 소프트웨어뿐 아니라 포토샵과 엑셀에도 능합니다.

슈퍼 피트니스에 들어오기 전에prior to joining 저는 *헬스 와치*지의 선임 집필자로서 4년을 보냈습니다. 저는 삶을 통틀어 건강에 관한 한 매니아였습니다. 게다가 저는 3년째 채식주의자입니다.

요약컨대, 저는 제가 귀사의 잡지에 딱 맞는 사람a perfect fit이라고 생각합니다. 언제라도 218-556-3033으로 제게 전화 주십시오. 소식 듣기를 고대하겠습니다.

파커 압둘 올림

파커 압둘 씨에게

⑫최근의 편집장 자리에 지원하시어 저희 회사를 장래의 고용주prospective employer로 고려해 주셔서 감사합니다. 그 자리에 지원하신 데에 대한 귀하의 시간과 노력에 매우 감사 드립니다.

전체 후보자들이 매우 뛰어났기highly qualified 때문에 채용 결정은 매우 어려운 것이었습니다. 귀하의 이전 연수와 경력your prior training and experience은 인상적이었으며, 이는 귀하가 유력한 후보자strong candidate라는 것을 보여주었습니다. 그러나 신중한 고려 끝에, 이번 기회의 저희의 필요에 더 부합하는better meet our needs 다른 후보자를 선발하기로 결정했습니다. 귀하의 조건에 맞는match your qualifications ⑩공석이 있는 경우에 연락을 드리겠습니다.

앞으로의 구직 활동employment search activities이 잘 되시기를 바랍니다.

스티븐 바워
인사 부장
사운드헬스 매거진

8. (B)

광고되고 있는 일자리의 필수 요건으로 열거된 것은?
(A) 이전의 건강 관련 경력
(B) 이전의 편집 경력
(C) 기꺼이 전근 갈 의사
(D) 쿼크 익스프레스를 잘 아는 것

문제 유형 세부 정보 확인하기

(1) 문제가 지시하는 지문 읽기
채용 공고에서 필수 자격 요건을 찾는 문제이므로 첫 번째 지문에 대한 문제이다.

(2) keyword 찾기
채용 조건을 나열하고 있는 네 번째 단락을 참조한다.

(3) 문제-지문 keyword matching
저널리즘 학위와 최소 5년의 경력이 필수이므로 이와 일치하는 것은 (B)이다. (A)와 (D)는 선호 조건이지만 필수 조건은 아니며, (C)는 언급된 적이 없다.

9. (A)

지원서에 따르면, 파커 압둘이 이 자리를 원하는 이유는?
(A) 그는 새로운 도전을 찾고 있다.
(B) 그는 컴퓨터 전문 지식을 갖고 있다.
(C) 그는 건강에 대한 매니아이다.
(D) 그는 최근에 채식주의자가 되었다.

문제 유형 세부 정보 확인하기

(1) 문제가 지시하는 지문 읽기
문제에서 '지원서에 따르면' 이라고 언급하고 있으므로 두 번째 지문에 대한 문제이다.

(2) keyword 찾기
지원 동기를 묻는 문제이므로 지원서의 본문에 나올 가능성이 높다.

(3) 문제-지문 keyword matching
본문의 정답 근거 문장에서 편집 과정을 전적으로 맡아 함으로써 자기 자신을 시험할 준비가 되어 있다고 하고 있다. 이를 가장 잘 나타낸 것은 (A)이다.

10. (A)

불합격 통지서의 두 번째 단락, 5행에 있는 단어 '공석'과 의미상 가장 가까운 것은?
(A) 공석
(B) 시작
(C) 구멍
(D) 시작

문제 유형 유의어 찾기

(1) 문제가 지시하는 지문 읽기
불합격 통지서의 어휘인 'opening'의 문맥상 의미를 묻고 있으므로 세 번째 지문에 대한 문제이다.

(2) 문맥상의 의미 해석하기
opening은 '(사람을 쓸 수 있는) 공석'이라는 의미이므로 이와 가장 가까운 것은 (A)이다.

11. (C)

구인 광고에서 기술된 것 가운데 파커 압둘이 이미 경험이 있는 분야는?
(A) 유통 부수 늘리기
(B) 기사 집필
(C) 직원 관리
(D) 편집장 역할

문제 유형 세부 정보 확인하기

(1) 문제가 지시하는 지문 읽기
구인 광고와 지원자인 파커 압둘의 조건을 비교하는 글이므로 첫 번째 지문과 두 번째 지문을 모두 이용해야 한다.

(2) keyword 찾기
구인 광고의 요구 조건과 지원서에 기술된 경력을 비교한다.

(3) 문제-지문 keyword matching
두 번째 단락의 정답 근거 문장을 보면 편집장의 부재 시에 그를 대신해서 기자와 사진사들을 감독하는 업무를 했다고 하였다.

12. (D)
불합격 통지는 누구에게 쓰여진 글인가?
(A) 사운드헬스지의 직원
(B) 유망한 사업상 고객
(C) 오래된 친구
(D) 구직자

문제 유형 추론하기

(1) 문제가 지시하는 지문 읽기
불합격 통지서의 예상 독자를 묻고 있으므로 세 번째 지문에 대한 문제이다.

(2) 문제 풀이 전략 적용하기
글의 예상 독자를 찾기 위해서는 지문의 전체 내용을 기반으로 추론해야 하므로 글 전체를 읽고 풀어야 한다.

(3) 풀이 과정 자세히 보기
도입 부분에서 지원한 것에 대한 감사를 나타내고 있으며, 불합격한 이유를 설명해 주고 있다. 따라서 이 글은 사운드헬스 잡지사의 지원자에게 보내는 글이다.

 문제 13-15

글의 유형 편지

해석과 구문 확인하기

프란시스 씨에게

⑬이 편지를 보스턴 헬스케어의 회계 직원자리에 대한 사직서notice of my resignation로 받아들여 주십시오. ⑭이것은 오늘 날짜로부터 2주 후부터 유효합니다effective two weeks from this date.
이는 어려운 결정이었으나, 제가 새로운 업무와 도전을 시작하기에take up new responsibilities and challenges 적절한 순간이라고 믿습니다. ⑮제가 떠나는 이유를 이해하시기를 바랍니다.
저는 떠날 때까지 제 업무를 마무리하기wrap up my duties 위해 필요한 모든 일을 할 것입니다. 제 예고 기간 동안during my notice period 제가 특히 집중했으면 하시는 부분이 있다면 알려 주십시오.

저는 팀의 일원임이 즐거웠습니다. 지난 2년간 제게 주셨던 귀하의 전문적인 조언과 도움에 감사드립니다. 저는 회사에 많은 빚을 졌고, 앞으로 하시는 모든 일이 잘 되시기를 바랍니다.
미래에 당신이 긍정적인 추천서reference를 써주시기를 바랍니다.

데이비드 캐머런 올림

13. (A)
이 편지가 프란시스 씨에게 보내진 이유는?
(A) 사직하기 위해서
(B) 일자리를 제안하기 위해서
(C) 새로운 운영체제를 알려주기 위해
(D) 사업 기회를 제안하기 위해

문제 유형 글의 주제/목적 찾기

(1) 글의 구조 분석하기
편지가 쓰여진 이유, 즉 글의 목적을 묻는 문제이므로 글의 도입 부분을 확인한다.

(2) 풀이 과정 자세히 보기
첫 문장에서 이 편지는 '사직서'라고 명시하고 있다.

14. (B)
예고 기간은 얼마인가?
(A) 1주
(B) 2주
(C) 3주
(D) 4주

문제 유형 세부 정보 확인하기

(1) keyword 찾기
예고 기간이 얼마나 되는지 묻고 있으므로 '기간'이나 '날짜'와 관련된 표현을 찾는다.

(2) 문제-지문 keyword matching
첫 문장에서 이 사직서는 지금 날짜로부터 2주 후에 유효하다고 하였으므로 정답은 (B)이다.

15. (B)
[1], [2], [3] 그리고 [4]로 표시된 위치 중에서 다음 문장이 들어가기에 가장 적절한 곳은?
"제가 떠나는 이유를 이해하시기를 바랍니다."
(A) [1]
(B) [2]
(C) [3]
(D) [4]

문제 유형 문장 위치 찾기

(1) 글의 구조 분석하기
① 해당 문장을 제시된 위치에 넣었을 때 글의 흐름이 자연스러운 것을 찾는다.
② 떠나는 이유를 이해하기를 바란다고 하고 있으므로 이 표현은 회사를 떠나겠다는 말과 그 이유를 설명한 다음에 나올 표현이다.

UNIT 4 능력을 발휘할 순간

 Before the Step 계약서

글의 유형 계약서

해석과 구문 확인하기

계약 협의서 Contract Agreement
이 계약은 파이브 플랫(지금부터는 고객 Client 이라고 하겠음)과 클리닝 마스터(지금부터는 계약자라고 하겠음) 간에 이뤄진 것입니다. 이 계약 조건 the terms of this agreement 은 2016년 6월 10일에 시작되며, 종료일 termination date 인 2017년 6월 9일까지 지속될 것입니다. 이 계약의 구체적인 사항들은 다음과 같습니다:
1. 고객은 계약자가 정규 근무 시간 regular business hours 과 그 외 상호간에 받아들일 수 있을 만한 mutually agreeable 시간 동안 사업장과 그 주변에 접근 하는 것을 허가한다 grant.
2. 고객은 계약자에게 매 달의 첫 날에 1200달러를 지불하며 이는 해당 월의 나머지 동안 실시될 서비스 services to be performed 에 대한 것이다. 비용을 지불하지 못하는 경우 서비스 계약자 the service provider 는 공지 없이 without notice 계약을 종료시킬 수 있습니다.
3. 서비스는 건물의 안과 밖을 청소하는 것과 내부와 외부의 쓰레기통의 쓰레기를 치우는 것을 포함한다.
이 계약은 서면으로 양측에 의해서 서명되지 signed by both parties 않는 한 어떤 방식으로든 in any manner 수정되지 않을 것입니다.
이 계약은 2016년 5월 25일에 권한을 부여 받은 대표들 authorized representatives 에 의해 적절한 절차에 따라 duly 서명되었습니다.

KEY 10 기업의 인수와 합병

글의 유형 기사문

1. (A)

문제 유형 글의 주제/목적 찾기

(1) 글의 구조 분석하기
기사문의 제목은 글 전체의 내용을 집약적으로 제시해준다.

(2) 풀이 과정 자세히 보기
제목에서 콜튼사가 L&G사를 인수했다는 것을 알려주고 있으므로 이를 가장 잘 나타낼 수 있는 것은 (A)이다.

2. (B)

문제 유형 추론하기

(1) 문제 풀이 전략 적용하기
특정 인물에 대한 추론하기 유형이다. 사람 이름은 고유명사로 지문에도 그대로 등장한다.

(2) 문제-지문 keyword matching
정답 근거 문장을 보면 앨리슨 프레스튼의 이름 뒤에 이 사람의 직책을 보여 주고 있다. 홍보 부서의 담당자(director)라고 하고 있으므로 이는 (B)로 나타낼 수 있다.

3. (D)

문제 유형 유의어 찾기

(1) 문맥상의 의미 해석하기
해당 어휘 뒤에서 '과도기를 감독할' 이라고 하고 있으므로 (D)가 가장 가깝다.

KEY 11 박람회 초대장

글의 유형 편지

1. (C)

문제 유형 글의 주제/목적 찾기

(1) 글의 구조 분석하기
공식적인 양식의 편지에서는 글의 첫 문장 혹은 도입부에 편지를 쓰는 목적을 밝힌다.

(2) 풀이 과정 자세히 보기
I'm writing to~로 시작하는 문장이 정답 근거 문장이 된다. 이 문장으로 글을 쓴 사람이 국제 무역 박람회에 초대를 하고 있다는 것을 알 수 있다.

2. (B)

문제 유형 세부 정보 확인하기

(1) keyword 찾기
참가자들이 무엇을 할 수 있는지에 대한 정보는 세부 사항에 속하므로 편지의 본문에서 박람회에 대한 정보가 나열된 부분을 찾는다.

(2) 문제-지문 keyword matching
첫 번째 문단 정답 근거 문장에서 아이디어를 나누고 새로운 협력관계를 수립할 수 있다고 하였으므로 이를 가장 잘 나타낸 것은 (B)이다.

KEY 12 회의록 & 이메일

글의 유형 지문1: **회의록** 지문2: **이메일**

1. (C)

문제 유형 세부 정보 확인하기

(1) 문제가 지시하는 지문 읽기
ADM 컨설팅사가 고객의 불만을 어떻게 해결할 것인지를 묻고 있다. 문제에 대한 해결책을 찾는 문제로 첫 번째 지문인 회의록에 대한 문제이다.

(2) keyword 찾기
소제목이 있는 경우, 각 부분의 내용을 짐작할 수 있다.

(3) 문제-지문 keyword matching
① 두 번째 항목의 정답 근거 문장에서 고객들이 불만을 제기했다는 사실을 제시하고 그 이후에 문제에 대한 해결책을 언급하고 있다.
② 문화적 변수에 대한 재평가를 해 보겠다고 하고 있으므로 이를 가장 잘 나타낸 것은 (C)이다.

2. (B)

문제 유형 세부 정보 확인하기

(1) 문제가 지시하는 지문 읽기
고객사가 원하는 사항의 세부 정보를 묻고 있으므로 첫 번째 지문에 대한 문제이다.

(2) keyword 찾기
소제목이 있는 경우, 각 부분의 내용을 짐작할 수 있다.

(3) 문제-지문 keyword matching
① 주석에 대해 묻고 있으므로, 회의록의 세 번째 항목을 참조한다.
② 근거 문장을 보면 더 자세한 주석을 원하는 이유는 고객이 직접 사이트를 운영하기를 원하기 때문이라고 하고 있다.

3. (D)

문제 유형 유의어 찾기

(1) 문제가 지시하는 지문 읽기
이메일의 1행에 있는 어휘 withdraw의 문맥상 의미를 묻고 있으므로 두 번째 지문에 대한 문제이다.

(2) 문맥상의 의미 해석하기
회의록에서 고객의 요청으로 코드 작업을 다시 해야 한다고 얘기한 후, 이메일에서 이 작업을 다시 할 필요가 없게 됐다고 말하는 것으로 보아, 요청을 '취소했음'을 알 수 있다.

4. (D)

문제 유형 추론하기

(1) 문제가 지시하는 지문 읽기
이메일을 통해 추론할 수 있는 사실을 고르는 문제이므로 두 번째 지문에 대한 문제이다.

(2) 문제 풀이 전략 적용하기
우려했던 혼란은 많이 줄어들었지만 여전히 이상한 요구는 많이 하고 있다고 언급하는 것으로 보아 (D)가 가장 적절하다.

5. (A)

문제 유형 진위 추론하기

(1) 문제가 지시하는 지문 읽기
회의에서 다룬 항목과 체코프가 언급한 사항을 비교하고 있는데, 체코프는 두 번째 지문인 이 메일을 쓴 사람이므로 두 지문을 모두 활용해야 한다.

(2) 보기와 지문 비교
보기와 본문을 대조하면서 일치하지 않는 것을 찾는다.

(3) 풀이 과정 자세히 보기
회의록에서 제시한 4가지 항목 중 이메일에 등장하지 않은 것은 (A)이다.(두 지문 전체의 내용을 참고해야 하므로 정답 근거 문장은 표기하지 않는다.)

UNIT 5 성공을 위한 필수 과정

Before the Step   신제품 출시

글의 유형 광고

해석과 구문 확인하기

역대 최고의 소프트웨어를 소개Introducing합니다!

그린 솔루션이 지금까지 만들었던 것 중 가장 뛰어난 소프트웨어의 출시the launch of the smartest software를 자랑스럽게 발표합니다. 최신 성능으로 With updated performance, 그린 XPDW-5100은 소프트웨어의 새로운 시대a new era를 열어드립니다.

이것은 귀하의 필요를 충족시켜줄meet your needs 프로그램입니다. 저희는 기능, 사용 용이성 그리고 가격이라는 측면에서in terms of 그린 XPDW-5100과 비교할 만한comparable 분석 프로그램이 없다고 자신합니다. 그린 XPDW-5000도 뛰어났지만 이번 제품은 더 좋습니다. 이 제품은 지난 버전보다 명확하고 빠르며 완벽한 호환성with full compatibility을 갖추고 있습니다. 이 제품은 복잡한 데이터를 분석하는데in analyzing complex data 매우 효율적이며highly effective 오류를 자동으로 탐지해detect 낼 수 있습니다.

새로운 소프트웨어에 대한 무료 연수와 시연demonstration이 3월 5일에서 10일 사이 W 컨퍼런스 센터 전시홀 201에서at Exhibition Hall 201 있을 것입니다. 사용자들은 설문지를 작성한filling out a questionnaire 후에 데모 프로그램을 온라인으로 이용할 수 있습니다. 기업 고객Corporate clients은 풀 패키지로 무료 업그레이드를 받을 수 있습니다. 더 많은 정보를 원하시면 www.gsolutions.com을 방문해 주시거나 800-429-713로 전화 주십시오.

정규 근무 시간:
월-금: 오전 9시-오후 5시 (일요일과 휴일은 닫습니다.)

KEY 13   홈페이지

글의 유형 웹페이지

1. (A)

문제 유형 세부 정보 확인하기

(1) keyword 찾기
킵인터치가 사용자들을 위해 무엇을 하는지 묻고 있다. 따라서 어떤 서비스를 제공하는지에 대한 정보를 찾아야 한다.

(2) 문제-지문 keyword matching
① 킵인터치는 사용자들이 가족이나 친구와 같은 가까운 사람들의 생일, 기념일을 잊지 않도록 알려주는 서비스를 하고 있는 회사이다.
② 개인적으로 중요한 날을 알려주는 것이므로 (B)는 답이 될 수 없다.

2. (B)

문제 유형 진위 추론하기

(1) 보기와 지문 비교
보기와 본문을 대조하면서 일치하지 않는 것을 찾는다.

(2) 풀이 과정 자세히 보기
킵인터치에서 제공하는 것은 무료 이메일, 생일 기념일 알림, 지인들의 최신 정보가 담긴 정기 메일과 문자 메시지이다. 다른 사람들의 데이터 베이스 접근 권한에 대해서는 언급하지 않았다.

KEY 14   기업의 성공 요인

글의 유형 기사

1. (D)

문제 유형 세부 정보 확인하기

(1) keyword 찾기
쉐브모트사가 어떻게 성공할 수 있었는지에 대한 정보를 묻고 있다. 방법을 묻는 세부 정보 확인하기 유형의 문제는 동사(succeed)가 주요 단서가 된다.

(2) 문제-지문 keyword matching
① 두 번째 문단에 쉐브모트의 CEO가 언급한 성공 요인이 나열되어 있다. 그는 환경 친화적이면서도 알맞은 가격의 차를 생산한 것에 성공의 요인이 있다고 말했다.
② 마지막 문장에서 대중들이 연료 효율이 좋은 소형차에 대한 필요성을 깨달았고, 이제 쉐브모트사가 업계의 리더가 될 것이라고 하고 있다.
③ 이를 종합해보면 쉐브모트는 값이 싸고, 환경 친화적이며 연료 효율이 좋은 소형차를 생산하는 회사이며, 이로 인해

성공을 거둘 수 있었던 것이므로 (D)가 정답이다.
④ 문제를 푸는데 지문 전체의 정보를 통합하여 추론해야 하는 문제로 난이도가 높은 문제이다.

2. (D)

문제 유형 추론하기

(1) 문제 풀이 전략 적용하기
① 추론하기는 특정 정보를 이용하여 추론하는 유형과 글 전체의 정보를 이용하여 추론을 하는 유형으로 나눌 수 있다.
② 글의 중심 소재인 쉐브모트에 대해 추론할 수 있는 것을 묻고 있으므로 글 전체의 정보를 이용하는 유형에 속한다.
③ 보기 중 하나만 사실이므로 지문을 모두 읽은 후에 보기를 읽으면서 옳은 것을 고른다.

(2) 풀이 과정 자세히 보기
정답 근거 문장을 보면, 1990년대에 경쟁업체만큼 많은 차를 생산하지 않았고, 이로 인해 시장을 이해하지 못한다는 비난을 받았다고 했다. 이는 (D)와 가장 가깝다.

(3) 오답 분석
(A) 쉐브모트는 자동차 제조회사이며, 어느 나라의 회사인지는 알 수 없다.
(B) 회사의 경영 방식에서 전통적인 가치를 중요시 하는지는 언급하지 않았다.
(C) 쉐브모트는 SUV의 유행이 오래가지 않을 것이라는 것을 알고 있었으므로 이를 따르지 않았다고 언급했다. 경제 회복에 대해서는 언급하지 않았다.

3. (C)

문제 유형 진위 추론하기

(1) 보기와 지문 비교
자동차 산업이 어려운 이유로 언급되지 않은 것을 고르는 문제로 보기와 본문을 대조하면서 일치하지 않는 것을 찾는다.

(2) 풀이 과정 자세히 보기
① 도입부에서 경기 침체로 인해 자동차 수요가 감소하고 있음을 언급했으므로 (A), (B)는 답이 아니다.
② 가솔린은 변동이 심하지만 장기적으로는 올라간다고 하였으므로 (D)도 답이 아니다.

KEY 15 컨설팅 광고, 의뢰 & 가격표

글의 유형 지문1: 광고   지문2: 편지   지문3: 가격표

1. (A)

문제 유형 유의어 찾기

(1) 문제가 지시하는 지문 읽기
광고의 6행에 있는 어휘 establish의 문맥상 의미를 묻고 있으므로 첫 번째 지문에 대한 문제이다.

(2) 문맥상의 의미 해석하기
온라인 매장의 시행에 대한 전문 기술을 갖고 있다고 설명한 후, 웹사이트를 '구축(establish)'하거나 향상시키고자 하는 기업에 이상적이라고 언급했다. 이런 맥락으로 비추어 볼 때 '시작하다'의 뜻이 있는 (A)가 답으로 적절하다.

2. (B)

문제 유형 진위 추론하기

(1) 문제가 지시하는 지문 읽기
맥킨지 씨의 사업의 한 분야로 언급되지 않은 것을 묻고 있다. 맥킨지 씨는 서비스를 의뢰하는 사람이므로 두 번째 글에 대한 문제이다.

(2) 보기와 지문 비교
보기와 본문을 대조하면서 일치하지 않는 것을 찾는다.

(3) 풀이 과정 자세히 보기
① 정답 근거 문장인 본론의 첫 문장에서 웹사이트, 우편 주문 목록, 실제 매장을 갖고 있다고 했다.
② 콜센터는 언급되지 않았으므로 (B)가 정답이다.

3. (D)

문제 유형 세부 정보 확인하기

(1) 문제가 지시하는 지문 찾기
맥킨지 씨가 겪고 있는 문제가 무엇인지 묻고 있으므로 두 번째 지문을 참조한다.

(2) keyword 찾기
서비스를 의뢰하는 상황이므로 편지의 본문에서 문제나 어려움 등을 설명하고 있는 부분을 찾는다.

(3) 문제-지문 keyword matching
근거 문장을 보면 세 개의 매체를 보유하고 있는데 각각이 서로 다른 시스템을 갖고 있다고 하고 있으므로 가장 가까운 것은 (D)이다.

4. (D)

문제 유형 추론하기

(1) 문제가 지시하는 지문 읽기

맥킨지 씨가 요청하고자 하는 것이므로 두 번째 지문을 참조한다. 보기에 제시된 서비스의 명칭은 세 번째 지문인 가격표에 있으므로 이 지문도 참조해야 한다.

(2) 문제 풀이 전략 적용하기

맥킨지 씨가 가지고 있는 문제를 가장 잘 해결해 줄 수 있을 것으로 보이는 서비스를 세 번째 지문의 표에서 고른다.

(3) 풀이 과정 자세히 보기

① 맥킨지 씨는 각기 다른 회사에서 만든 3개의 소프트웨어를 사용하고 있으며 이를 통합해 달라고 요청하고 있다.
② 이 내용으로 보아 맥킨지 씨는 '소프트웨어 조율(최적화와 통합)'을 요청할 것으로 보인다.

5. (B)

문제 유형 추론하기

(1) 문제가 지시하는 지문 읽기

맥킨지 씨가 이용할 서비스의 금액을 묻고 있으므로 두 번째 지문과 세 번째 지문을 모두 참조해야 한다.

(2) keyword 찾기

맥킨지 씨가 이용할 것으로 보이는 서비스를 가격표에서 찾아 금액을 확인한다.

(3) 문제-지문 keyword matching

맥킨지 씨의 문제로 미루어 보아 그가 신청할 서비스는 '소프트웨어 조율'이다. 가격표를 보면 이 서비스의 가격은 $80이라고 되어있다.

UNIT 6 끊임없는 연구와 개발

Before the Step 연구 제안서

글의 유형 이메일

해석과 구문 확인하기

연구 제안서 Proposal

샘슨 씨에게

현재 기술력으로, 스마트폰은 바이러스 감염과 민감한 정보의 유출leaking sensitive data 위험에 처해 있습니다. 회사와 정부들이 점점 더 휴대폰 의사소통에 의존하게 되면서, 스마트폰에 대한 보안의 중요성the importance of security이 증가하고 있습니다. 고객 정보는 특별히 매력적인 대상attractive target입니다. 많은 다른 종류의 정보들 또한 중요한 대상substantial targets입니다. 해킹을 위한 도구나 악의를 가진 개인들malicious individuals은 점점 더 교묘해지고 getting more sophisticated 있습니다. 예방 조치를 취하는데 있어서 아무리 조심해도taking precautions 지나치지 않습니다.

저희 연구실laboratory에서는 이미 안드로이드 휴대폰과 애플 휴대폰 둘 다 호환이 가능한compatible both with 첫 번째 바이러스 방어 스마트폰을 개발invent했습니다. 우리의 전문 지식과 경험expertise and experience을 기반으로 바이러스와 컴퓨터 시스템을 파괴하는 소프트웨어 – 악성 프로그램 –의 잠재적인 공격potential attack을 자동적으로 처리할 수 있는 프로그램을 개발하기 위한aims to develop 조사를 수행conduct research 하고자 합니다.

그러므로, 2016년 연구 예산research budget for 2016의 대부분을 저희 제품을 위한 새로운 보안 프로그램을 개발하는 데에 집중할 것을 제안합니다.

라지브 맥키니 올림

KEY 16　학회 프로그램

글의 유형　일정표

1. (B)

문제 유형　세부 정보 확인하기

(1) keyword 찾기
스티븐 도일 교수의 워크샵이 열리는 장소를 묻는 문제이다. 사람 이름인 고유 명사는 다른 표현으로 바꿀 수 없으므로 지문에서 사람 이름을 찾는다.

(2) 문제-지문 keyword matching
① 세 번째 항목인 워크숍에서 그 정보를 찾을 수 있다.
② 스티븐 도일 교수는 501호에서 에너지와 사회를 주제로 하는 워크숍을 시작할 예정이다.

2. (C)

문제 유형　세부 정보 확인하기

(1) keyword 찾기
마지막 강연자가 누구인지를 묻는 문제이므로 일정표의 마지막 항목을 참조한다.

(2) 문제-지문 keyword matching
일정표의 마지막 연설이라는 항목에서 마지막 연설을 맡게 될 강연자는 (C) 스튜어트 커닝엄이라고 언급하고 있다.

KEY 17　새로운 기술 개발

글의 유형　기사

1. (C)

문제 유형　글의 주제/목적 찾기

(1) 글의 구조 분석하기
글의 전반부는 새로운 기술이 어떤 것을 제공할 수 있는지를 설명하고 있고, 후반부는 이 기술을 우려하는 사람들이 있음을 언급하고 있다.

(2) 풀이 과정 자세히 보기
① 주제는 글의 전체 내용을 대표할 수 있어야 하므로 (C)가 가장 적절하다.
② (B)나 (D)는 언급되어 있기는 하지만 글 선체에 대한 내용이라고 할 수 없으므로 답이 될 수 없다.

2. (B)

문제 유형　추론하기

(1) 문제 풀이 전략 적용하기
① 추론하기는 특정 정보를 이용하여 추론하는 유형과 글 전체의 정보를 이용하여 추론을 하는 유형으로 나눌 수 있다.
② 이 문제는 중심 소재가 군사용 로봇에 대한 문제이므로 글 전체의 정보를 이용해야 하는 유형이다.
③ 첫 문단의 정답 근거 문장에서 무인 로봇들이 군인들을 대신하여 위험한 일을 해오고 있다고 했으므로 (B)가 정답이다.

(2) 오답 분석
(A) 마지막 문장에서 전투 로봇(combat robot)이 언급되었으나 인간과 비교했을 때 그 전투 능력이 어느 정도인지는 알 수 없다.
(C) 로봇의 유지 비용은 언급된 적이 없다.
(D) A.I.는 Artificial Intelligence(인공 지능)의 줄임말로 인지능력이 있음을 알 수 있으나 앞으로 능력에 변화가 있을 것인지는 알 수 없다.

3. (C)

문제 유형　문장 위치 찾기

(1) 글의 구조 분석하기
① 해당 문장을 제시된 위치에 넣었을 때 글의 흐름이 자연스러운 것을 찾는다.
② 주어진 문장이 "다인 사이버시스템즈의 대표인 존 태거트는 이러한 두려움을 웃어넘기고 있다." 이므로 인공지능 로봇에 대한 부정적인 견해 뒤에 오는 것이 자연스럽다.

KEY 18　최신 제품 광고 & 리뷰

글의 유형　지문1: 광고　지문2: 기사

1. (D)

문제 유형　유의어 찾기

(1) 문제가 지시하는 지문 읽기
광고의 첫 번째 줄에 있는 sophisticated의 문맥상의 의미를 묻고 있으므로 첫 번째 지문에 대한 문제이다.

(2) 문맥상의 의미 해석하기
블루베리 F라는 휴대폰의 기능에 대해 주로 설명하고 있으며 제목에서 지금까지 있었던 것 중에서 가장 뛰어난 제품이라고 하고 있으므로 (D)가 정답이다.

2. (B)

문제 유형 글의 주제/목적 찾기

(1) 문제가 지시하는 지문 읽기
기사의 주제를 묻는 문제이므로 두 번째 지문을 모두 읽은 후에 지문 전체를 대표할 수 있는 보기를 고른다.

(2) 글의 구조 분석하기
① 기사는 광고에서 주장하는 휴대폰의 기능이 다소 과장되어 있다는 것을 지적하고 있다.
② (D) 이 분야에서 최고의 제품이라는 것은 광고의 주장이다.

3. (A)

문제 유형 추론하기

(1) 문제가 지시하는 지문 읽기
문제에서 '기사에 따르면'이라고 언급하고 있으므로 두 번째 지문에 관한 문제이다.

(2) 문제 풀이 전략 적용하기
① 중심 소재인 블루베리 F에 대한 문제이므로 해당 지문을 모두 읽은 후에 지문을 먼저 읽고 보기에서 적절한 것을 고른다.
② 기사의 마지막 문장에서 경쟁력 있는 가격을 갖추고 있다고 했으므로 이를 가장 잘 나태는 것은 (A)이다.

(3) 오답 분석
(B) 추가 기능의 품질이 과장되어 있다고 비판하고 있으므로 답이 될 수 없다.
(C) 경쟁사의 제품보다 뒤떨어진다고 하고 있으므로 적절하지 않다.
(D) 보증 조건에 대해서는 언급하지 않았다.

4. (A)

문제 유형 세부 정보 확인하기

(1) 문제가 지시하는 지문 읽기
기사문이 사람들에게 휴대폰을 사라고 제안하는 이유를 묻고 있으므로 두 번째 지문에 대한 문제이다.

(2) 풀이 과정 자세히 보기
휴대폰을 구매하지 않을 이유가 없다고 언급하면서 그 다음에 비로 가격이 저렴하다는 점을 내세우고 있다.

5. (C)

문제 유형 세부 정보 확인하기

(1) 문제가 지시하는 지문 읽기
광고와 기사의 내용이 일치하는 것을 찾아야 하므로 두 지문의 정보를 비교해야 하는 문제이다.

(2) keyword 찾기
① 광고에서 주장하는 기능을 확인한다.
② 기사에서 평가하는 휴대폰의 기능과 광고의 주장을 비교한다.

(3) 문제-지문 keyword matching
① 광고에서 음악, 사진, 비디오를 3기가바이트까지 저장할 수 있다고 했다. 기사에서 3기가바이트의 노래를 정말로 담을 수 있다고 하였으므로 (C)가 정답으로 알맞다.
② 캠코더와 노래의 재생 품질이 과장되어 있다고 지적하고 있으므로 (A)와 (D)는 답이 아니다. 광고에서는 가격에 대해 언급한 적이 없으므로 (B)도 답이 아니다.

Practice Test 2

문제 1-2

글의 유형 웹 채팅

해석과 구문 확인하기

켈리 레지나 (09:47) ① 안녕하세요, 조안. 마케팅 캠페인에 진전 사항any developments이 있었나요?

조안 트레메인 (09:49) 안녕하세요, 켈리. 화요일에 참석하지 못하셔서 안타까웠습니다. 하지만 예상했던 만큼 잘 진행되었습니다. 고객이 우리가 제안한 마케팅 캠페인의 전반적인 방향overall direction을 마음에 들어 했습니다.

켈리 레지나 (09:50) 멋지네요. 우리가 고려해야 할 다른 사항이 있나요?

조안 트레메인 (09:52) 고객은 광고가 18세 이하 사람들에게 호소할 만한 충분한 "에너지"가 부족하다는 lacked enough energy 우려를 다소 나타냈습니다.

린다 에반스 (09:52) 안녕하세요, 켈리. 거기에 대해서는 제가 설명드릴게요. 제 생각에 이는 전체적으로 파란색 톤으로만 만들어진 광고 때문인 듯합니다.

켈리 레지나 (09:53) 안녕하세요, 린다. ② 파란색이 "시원하고 상쾌하다"는 느낌과 훨씬 더 잘 어울린다는 것을 설명하셨나요?

린다 에반스 (09:54) 네, 하지만 고객들이 완고adamant 했습니다. 전체적인 방향이 에너지와 열정의 느낌을 담도록 광고를 고치거나 바꿀revise or replace 수 있으신지요?

켈리 레지나 (09:55) 알겠어요. 늦어도at the latest 월요일까지는 끝낼 거에요.

조안 트레메인 (09:56) 미리 고맙다는 말 전할게요.

린다 에반스 (09:56) 수정본이 완성되면 저와 조안에게 이메일로 보내주세요. 고마워요.

1. (C)

웹 채팅의 목적은?
(A) 직원의 업무 성과를 비난하려고
(B) 중요한 고객을 놓친 것을 애석해 하려고
(C) 회의 결과를 설명하려고
(D) 콜라가 건강에 좋은 점을 논의하려고

문제 유형 글의 주제/목적 찾기

(1) 글의 구조 분석하기

세 사람 사이에 이루어 지고 있는 대화문이다.

(2) 풀이 과정 자세히 보기

대화에서 켈리가 회의에 참석하지 못했음을 언급하면서 회의에서 어떤 진전이 있었는지를 설명해 주고 있으므로 (C)가 가장 적절하다.

2. (D)

원래 광고가 제품의 활력적인 요소를 전달하려고 했던 방법은?
(A) 따뜻한 색조를 사용함으로써
(B) 건강에 좋은 점을 강조함으로써
(C) 음악적인 톤을 포함함으로써
(D) 파란색 색조를 이용함으로써

문제 유형 세부 정보 확인하기

(1) keyword 찾기

광고가 제품의 활력적인 요소를 어떤 방법으로 전달하려고 했는지를 묻고 있으므로 '활력적인 요소(invigorating nature)'의 유사 어휘를 지문에서 찾는다.

(2) 문제-지문 keyword matching

켈리의 세 번째 대사에서 "시원하고 상쾌한" 느낌을 전달하기에 파란색이 더 낫다고 하고 있으므로 정답은 (D)이다.

문제 3-7

글의 유형 지문1: 기사, 지문2: 편지

해석과 구문 확인하기

비교 코너

매달 저희 잡지는 시장에서 구할 수 있는available on the market 신형 차량의 비교 자료를 다루고feature a comparison 있습니다. ③이것이 독자 여러분이 최근 몇 년간 급성장해 온has grown exponentially in recent years 시장a market에서 선택을 하실 때 도움이 될 것이라고 생각합니다.

제조업체	가격	모델	특징	안전 장치
히야시	17,455달러	X-7	편안한 5인승 좌석five comfortable seats 3번째 줄 좌석은 선택 가능 optional third-row seating 언덕 오르기 위한 V-6 엔진이 강력한 파워를 공급	에어백 6개 기본standard 충돌 시험crash-test 별 5개 등급
④에디슨	18,250달러	Condor	뒤의 짐 싣는 공간rear cargo space에 많은 물건을 넣을 수 있음hold lots of stuff 기본 모델basic model의 표준 GPS.	4개의 에어백이 기본으로 딸려있음come with 충돌 시험 별 4개 등급
토욘카	18,760달러	Avatar	3번째 줄 좌석 기본 V-6 또는 4기통 엔진 선택 가능	에어백 6개 기본 충돌 시험 별 5개 등급
④비너스	16,900달러	Trophy	기본 모델의 표준 GPS 뒤의 화물 출입구 안에 접이식 피크닉용 테이블foldable picnic table이 있음	에어백 4개 기본 충돌 시험 별 3개 등급

테스트 드라이버의 독자 반응Reader Reaction

편집자Editor께:

지난달 소형 SUV에 대한 귀사의 등급 자료에for your ratings 감사 드립니다. 어떤 것을 살지 결정하는 데 도움이 help me decide 되었습니다.

구입을 하고 난 후after making my purchase, 저는 귀사의 독자들에게 조언을 좀 해 주고 싶습니다. 우선, 처음에 해 본 것이 아주 마음에 들더라도even if you love, 꼭 2-3대의 차량을 시험 주행해 보도록 하십시오. 바로 구매하고 싶은 유혹을 견디세요. 둘째로, 각 차량each vehicle을 만드는 회사에 주목하십시오pay attention to the company.

그 회사의 다른 ⑦부문other market segments에 있는 차종의 품질이 좋다면high-quality, 소형 SUV 역시 품질이 좋을 가능성이 높습니다chances are good. 마지막으로, 파워와 안전을 잘 비교해 보는strike a good balance between power and safety 것을 잊지 마시기 바랍니다. ⑥SUV의 주 목적primary purpose은 강력한 힘을 즐기는 동시에, 차에 타고 있을 때 자신과 가족을 보호하기protect you and your family 위한 것입니다. 그리고 돈을 치르는 만큼 얻게 된다는 것을 명심하십시오. 계속 수고해 주십시오!

⑤진 냅
진의 차량 정비소의 사장Owner, Gene's Garage

3. (B)

테스트 드라이버 잡지가 비교 코너를 게재하는 이유는?

(A) 지역 자동차 판매 대리점의 질에 대한 등급을 매기기 위해
(B) 독자들이 구입 결정을 하는 데 도움을 주기 위해
(C) 독자들이 낸 차 평가서를 분석하기 위해
(D) 새로운 모델의 차량에 대한 아이디어를 제안하기 위해

문제 유형 글의 주제/목적 찾기

(1) 문제가 지시하는 지문 읽기
비교 코너의 목적을 묻고 있으므로 첫 번째 지문을 참조한다.

(2) 글의 구조 분석하기
표 위주로 작성된 기사문의 경우, 표가 제시되기 전에 간단히 글의 목적을 설명한다.

(3) 풀이 과정 자세히 보기
도입 부분에서 독자들이 차를 고를 때 도움을 주려고 한다는 것을 언급했다.

4. (C)

에디슨 콘도르와 비너스 트로피의 공통점은?

(A) 둘 다 세 번째 줄 좌석이 있다.
(B) 각각 5개의 에어백이 기본이다.
(C) 둘 다 표준 GPS가 있다.
(D) 둘 다 V-6 엔진을 가지고 있다.

문제 유형 세부 정보 확인하기

(1) 문제가 지시하는 지문 읽기
두 차량을 비교하기 위해서는 기사 내용의 표를 참조해야 한다.

(2) keyword 찾기
표에서 두 모델의 세부 항목들을 비교한다.

(3) 문제-지문 keyword matching
두 차량 모두 표준 GPS 모델을 장착하고 있다.

5. (D)

진 냅은 누구인가?

(A) 자동차 저술가
(B) 차량 평론 기자
(C) 자동차 거래상
(D) 자동차 수리공

문제 유형 추론하기

(1) 문제가 지시하는 지문 읽기
특정 인물에 대한 추론으로 지문에서 해당 인물의 이름은 두 번째 지문에 있다.

(2) 문제 풀이 전략 적용하기
차량 정비소의 사장이므로 가장 가까운 것은 (D)이다.

6. (D)

진 냅이 구입했을 것 같은 소형 SUV는?

(A) 비너스 트로피
(B) 에디슨 콘도르
(C) 히야시 X-7
(D) 토욘카 아바타

문제 유형 세부 정보 확인하기

(1) 문제가 지시하는 지문 읽기
진 냅이 어떤 차를 골랐는지 추론하기 위해서는 각 차량의 특징과 진 냅이 원하는 조건을 비교해야 하므로 두 지문을 모두 읽어야 한다.

(2) keyword 찾기
강력한 힘을 가진 차가 좋고, 비싼 차는 그 값을 한다고 언급하고 있으므로 이 내용에 부합하는 차량은 표에서 고른다.

(3) 문제-지문 keyword matching
강력한 V-6 엔진을 가지고 있는 차량 중에서 가장 가격이 높은 것은 (D) 토욘카 아바타 이다.

7. (B)

편지의 두 번째 단락 4행에 있는 단어 '부문'과 의미상 가장 가까운 것은?

(A) 거래상
(B) 종류
(C) 도시
(D) 맛

문제 유형 유의어 찾기

(1) 문제가 지시하는 지문 읽기
편지의 어휘 segment의 문맥상의 의미를 묻고 있으므로 두 번째 지문을 참조한다.

(2) 문맥상의 의미 해석하기
해당 어휘 앞에서 '그 회사의 다른 시장' 이라고 하는 것으로 보아 SUV가 아닌 다른 차종을 나타내고 있으므로 (B)가 가장 가깝다.

문제 8-12

글의 유형 지문1: 이메일, 지문2: 공지, 지문3: 쿠폰

해석과 구문 확인하기

수신: 코이치 다나카
발신: 마리아 가르시아
제목: 새 지점 오픈

다나카 씨에게,

우리는 지금 채텀에 새로운 지점의 개장을 한 달도 채 남겨두고 있지 않습니다. 당신이 이 특정한 점포this particular store의 점장이 될 것이므로, 그 공식 발표 the formal announcement를 맡아주셔야 할 것 같습니다. 이를 어떻게 구성할 것인지에 대해 일반적인 조언 몇 가지some general advice를 드리려고 합니다.

⁹상투적인 문구the stereotyped phrases를 모두 포함시키십시오: 우리가 점포에 비치하는 다양한 제품the wide range of products, 상시 최저 가격, 다양한 개장일 특가품 등 세부 사항을 결정하는 것은 다나카 씨에게 맡기도록 하겠습니다. 다만 회사 지침을 따르기만 follow company guidelines 하시면 됩니다. 또한 그레이스 돌이 직접 들러서 개점 축하행사에서 리본을 자를 것임을 언급하셔도 됩니다. 그녀의 참여는 좋은 보도 거리가 될 것입니다.

마지막으로, ⁸발표의 최종안에는 점포가 고용할 사람 수에 관해 비중 있게 다루었으면to focus heavily on the number of people 합니다. 그러면, 단지 대형 회사라는 이유로 비평가들로부터 ¹⁰불가피하게 받게 될inevitably receive 부정적인 보도에 대응하는 데 counter some of the negative press 도움이 될 것입니다.

행운을 빕니다.

가르시아 올림

개업 기념 행사

채텀 지점의 개업 기념 행사가 2016년 11월 6일 오전 8시에 있을 것입니다.

새 해밀턴 지점은 50명이상의 시민들에게 안정된 일자리steady employment를 제공하고 배송 및 제조업 부문the delivery and manufacturing sectors에서 추가로 200개의 일자리를 창출할 것입니다. 이를 축하하기 위해 시장인 그레이스 돌이 참석하여 리본을 자르고 공식적으로 매장 개장을 선언declare the store open 할 것입니다.

매장에서는 식품grocery items부터 가전제품household appliances에 이르기까지 다양한 제품a wide variety of products에 대해 상시 최저 가격을 제공할 것입니다. 일일 특가 할인 외에도 개장일을 위해 해밀턴 마트는 단 한 번만 실시하는 몇 개의 특가 행사를 열 것입니다. 예를 들면, 모든 주방용품은 소매 정가에서 20퍼센트 할인20%off their regular retail prices 될 것입니다. 웹사이트의 쿠폰과 행사 코드로 할인을 받으세요get discounts. 또한 ¹¹개장일에 포인트 카드에 등록하는signs up for 사람은 자동적으로 공짜 텔레비전에 대한 복권 추첨 명단에 포함될be entered into a raffle 것입니다.

오직 하루만!

11월 6일 금요일
이 쿠폰을 가져오셔서 50달러 혹은 그 이상의 구매에 대해 20% 할인을 받으세요.

¹²해밀턴 마트의 채텀 지점에서 이 쿠폰을 제시하고 present this coupon 50달러나 그 이상의 구매에 대해 지불하실 때 사용하세요. 현금으로 교환되지 redeemable for cash 않습니다. 1개의 쿠폰은 1명의 고객 당 1개의 거래per transaction로 제한됩니다. 이는 행사용 쿠폰이며 2016년 11월 6일 금요일에만 유효valid합니다.

8. (A)
가르시아 씨가 발표에서 강조하고 싶어하는 세부 사항은?
(A) 매장이 창출할 일자리 수
(B) 매장이 제공할 특가품
(C) 회사의 규모
(D) 매장에 비치할 제품

문제 유형 세부 정보 확인하기

(1) 문제가 지시하는 지문 읽기
가르시아 씨가 원하는 세부 조건을 찾아야 하므로 가르시아 씨가 쓴 이메일인 첫 번째 지문을 참조한다

(2) keyword 찾기
'강조'하고자 하는 사항을 찾고 있으므로 이와 비슷한 어휘가 사용되는 곳을 찾는다.

(3) 문제-지문 keyword matching
이메일의 세 번째 단락에서 매장이 고용할 수 있는 사람의 수를 강조해 달라고 하고 있다.

9. (D)
매장 개장 발표에 관한 정보로 언급되지 않은 것은?
(A) 판매되는 다양한 제품
(B) 제품의 정기적인 저가
(C) 개장일에 살 수 있는 싼 제품
(D) 스테레오와 타자기에 대한 특별 할인

문제 유형 진위 추론하기

(1) 문제가 지시하는 지문 읽기
매장 개장 발표에 관한 정보를 찾는 문제이므로 두 지문 모두 참조할 수 있다.

(2) 보기와 지문 비교
보기와 본문을 대조하면서 일치하지 않는 것을 찾는다.

(3) 풀이 과정 자세히 보기
① 메일의 두 번째 단락에서 안내가 포함해야 할 정보를 알려주고 있다.
② 스테레오나 타자기 모두 언급된 적이 없다.

10. (D)
이메일의 세 번째 단락 2행에 있는 단어 '불가피하게'와 의미상 가장 가까운 것은?
(A) 불공정하게
(B) 재빨리
(C) 아마도
(D) 틀림없이

문제 유형 유의어 찾기

(1) 문제가 지시하는 지문 읽기
이메일의 어휘 inevitably의 문맥상의 의미를 묻고 있으므로 첫 번째 지문을 참조한다.

(2) 보기와 지문 비교
부정적인 언론 보도가 대형 회사라는 이유로 받게 되는 것이라고 하고 있으므로 '불가피하게, 필연적으로'가 적절하며 이와 가장 가까운 것은 (D)이다.

11. (C)
사람들이 경쟁에 참여할 수 있는 방법은?
(A) 주방용품을 구입한다.
(B) 전자 기기를 구입한다.
(C) 해밀턴 마트 카드를 신청한다.
(D) TV 게임 쇼에 참가한다.

문제 유형 세부 정보 확인하기

(1) 문제가 지시하는 지문 읽기
contest(경쟁)은 개장일에 이루어질 행사라고 추측할 수 있으므로 첫 번째 지문이나 두 번째 지문을 참조한다.

(2) keyword 찾기
첫 번째 지문에는 고객들이 참여할 수 있는 행사에 대한 언급은 없다. 두 번째 지문 마지막에서 raffle(경품 추첨 행사)이 언급되고 있다.

(3) 문제-지문 keyword matching
포인트 카드를 등록하면 자동으로 명단에 포함될 것이라고 하였으므로 (C)가 가장 가깝다.

12. (D)
쿠폰에 대해 추론할 수 있는 것은?
(A) 쿠폰은 돈으로 교환될 수 있다.
(B) 이 쿠폰은 중요한 고객들에게만 보내졌다.
(C) 이 쿠폰은 모든 구매에 적용될 것이다.
(D) 이 쿠폰은 단 하루만 유효할 것이다.

문제 유형 추론하기

(1) 문제가 지시하는 지문 읽기
쿠폰에 대한 설명이므로 마지막 지문을 참조한다.

(2) 풀이 과정 자세히 보기
누구나 이용할 수 있으며 50달러 이상의 구매에 대해서만 유효하고 돈으로는 교환되지 않는다.

 문제 13-14

글의 유형 기사

해석과 구문 확인하기

지니어스 소프트웨어의 최고 경영자,
톰 로드와의 인터뷰

존 루이스, 기고자contributor

저는 최근에recently 지니어스 소프트웨어의 최고 경영자인 로드 씨를 만날 기회가 있었습니다. 로드 씨는 2011년에 지니어스 소프트웨어의 최고 경영자로 임명되었습니다be appointed. 그는 지니어스사의 급속한 성장을 감독해오고 있습니다. 2012년에 그는 밸류 반도체의 자산 전체를 인수했음purchase the entire business assets을 발표했습니다. 그 합병 이후after the acquisition, 지니어스 소프트웨어는 사업을 컴퓨터 장비로까지 확장했고expand the business, 8월에 첫 번째 노트북인 제네시스 1을 출시했습니다launch. ⁽¹⁴⁾이것은 큰 성공을 거두고 있으며 지니어스 소프트웨어는 세계 선두 기업으로 도약했습니다jumped to be a leading global company.

질문. 어떻게 제네시스 1을 만들 결정을 하셨나요?

답변. 밸류 반도체와의 합병merger은 우리 회사에 많은 방식으로 영향을 주었습니다. 지니어스 소프트웨어는 이미 시장에서 상위 5위 안에 있었습니다. 그러나, 저는 항상 그 이상을 원해 왔습니다. 저는 우리 회사가 무언가 대단한 일을 이룰 수 있다고 믿었습니다. 우리는 결국 더 좋은 소프트웨어와 더 빠른 하드웨어를 갖춘 노트북을 만들었습니다.

질문. 제네시스 1이 그렇게 많은 고객들을 끄는attract 일이 어떻게 가능했나요?

답변. 철저한 분석과 헌신 때문입니다thorough analysis and devotion. 개발의 초기 단계에서 저희는 가능한 많은 고객들을 끌어들일 수 있는 전략을 찾기 위해 노력했습니다. 저희는 모든 경쟁력 있는 상품들에 대해 예비 조사를 실시했습니다conduct preliminary studies. 또한, 우리 회사의 엔지니어들은 완벽한 제품을 만들기 위해 전념했습니다. 이후의 단계에서 사소한 결함minor defect이 발견되었습니다. 그것이 매우 사소한 것이었음에도 불구하고, 우리는 이를 간과하지 않았고 이를 수정하기 위해 출시를 미뤘습니다postpone the launch.

13. (C)

기사의 목적은 무엇인가?
(A) 지니어스사의 제품을 광고하기 위해
(B) 사업 계약을 알리기 위해
(C) 사업 성공 사례를 논의하기 위해
(D) 인수의 문제를 경고하기 위해

문제 유형 글의 주제/목적 찾기

(1) 글의 구조 분석하기
주제나 목적이 명시되지 않은 기사의 경우, 글 전체를 대표할 수 있는 보기를 고른다.

(2) 풀이 과정 자세히 보기
도입부에서 한 인물을 설명하고, 그가 CEO로서 어떻게 기업의 성공을 이끌었는가를 인터뷰하고 있으므로 (C)가 정답이다. (글 전체의 내용을 바탕으로 추론해야 하므로 특정 문장을 정답 근거 문장이라 할 수 없다.)

14. (C)

제네시스 소프트웨어에 대해 추론할 수 있는 것은?
(A) 2010년에 수백만 달러 손실을 보고했다.
(B) 시장을 이해하지 못한다는 비난을 받았다.
(C) 전자제품 시장에서 크게 성공했다.
(D) 새 제품을 개발하기 위해 경쟁사와 협업했다.

문제 유형 추론하기

(1) 보기와 지문 비교
보기와 본문을 대조하면서 일치하는 것을 찾는다.

(2) 풀이 과정 자세히 보기
첫번째 단락 끝 문장에서 '세계 선두 기업으로 도약' 했다고 하므로 (C)가 정답이다.

UNIT 7 비용의 지불과 청구

Before the Step 사내 공지

글의 유형 공지

해석과 구문 확인하기

모든 직원들에게 알립니다:

지난 2분기 우리 회사의 매출액이 예상보다 더 감소했습니다 declined more than expected. 순이익 net profits이 7퍼센트 감소하여 2천 3백만 달러까지 떨어졌으며, 이는 10년동안 가장 큰 감소입니다. 만일 이런 상황이 지속된다면, 또한 자연스럽게 주가의 폭락 the slump of stock prices으로 이어질 것입니다. 재정 전문가 the financial expert가 말하기를 경기 침체 the economic recession로 인한 자동차 판매의 감소가 원인이라고 합니다.

이 감소가 단지 일시적인 temporary 것이기를 바라지만, 이 위기에 대처하기 위한 즉각적인 조치 prompt measures가 필요합니다. 그러나, 무엇보다도 저는 여러분께 회사는 어떤 종류의 구조 조정이나 임금 동결 reconstructing or wage freeze도 고려하고 있지 않다는 것을 약속 드리고자 합니다. 연구 개발 R&D은 회사의 미래 성공을 결정하는데 중요한 요소이므로 우리는 연구 개발에 대한 투자를 줄이고 cut back 싶지 않습니다. 대신에, 우리는 모든 직원들에게 더 오래 일하고 더 생산적으로 임할 be more productive 것을 권고하는 urge 바입니다. 출장 경비에 대한 제약 the travel expenditure constraints 은 점점 더 엄격해 be tighter 질 것입니다. 또한, 마케팅 부서는 가격을 일시적으로 낮추는 것을 논의하고 있으며, 자세한 내용은 월요일에 공지될 것입니다.

KEY 19 연체 알림과 독촉

글의 유형 편지

1. (C)

문제 유형 글의 주제/목적 찾기

(1) 글의 구조 분석하기
편지는 글의 첫 문장이나 도입부에서 글을 쓴 목적을 밝힌다.

(2) 풀이 과정 자세히 보기
첫 문장에서 7월 1일이 마감인 구독료가 아직 납부되지 않았음을 알리고 있다.

2. (C)

문제 유형 세부 정보 확인하기

(1) keyword 찾기
문제에 사람 이름이 등장하고 있으므로, 수신자와 발신자 정보를 확인하여 어떤 대상에 대한 질문인지를 명확히 한다.

(2) 문제-지문 keyword matching
① 편지의 수신자인 해리스 씨가 요청받은 것이 무엇인지 묻고 있다.
② 구독료가 아직 납부되지 않았음을 알리고 이를 납부할 것을 요청하고 있다.

3. (A)

문제 유형 문장 위치 찾기

(1) 글의 구조 분석하기
① 해당 문장을 제시된 위치에 넣었을 때 글의 흐름이 자연스러운 것을 찾는다.
② '이것이 이 문제에 대한 마지막 독촉장입니다.'라고 하고 있으므로 이 편지가 독촉장이며 이전에도 보낸적이 있음을 명시하는 다음 문장에 들어가는 것이 적절하다.

KEY 20 송장

글의 유형 송장

1. (B)

문제 유형 세부 정보 확인하기

(1) keyword 찾기
세부 정보 중에서 송장을 보낸 회사의 위치를 묻고 있으므로 상단의 주소 부분을 참조한다

(2) 문제-지문 keyword matching
송장을 보낸 회사는 일리노이의 마크햄에 위치해 있다.

2. (A)

문제 유형 세부 정보 확인하기

(1) keyword 찾기
특정 제품의 가격을 묻고 있으므로 가격이 표시된 열을 참조한다.

(2) 문제-지문 keyword matching
화학 처리된 토마토씨 한 팩의 가격을 묻고 있다. 가격이 단가와 총액 모두 제시되어 있으므로 혼동하지 않게 주의한다.

3. (A)

문제 유형 세부 정보 확인하기

(1) keyword 찾기
송장을 보낸 업체가 선호하는 지불방식을 고르는 문제로 이런 추가 정보는 주로 표의 하단에 제시된다.

(2) 문제-지문 keyword matching
수표로 지급해 줄 것을 요청하고 있다.

KEY 21 광고, 제품 주문서 & 항의

글의 유형 지문1: 광고   지문2: 송장   지문3: 이메일

1. (C)

문제 유형 추론하기

(1) 문제가 지시하는 지문 읽기
유니크사에 대한 보기 중 시문과 일치하는 것을 고르는 문제로 유니크사의 광고인 첫 번째 지문에 대한 문제이다.

(2) 문제 풀이 전략 적용하기
광고의 첫 문장에서 유니크사가 창립된 지 12주년째를 맞고 있다고 하였으므로 정답은 (C)이다.

2. (C)

문제 유형 진위 추론하기

(1) 문제가 지시하는 지문 읽기
광고에서 언급하지 않은 것을 고르는 문제이므로 첫 번째 지문을 참조한다.

(2) 보기와 지문 비교
보기와 본문을 대조하면서 일치하지 않는 것을 찾는다.

(3) 풀이 과정 자세히 보기
행사의 기간이나 날짜에 대한 정보는 언급한 적이 없다.

3. (A)

문제 유형 유의어 찾기

(1) 문제가 지시하는 지문 읽기
광고의 10번째 줄에 있는 exclusive의 문맥상의 의미를 묻고 있다.

(2) 문맥상의 의미 해석하기
이 행사는 단골인 고객들에게만 '전용으로' 제공된다고 보는 것이 자연스럽다.

4. (D)

문제 유형 세부 정보 확인하기

(1) 문제가 지시하는 지문 읽기
잘못 청구된 제품을 찾기 위해서는 송장과 주문자의 이야기를 모두 고려해야 하므로 두 번째 지문과 세 번째 지문을 모두 참조한다.

(2) 문제-지문 keyword matching
미아 메릴은 이메일에서 립스틱을 주문한 적이 없다고 하고 있는데, 이와 동일한 제품을 송장에서 찾으면 (D)이다.

5. (B)

문제 유형 세부 정보 확인하기

(1) 문제가 지시하는 지문 읽기
메릴 씨가 카벳 씨에게 요청하는 것을 묻고 있으므로 마지막 지문을 참조한다.

(2) 문제-지문 keyword matching
고객인 메릴 씨는 카벳 씨에게 쓰는 글에서 송장이 잘못 청구되었음을 언급하면서 이 문제를 해결해 달라고 하고 있다.

UNIT 8 건물과 시설 유지

Before the Step 랜드마크

글의 유형 기사

해석과 구문 확인하기

필라 타워: 세계에서 가장 높은 건물

싱가포르 정부는 다음 달에 필라 타워의 건설을 시작할 계획plans to start construction이라고 오늘 발표했다. 필라 타워가 완공되면 지상 1킬로미터 이상 높이로 솟을 것이다rise over a kilometer into the sky. 그렇게 되면 최근 완공되어 1년여 전에 최고층 독립 구조물 freestanding structure의 기록을 세운set the record 버즈 두바이보다 200미터 이상 높게 될 것이다. 필라 타워는 사무실, 호텔, 아파트의 복합체 mixture를 수용하게house 될 것이다. 이 건물은 몇 개의 공원과 400개가 넘는 상점을 자랑하게boast over 400 stores 될 세계 최대 쇼핑몰인 필라 쇼핑 단지에 둘러 쌓이게 될be surrounded by 것이다.

싱가포르 수상에 의해 언급된stated by 바와 같이 타워를 건설하는 표면적인 이유ostensible reason는 이 도시 국가에 더 많은 관광객을 끌어들이기attract a greater number of tourists 위한 것이다. 그러나 외부의 대다수 관찰자들은 이는 부수적인 이익일 뿐이라고 말한다. 이 분석가들이 말하는 타워의 진짜 목적은 부유한affluent 국가라는 이미지로 관심을 끌어들여 draw attention 외국인 투자자들foreign investors을 유치하는 것이다. 어느 쪽이든, 필라 타워에 관한 발표로 싱가포르는 해외에서 아주 긍정적인 관심을 모았고 garnered, 이는 싱가포르를 주요 투자처로 만들 수 있을 것이다.

KEY 22 보수 공사 알림

글의 유형 메모

1. (A)

문제 유형 글의 주제/목적 찾기

(1) 글의 구조 분석하기
메모는 회사 내에서 특정 정보를 전달하기 위한 글로 편지, 이메일과 유사한 특징을 갖는다.

(2) 풀이 과정 자세히 보기
첫 문장에서 예정되어 있던 수리가 다음 주에 시작될 예정임을 알린다고 언급하였으므로 (A)가 정답이다.

2. (D)

문제 유형 세부 정보 확인하기

(1) keyword 찾기
시간 정보를 묻는 문제이므로 숫자 정보가 있는 부분을 확인한다.

(2) 문제-지문 keyword matching
① 3월 중순은 수리의 첫 단계가 끝나는 시기이다.
② 두 번째이자 마지막 단계는 7월 초에 시작하여 8월 말에 끝난다고 하고 있으므로 (D)가 정답이다.

3. (B)

문제 유형 세부 정보 확인하기

(1) 글의 구조 분석하기
첫 번째 문단에서 보수 공사의 목적과 이유를 설명하고 두 번째 문단에서 카페테리아에 들어가려면 주차장을 지나 검은색 문으로 들어가야 한다고 설명하고 있다.

KEY 23 도시 계획에 대한 항의

글의 유형 공지

1. (A)

문제 유형 글의 주제/목적 찾기

(1) 글의 구조 분석하기
주제나 목적은 주로 글의 도입부분에 제시되지만 그렇지 않은 경우 글을 끝까지 읽은 후에 푸는 것이 좋다.

(2) 풀이 과정 자세히 보기
시장의 계획에 따라 공원이 주차장으로 변경될 것이라는 소식을 전하고, 이 결정에 항의할 것을 요구하고 있으므로 이는 (A)가 가장 적절하다.

2. (D)

문제 유형 세부 정보 확인하기

(1) keyword 찾기

주차장에 언제 지어질 것인지를 묻고 있으므로 날짜와 관련된 표현이 나오는 곳에 정답의 단서가 있다.

(2) 문제-지문 keyword matching

첫 번째 문단의 마지막 문장에서 건설이 6월 7일에 시작될 것이라고 하였다.

3. (A)

문제 유형 문장 위치 찾기

(1) 글의 구조 분석하기

① 해당 문장을 제시된 위치에 넣었을 때 글의 흐름이 자연스러운 것을 찾는다.
② 시장이 이를 최소한의 협의만을 가지고 하려 한다는 문장이다. 따라서 해당 문장의 앞이나 뒤에는 이에 대한 부연 설명이 필요하므로 시장의 결정 과정을 설명하는 문장 앞인 [1]이 가장 적절하다.

KEY 24   입찰 공고 & 건축 제안서

글의 유형   지문1: 공고   지문2: 이메일

1. (C)

문제 유형 진위 추론하기

(1) 문제가 지시하는 지문 읽기

프로젝트에 대해 명시된 것을 고르는 문제로 첫 번째 지문을 참조한다.

(2) 보기와 지문 비교

보기와 본문을 대조하면서 일치하는 것을 찾는다.

(3) 풀이 과정 자세히 보기

사전 미팅 참석은 의무사항이며 참석하지 않은 회사의 제안서는 받아들여지지 않을 것이라고 하였으므로 (C)와 일치한다.

2. (A)

문제 유형 글의 주제/목적 찾기

(1) 문제가 지시하는 지문 읽기

이메일의 중심 소재를 묻는 문제로 두 번째 지문을 참조한다.

(2) 글의 구조 분석하기

이메일이나 편지는 첫 문장이나 도입부에서 목적을 밝히는 경우가 많다.

(3) 풀이 과정 자세히 보기

새 본사 건물에 대한 건축 입찰 요청에 답한다고 하고 있으므로, 이 글은 어떤 건물을 지을 것인지를 설명하고 있는 글이다.

3. (B)

문제 유형 추론하기

(1) 문제가 지시하는 지문 읽기

랭크 씨의 제안에 대한 문제이므로 두 번째 지문을 참조한다. 보기에 이 지문만으로는 알 수 없는 정보가 나온다면 다른 지문도 참조한다.

(2) 보기와 지문 비교

① 다른 정보는 모두 일치하며 (B)에 날짜 정보가 언급되고 있다.
② 첫 번째 지문에서 마감일이 4월 25일이라고 하였는데, 랭크 씨의 제안서는 4월 20일에 제출되었으므로 마감일 전에 제출되었다.

4. (C)

문제 유형 진위 추론하기

(1) 보기와 지문 비교

보기와 본문을 대조하면서 일치하지 않는 것을 찾는다.

(2) 풀이 과정 자세히 보기

이메일의 2번 비용 항목의 정답 근거 문장을 보면 제안서는 청구 금액에 포함되지 않았다.

5. (B)

문제 유형 추론하기

(1) 문제가 지시하는 지문 읽기

프럼프사가 답변하지 않으면 랭크 씨가 할 일을 고르는 문제이므로 두 번째 지문을 참조한다.

(2) 문제 풀이 전략 적용하기

지문에서 '2개월'과 동일한 기간인 60일이 언급된 마지막 문장을 보면, 60일 이내에 답을 받지 못하면 입찰이 철회될 것이라고 명시하고 있다.

UNIT 9 열심히 일했다면 휴식도 필요한 법

Before the Step
별장 광고

글의 유형 광고

해석과 구문 확인하기

레이크쇼어 별장Lodge

여러분과 직장 동료들이 잠시 동안 사무실을 벗어날 get away from the office 필요가 있으시다면, 레이크쇼어 로지로 향해head to 보십시오. 편안하게 유대 관계를 맺을 기회a relaxing bonding opportunity를 찾는 바쁜 전문가들에게 딱 맞는perfect for busy professionals 조용한 자연으로 돌아가실 수 있습니다. 저희 고급 별장luxurious lodge은 다음 모두를 제공해 드립니다:

• 호숫가 오두막
• 침대에서 드시는 아침 식사
• 낚시, 카누와 일광욕
• 최고 15명까지 가능한 숙박 시설accommodation
• 일인당 단 75달러의 가격부터 시작하는 일괄 거래 상품package deals

그리고 7월 한 달 동안만 저희는 10명 이상의 모든 단체 손님들께 부근의 자연 보호구역nearby nature preserve을 구경하시는 가이드 동반 관광에 대해 무료 입장권free passes for the guided tours 뿐 아니라 20퍼센트 할인도 해 드립니다.

그러니 주말 동안, 혹은 일주일 동안 긴장을 푸셔야 need to unwind 한다면 저희 416-555-2643로 월요일부터 일요일, 9시부터 5시 사이 근무 시간 동안 전화를 주십시오. 그 대신Alternatively 언제라도 www.lakeshorelodge.ca에서 온라인으로 휴가를 예약하실 book your vacation online 수 있습니다.

KEY 25 사내 스포츠 팀 창단

글의 유형 회람

1. (B)

문제 유형 글의 주제/목적 찾기

(1) 글의 구조 분석하기
회사 내의 소식을 알리는 회람으로 글의 도입부에 주제가 드러난다.

(2) 풀이 과정 자세히 보기
첫 문장에서 소프트볼 팀을 만들 것이라는 것을 알리고 있으므로 (B)가 적절하다.

2. (B)

문제 유형 세부 정보 확인하기

(1) keyword 찾기
시합이 얼마나 자주 열릴 것인지를 묻고 있으므로 숫자 정보나 날짜 정보에 유의한다. 주요 행사의 세부 정보이므로 글의 중반 이후에 언급될 가능성이 높다.

(2) 문제-지문 keyword matching
정답 근거 문장에서 시합은 매주 화요일과 목요일에 열릴 것이라고 하였으므로 (B) 일주일에 두 번이 정답이다.

3. (B)

문제 유형 세부 정보 확인하기

(1) keyword 찾기
소프트볼 팀에 관심이 있는 직원들이 가져와야 할 것이 무엇인지 묻고 있다. 요구되는 가입 조건이 나열된 부분을 확인한다.

(2) 문제-지문 keyword matching
두 번째 단락에서 조건에 대한 정보를 제공하고 있다. 실력에 관계없이 입단할 수 있고, 배트를 제외한 셔츠나 모자 등의 대부분의 장비는 제공해 준다고 하고 있으므로 정답은 (B)이다.

KEY 26 공연 단체 관람

글의 유형 회람

1. (D)

문제 유형 세부 정보 확인하기

(1) keyword 찾기
이 공연 관람이 준비된 이유를 묻는 문제이다. 공연(performance)이나 준비하다(organize)가 단서 어휘가 된다.

(2) 문제-지문 keyword matching
① 공연 관람 일정을 알려주고 있는 문장 앞에 정답 근거 문장이 있다.
② 인사부장인 빌 젠틀리는 이것이 직원들이 서로 유대감을 형성할 수 있는 아주 좋은 기회라고 생각한다고 하였다. 따라서, 이를 가장 잘 나타낸 것은 (D)이다.

2. (C)

문제 유형 세부 정보 확인하기

(1) keyword 찾기
누가 탐정 역할을 맡을 것인지 인물 정보를 묻고 있다. 사람 이름과 같은 고유명사는 다른 어휘로 바꾸어 표현할 수 없으므로 지문과 보기를 쉽게 비교할 수 있다.

(2) 문제-지문 keyword matching
탐정은 유명한 배우인 자렉 디미트리우스가 연기할 것이라고 언급했다.

KEY 27 여행 광고, 안내 & 신청서

글의 유형 지문1: 광고 지문2: 편지 지문3: 신청서

1. (B)

문제 유형 세부 정보 확인하기

(1) 문제가 지시하는 지문 읽기
할인은 상품에 대한 정보에 속하므로 첫 번째 지문인 광고에 대한 문제이다.

(2) keyword 찾기
사람들이 할인을 받을 수 있는 방법을 묻는 문제이다. 할인 (discount)이 주요 단서 어휘가 된다.

(3) 문제-지문 keyword matching
광고의 마지막에서 다른 사람에게 추천한다면, 다음 이용 시에 10%의 할인을 받을 수 있다고 했다.

2. (B)

문제 유형 유의어 찾기

(1) 문제가 지시하는 지문 읽기
편지의 첫 번째 단락에 있는 supplementary의 문맥상의 의미를 묻고 있으므로 두 번째 지문에 대한 문제이다.

(2) 문맥상의 의미 해석하기
현재 제공하는 보험을 언급한 후에, 필요할 지도 모르는 supplementary 보험이라고 다시 언급하고 있으므로 (B) '추가, 별도의'가 적절하다.

3. (D)

문제 유형 추론하기

(1) 문제가 지시하는 지문 읽기
그레이 씨의 아들에 대한 언급이 있을 만한 신청서와 안내 편지를 참조한다.

(2) 문제 풀이 전략 적용하기
① 신청서에서 전체 인원은 3명이지만, 성인은 2명으로 표기되어 있으며 11세 이상의 아동은 없다. 따라서 아들은 11세 이하의 아동임을 추론할 수 있다.
② 안내 편지에서 11세 이하의 아동은 무료이므로 그레이 씨 부부는 커플 패키지가 이용 가능하다는 표현에서도 이를 짐작할 수 있다.

4. (D)

문제 유형 세부 정보 확인하기

(1) 문제가 지시하는 지문 읽기
그레이 씨가 원하는 상품과 광고에서 언급할 가격 정보, 안내 편지에서 제공될 수 있는 추가사항을 모두 알아야 하므로 세 지문을 모두 활용해야 하는 문제이다.

(2) keyword 찾기
① 신청서를 통해 그레이 씨가 원하는 것이 어떤 상품인지를 찾고, 안내 편지에 추가 정보는 없는지 확인한다.
② 광고에서 해당 상품의 가격이 얼마인지를 확인한다.

(3) 문제-지문 keyword matching
편지에서 그레이 씨의 가족이 '커플 패키지'를 이용할 자격이 된다는 것을 알려주고 있으며, 광고에서 이 커플 패키지의 1일 가격이 $225라는 것을 언급하고 있다.

5. (B)

문제 유형 진위 추론하기

(1) 문제가 지시하는 지문 읽기
그레이 씨의 휴가에 대한 정보이므로 두 번째, 세 번째 지문을 참조한다.

(2) keyword 찾기
보기와 본문을 대조하면서 일치하지 않는 것을 찾는다.

(3) 풀이 과정 자세히 보기
안내 편지에서 해당 업체는 보험을 제공하지 않으며, 수신자의 정규 보험사에서 가입할 수 있다고 안내해주고 있다. 신청서에서는 보험 가입 여부는 언급되지 않았다.

Practice Test 3

 문제 1-3

글의 유형 공지

해석과 구문 확인하기

오버뷰 호텔이 다시 문을 엽니다!

① 화이트 산맥 중심부에 위치해 있는 오버뷰 호텔은 6월 15일에 재개장한다는reopening its doors 것을 알리게 되어 기쁘기 그지없습니다. 아름답고 수정 같이 맑은 호수가 내려다보이며overlooking 장엄한 산봉우리들로 둘러싸인surrounded by 오버뷰는 오랫동안 콜로라도의 손꼽히는 관광 명소favorite tourist destinations 가운데 하나였습니다. ② 안타깝게도 3년 전 비수기에in the off-season 불이 나서 호텔의 한쪽 건물만 제외하고 모두 파괴가 되었습니다. ③ 위치가 외진 곳에 떨어져 있다는 점을 고려해 볼 때given the remoteness, 건축 자재를 현장으로 옮기는 것은 힘든 일이었습니다. 또한 혹독한 겨울에는 항상 건설이 중단되었기 때문에, 일꾼들도 여름 몇 개월 간만 호텔에서 일할 수 있었습니다. 어떤 사람들은 오버뷰가 영원히 폐쇄되었다고 말했지만, 그들은 옳지 않았습니다.
오버뷰는 이전 상태로 복구되어restored to its former condition 중앙 분수까지 다시 세워졌습니다. 오버뷰는 또한 업그레이드가 되었습니다. 새로운 세 개의 사우나와 수영장이 더해졌고, 세계적으로 유명한 정원식 미로의 바로 서쪽에 위치해 있습니다.

1. (A)
이 알림의 목적은?
(A) 보수 완료를 알리려고
(B) 재건축의 난제들에 관해 논의하려고
(C) 기업을 광고하려고
(D) 불에 관해 말하려고

문제 유형 글의 주제/목적 찾기

(1) 글의 구조 분석하기
공지사항은 도입부분에 주제나 목적이 드러나 있을 가능성이 높다.

(2) 풀이 과정 자세히 보기
호텔의 재개장 소식을 알리는 글이므로 (A)가 적절하다. 재건축의 어려운 점이나 화재 사건이 언급되기는 했지만 글의 목적은 될 수 없다.

2. (D)
오버뷰 호텔이 문을 닫았던 이유는?
(A) 오염된 음식 제공으로 고소당했다.
(B) 소유자들이 경영을 잘못했다.
(C) 충분한 고객을 끌어모으는 데 실패했다.
(D) 화재로 대부분 파괴되었다.

문제 유형 세부 정보 확인하기

(1) keyword 찾기
호텔이 문을 닫았던 이유를 묻고 있다.

(2) 문제-지문 keyword matching
3년 전 화재로 한쪽 건물만 제외하고 모두 파괴가 되었다고 하였으므로 (D)가 정답이다.

3. (C)
오버뷰 호텔과 다른 마을 간의 먼 거리가 재건축에 어떤 영향을 미쳤는가?
(A) 호텔로 들어가는 길이 미로 형태였음을 의미했다.
(B) 건설 작업자들이 일년 내내 일하지 못했다.
(C) 자재를 작업 현장으로 수송하기가 어려웠다.
(D) 투자자들이 재건축 노력에 투자하고 싶은 마음이 안 들게 했다.

문제 유형 세부 정보 확인하기

(1) keyword 찾기
오버뷰 호텔의 위치가 재건축에 미친 영향을 묻고 있으므로 위치와 관련된 어휘가 단서 어휘가 된다.

(2) 문제-지문 keyword matching
외진 곳에 있다는 점 때문에 건축 자재를 현장으로 옮기는 것이 힘들었다고 하였으므로 (C)가 정답이다. (B)는 날씨가 미친 영향이므로 답이 될 수 없다.

문제 4-8

글의 유형 지문1: 편지, 지문2: 편지

해석과 구문 확인하기

2016년 9월 5일
재니트 듀보이스
온타리오 주, 댄포스 H2H 38Y
캐너리 레인 16

듀보이스 씨에게:

④필립 스타스키의 '가장 어두운 밤'의 반납 기간이 3개월 지났음three months past due을 알려 드리고자inform you that 이 편지를 씁니다. 통상적으로는 ⑦최대 20달러의 연체료를 물지만face the maximum $20 fine, 귀하가 단 한 번도 책을 연체한 적이 없이 without ever once having an overdue book 14년 간 도서관 회원이셨던 점을 감안하여 책이 반환되기만 하면 이를 적용하지 않을 것입니다 be willing to waive. 책을 분실하셨으면, 대체 비용 the replacement fee은 30달러입니다. 책이 반환되지 않거나 이 문제를 해결할to resolve this issue ⑤대안alternative을 마련하지 않으시면 ⑧귀하의 도서관 이용상의 특권library privileges은 중지될be suspended 것입니다.

제롬 왓슨 올림
중앙 도서관 도서관장Head Librarian
온타리오 주, 댄포스 H2H 38Y
벤틀리 로 22
jwatson@centrallibrary.com

중앙 도서관
온타리오 주, 댄포스H2H 38Y
벤클리 로 22

왓슨 씨에게:

답장을 드리는 데 시간이 너무 오래 걸려 죄송합니다 sorry for taking so long to reply. ⑥저는 이사를 했고, 지금은 조지타운에 거주하고 있는데 당신의 편지가 지금 막 제게 도착했습니다. 책을 반납하지 못한 점에 대해 사과드리고 싶습니다. 저는 도서관의 체계를 존중하고the utmost respect 있으며, 본래 소설을 훔치려는 의도는 아니었습니다. have no intention of essentially stealing. ⑦연체료를 물기 위해to cover my fines 30달러에 대한 수표와 함께along with a check 이 소포에 책을 동봉했습니다enclose the book in this package. 불편을 끼쳐 드려 정말 죄송합니다 sorry for the inconvenience.

재니트 듀보이스 올림

4. (A)

듀보이스 씨에게 보내는 왓슨 씨 편지의 목적은?
(A) 그녀에게 책의 반납 기간이 지났음을 알려주려고
(B) 도서관에 기부를 요청하려고
(C) 그녀의 면접 요청에 답하려고
(D) 그녀에게 인기 있는 도서클럽 가입을 요청하려고

문제 유형 글의 주제/목적 찾기

(1) 문제가 지시하는 지문 읽기
문제에 사람 이름이 포함된 경우에는 편지의 발신자, 수신자 정보를 확인한다. 왓슨 씨가 쓴 편지에 대한 문제이므로 첫 번째 지문에 대한 문제이다.

(2) 글의 구조 분석하기
편지는 주로 글의 첫 문장에서 목적을 밝힌다.

(3) 풀이 과정 자세히 보기
첫 문장에서 도서의 반납기한이 3개월 지났음을 명시하고 있다.

5. (B)

편지의 6행에 있는 단어 '대안의'와 의미상 가장 가까운 것은?
(A) 법적인
(B) 다른
(C) 다정한
(D) 재미있는

문제 유형 유의어 찾기

(1) 문제가 지시하는 지문 읽기
6행의 어휘 alternative의 의미를 묻고 있으므로 첫 번째 지문에 대한 문제이다.

(2) 문맥상의 의미 해석하기
책을 반납하거나 혹은 대안을 마련할 것을 권고하고 있으므로 문맥상 가장 자연스러운 것은 '다른'이다.

6. (B)

듀보이스 씨가 책을 반납하지 않은 이유는?
(A) 책을 계속 갖고 있기로 결정했다.
(B) 더 이상 같은 도시에 살지 않는다.
(C) 짐을 쌀 때 놓고 왔다.
(D) 책을 빌렸다는 사실을 잊어버렸다.

문제 유형 세부 정보 확인하기

(1) 문제가 지시하는 지문 읽기
듀보이스 씨가 쓴 글에서 그 이유를 설명하고 있을 것이므로 두 번째 편지를 참조한다.

(2) keyword 찾기
책을 반납하지 않았다는 사실을 알려주는 편지를 받았으므로 답장에는 그 이유를 설명하는 내용이 올 것이다.

(3) 문제-지문 keyword matching
도입부에서 사과와 함께 이사를 해서 현재는 다른 도시에서 살고 있음을 설명하고 있다.

7. (B)

듀보이스 씨가 한 실수는?
(A) 같은 저자의 다른 책을 동봉했다.
(B) 연체료를 대체 비용으로 착각했다.
(C) 다른 도시의 도서관에 이메일을 썼다.
(D) 그녀는 회원 번호를 잊어버렸다.

문제 유형 세부 정보 확인하기

(1) 문제가 지시하는 지문 읽기
도서관 측의 요청과 듀보이스 씨가 제시한 해결책이 다른 점을 찾아야 하는 문제이므로 두 지문을 모두 참조한다.

(2) keyword 찾기
두 번째 지문에서 듀보이스 씨는 연체료 30달러와 책을 함께 보냈는데, 도서관 측의 요구와 일치하는지 첫 번째 지문을 확인한다.

(3) 문제-지문 keyword matching
도서관측인 왓슨 씨는 연체료가 20달러이고, 분실한 경우에는 30달러를 내라고 하고 있으므로, 듀보이스 씨는 두 금액을 혼동한 것으로 보인다.

8. (C)

듀보이스 씨가 책을 반환하지 않거나 대체 비용을 지불하지 않으면 도서관이 어떻게 하겠는가?
(A) 추가 연체료를 적용한다.
(B) 경찰에 알린다.
(C) 회원 자격을 취소시킨다.
(D) 징수 기관에 연락한다.

문제 유형 추론하기

(1) 문제가 지시하는 지문 읽기
도서관의 대응에 대해 묻고 있으므로 첫 번째 지문을 참조한다.

(2) 문제 풀이 전략 적용하기
편지의 마지막 부분에서 이 문제를 해결하지 않으면 도서관 이용상의 특권이 중지될 것이라고 하였으므로 이를 가장 잘 나타내는 것은 (C)이다.

◆ 문제 9-13

글의 유형 지문1: 표, 지문2: 기사, 지문3: 이메일

해석과 구문 확인하기

레 미제라블	상영 장소
75달러부터	퀸즈 극장
	시카고 서쪽 49번가 215번지

시간 2시간 30분
휴식시간 1회

* ⑫ 이 공연은 금요일을 제외하고 매주 평일 오후 8시에 상영되며 7시에 오픈합니다. 토요일에는 12시와 6시 2회 공연합니다.

좌석	가격
오케스트라 뒤	75 달러
발코니	125 달러
오케스트라 앞	150 달러
특별석	170 달러

'레 미제라블', 성공적으로 연속 공연 runs a great success

최근 이곳 시카고에서 연속 공연을 하고 있는 '레 미제라블'이 지금까지 아주 큰 성공을 거두고 있다. 출연진들은 개막 공연 이후 대만원 속에 공연을 해 오고 있으며, ⑨ 오는 8월 뉴욕으로 떠날 때까지 이런 상황이 계속될 것으로 예상된다. 평론가들마다 reviewer after reviewer 공연에 찬사의 말을 보내고 있으며, ⑩ 가장 엄격한 평론가들조차도 이 공연에 관해 말할 나쁜 점들을 아주 조금밖에 찾지 못했다. 공연의 명성과 아마도 10년 동안은 시카고에 다시 돌아오지 않을 거라는 사실로 보아 given the show's reputation, 대다수 시카고 사람들은 이번 공연을 그들의 평생에 공연될 가장 훌륭한 작품들 가운데 하나를 볼 수 있는 마지막 기회로 여기고 있다.

수신: "셀리아 안젤리나" <cangelina@office.com>
발신: "마이클 워터슨" <mwaterson@office.com>
제목: 레 미제라블

좋은 소식입니다! 결국 '레 미제라블'의 표를 겨우 구할 수managed to get 있었습니다. 표는 ⑫다음 주 수요일 공연 것으로, 아주 편한 날이 아니긴 합니다. 그래도 ⑬앞쪽 오케스트라 좌석이고 어쨌든 운이 좋아 표를 구했습니다. 극장은 공연 마지막까지until the end of the run 계속 예약이 꽉 찬 상태입니다be booked solid right up.

⑪제 친구 하나가 빠질 수 없는 로스앤젤레스와 샌프란시스코 업무 회의로 공연에 못 가게 되어서 그가 이미 구입한 표를 제게 원가at cost 팔았습니다. 수요일에 가실 수 있는지 알려 주십시오. 그러면 제리코 프로젝트에 관해 논의하기 위해 일찍 회의 계획을 잡을 수도plan on meeting up 있습니다. 고객이 제안한 변경 정보가 약간 염려가 되긴 합니다. 안 된다면, 저와 함께 공연을 보러 가는 데 관심 있을 만한 다른 사람을 사무실에서 찾을 수 있을 거라고 확신합니다. 평론이 한결같이 칭찬 일색이더군요be uniformly glowing with praise.

마이클 워터슨 올림

9. (D)
공연이 8월에 열리게 되는 곳은?
(A) 로스앤젤레스
(B) 샌프란시스코
(C) 시카고
(D) 뉴욕

문제 유형 세부 정보 확인하기

(1) 문제가 지시하는 지문 읽기
공연이 열리는 도시가 언급되어 있으며 공연에 대한 정보를 제공하고 있는 것은 두 번째 지문이다.

(2) keyword 찾기
문제에 제시된 8월은 고유명사이므로 지문에서도 동일하게 사용될 것이다.

(3) 문제-지문 keyword matching
기사의 네 번째 줄에서 8월에는 뉴욕에서 공연할 것이라고 언급했다.

10. (A)
기사의 5행에 있는 단어 '가장 엄격한'과 의미상 가장 가까운 것은?
(A) 가장 심한
(B) 가장 멋진
(C) 가장 좋은
(D) 가장 말이 없는

문제 유형 유의어 찾기

(1) 문제가 지시하는 지문 읽기
기사문 5행의 어휘 harshest의 의미를 묻고 있으므로 두 번째 지문에 대한 문제이다.

(2) 문맥상의 의미 해석하기
평론가들마다 칭찬 일색이며, 심지어 'harshest'한 평론가조차 라고 하고 있으므로 (A)가 가장 가깝다.

11. (B)
이메일에서 마이클에 관해 추론할 수 있는 것은?
(A) 그는 원래 유명한 극장 공연의 열렬한 팬이 아니다.
(B) 그는 미리 표를 구입할 수 없었다.
(C) 그는 셀리아가 수요일에 갈 수 없다면 공연에 가지 않을 것이다.
(D) 그는 신문에서 자신이 읽은 평론을 믿지 않는다.

문제 유형 추론하기

(1) 문제가 지시하는 지문 읽기
이메일에 관한 정보를 추론하는 글이므로 세 번째 지문에 대한 문제이다.

(2) 문제 풀이 전략 적용하기
이메일의 발신자인 마이클은 친구가 회의 때문에 표를 자신에게 팔았고, 겨우 티켓을 구할 수 있었다고 하고 있으므로 이전에는 표를 구하지 못했음을 추론할 수 있다.

12. (D)
마이클이 갖고 있는 표의 공연이 시작되는 때는?
(A) 오후 2시
(B) 오후 6시
(C) 오후 7시
(D) 오후 8시

문제 유형 세부 정보 확인하기

(1) 문제가 지시하는 지문 읽기
마이클의 표에 대한 정보를 묻고 있으므로 세 번째 지문을 참조한다. 이메일에는 요일에 대한 언급만 있고 시간 정보는 없으므로 일정표인 첫 번째 지문도 참조해야 한다.

(2) keyword 찾기
두 지문에서 요일과 시간 정보가 있는지 확인한다.

(3) 문제-지문 keyword matching
① 마이클은 이메일에서 수요일 공연을 보러가자고 언급했다.
② 일정표를 보면 평일에는 오후 8시에 공연이 열린다.

13. (C)
마이클이 표 한 장에 지불한 금액은?
(A) 75달러
(B) 125달러
(C) 150달러
(D) 170달러

문제 유형 세부 정보 확인하기

(1) 문제가 지시하는 지문 읽기
마이클의 표에 대한 정보를 묻고 있으므로 세 번째 지문을 참조한다. 이메일에는 오케스트라 앞 좌석이라고 하면서 가격은 언급하지 않았으므로 첫 번째 지문도 참조한다.

(2) keyword 찾기
두 지문에서 좌석의 종류와 가격 정보를 확인한다.

(3) 문제-지문 keyword matching
마이클은 이메일에서 오케스트라 앞 좌석이라고 했으며 첫 번째 지문의 표에서 이 좌석의 가격이 $150임을 알 수 있다.

◆ 문제 14-17

글의 유형 이메일

해석과 구문 확인하기

수신: 앤서니 워커 <a.walker@supreme.com>
발신: 휴고 가르시아 <h.garcia@supreme.com>
날짜: 1월 15일

워커 씨에게

요청하셨던 재고 목록inventory list입니다. 지난 회의에서, 임원들은 재고품surplus stock을 처리하기 위해 새로운 판매 촉진 활동sales campaign을 시작할 것을 결정 했습니다. 그 활동을 위한 제품을 고르기 전에 이것을 검토해review 주십시오.

또한, 제품이 150개 이하로 떨어지면drop below 150 앤디씨에게 다시 채우게restock 하십시오. 이 활동은 1월 27일에 시작할 예정입니다. ⑮따라서, 1월 21일까지 완료해 주시기 바랍니다. 미리 감사의 말을 전합니다.

수프림 퍼니처(최고의 가구)
재고 조사 시작일: 2016년 1월 1일
재고 조사 완료일: 2016년 12월 31일

재고 및 판매량 정산표

제품명	초기 재고량	구매	기말 재고량
컴퓨터용 책상	28	400	125
사무용 의자	140	200	160
파일 캐비닛	185	200	45
작업등*	43	400	340
커피 테이블	200	100	160

제품명	⑰판매량	판매 가격	총 판매액
컴퓨터용 책상	303	$199	$60,297
사무용 의자	180	$35	$6,300
파일 캐비닛	340	$70	$23,800
⑯작업등*	103	$11	$1,133
커피 테이블	140	$43	$6,020

⑯제품명 열에 있는 "*"를 봐주십시오; 이는 더 이상 생산하지 않을 제품을 나타냅니다. 이는 더 이상 고객들에게 인기가 있지 않습니다. 남아있는 제품들은 무료로 배포될 예정입니다. 우리는 업그레이드 된 제품을 한 달 후에 출시할 예정입니다.

⑭휴고 가르시아
슈프림 퍼니처, 회계 부서

14. (B)
가르시아 씨가 일하고 있을 곳은?
(A) 회계 사무소
(B) 가구 제조 업체
(C) 광고 회사
(D) 재정 컨설팅 회사

문제 유형 세부 정보 확인하기

(1) keyword 찾기
이메일 발신자의 근무지를 묻고 있다. 이는 편지 내용이나, 발신자 정보를 통해 확인할 수 있다.

(2) 문제-지문 keyword matching
이메일 하단의 발신자 정보를 통해 슈프림 퍼니처시의 회계 부서에서 일하고 있음을 알 수 있다.

15. (C)
워커 씨는 언제까지 검토를 마쳐야 하는가?
(A) 1월 1일
(B) 1월 15일
(C) 1월 21일
(D) 1월 27일

문제 유형 세부 정보 확인하기

(1) keyword 찾기
날짜가 언급된 부분을 참조한다.

(2) 문제-지문 keyword matching
1월 15일은 이메일을 보낸 날짜, 1월 27일은 캠페인을 시작하는 날짜이다. 검토는 21일까지 끝내달라고 부탁하고 있다.

16. (C)
수프림 퍼니처가 판매를 중단할 제품은?
(A) 의자
(B) 캐비닛
(C) 램프
(D) 테이블

문제 유형 추론하기

(1) 문제 풀이 전략 적용하기
표의 하단에서 "*" 표시가 된 제품은 더 이상 생산하지 않을 것이라고 했다. 표에서 이 표시가 붙은 제품은 (C) 작업등이다.

17. (A)
수프림 퍼니처의 재고 목록에 대해 명시된 것은?
(A) 가장 잘 팔린 제품은 파일 캐비닛이다.
(B) 새 사무용 의자가 한 달 후에 출시될 것이다.
(C) 커피 테이블은 의자보다 더 인기가 있다.
(D) 작업등의 재고는 곧 다시 채워질 것이다.

문제 유형 진위 추론하기

(1) 보기와 지문 비교
보기와 본문을 대조하면서 일치하지 않는 것을 찾는다.

(2) 풀이 과정 자세히 보기
① 표의 판매량 열을 확인하면 가장 잘 팔린 제품이 '파일 캐비닛'임을 알 수 있다.
② 커피 테이블은 의자보다 판매량이 적으므로 인기도 더 낮다고 할 수 있으므로 (C)는 답이 될 수 없다. 작업등은 판매가 중단될 제품이므로 역시 답이 아니다. (B)에 대해서는 언급한 적이 없다.

Actual Test 정답

Actual Test

Actual Test

147. (B)	148. (A)	149. (C)	150. (B)	151. (D)
152. (D)	153. (A)	154. (C)	155. (C)	156. (B)
157. (D)	158. (B)	159. (C)	160. (D)	161. (B)
162. (D)	163. (D)	164. (B)	165. (C)	166. (D)
167. (C)	168. (A)	169. (A)	170. (C)	171. (D)
172. (A)	173. (B)	174. (C)	175. (C)	176. (C)
177. (A)	178. (D)	179. (D)	180. (C)	181. (B)
182. (B)	183. (D)	184. (D)	185. (B)	186. (D)
187. (D)	188. (C)	189. (B)	190. (C)	191. (C)
192. (D)	193. (C)	194. (C)	195. (B)	196. (C)
197. (B)	198. (B)	199. (D)	200. (B)	

147~148

글의 유형 공지

해석과 구문 확인하기

케미테크

액체 농축 살충제 Liquid Pesticide Concentrate

경고!

¹⁴⁷ 이 용액은 사람의 건강에 해로울 수 있는 화학 물질이 포함되어 있습니다contains chemicals.

사람이 손으로 다루기에는 적합하지 않습니다not suitable for human handling. 피부에 용액이 닿으면 comes into contact with the solution 비누와 물로 완전히 씻어 내십시오wash thoroughly.
¹⁴⁸ 용액이 눈에 들어가면get into your eyes 곧장 가장 가까운 병원으로 가십시오. 용액이 입이나 코로 들어가면 물을 많이 마시고, 메스껍게 느껴지기feel nauseous 시작하면 의사에게 진료를 받으십시오 consult your doctor.

※ 케미테크는 용액이 사람의 피부나 기타 신체 부위에 닿아서 일어나는 부상injuries caused by its solutions에 대해서는 책임지지 않습니다take no responsibility.

---

147. (B)
라벨에 경고가 담겨 있는 이유는?
(A) 제품 안의 화학 물질이 샐 수 있다.
(B) 제품이 닿으면 위험할 수 있다.
(C) 실린더에 분무기 살충제가 담겨 있다.
(D) 용액으로 사람의 피부가 화상을 입을 수 있다.

문제 유형 글의 주제/목적 찾기

(1) 글의 구조 분석하기
라벨은 제품의 겉면에 붙어있는 설명서의 일종으로 제품에 대한 기본적인 정보를 제공한다. 주제를 파악하기 위해서는 글 전체를 읽고 전체 내용을 대표할 수 있는 것을 고른다.

(2) 풀이 과정 자세히 보기
첫 문장에서 사람의 건강에 해로운 물질이 들어있다고 했고, 몸에 닿았을 경우 응급처치 방법을 설명하고 있으므로 (B)가 정답이다.

148. (A)
용액이 눈에 들어가면 어떻게 해야 하는가?
(A) 의사에게 연락한다.
(B) 물을 많이 마신다.
(C) 비누로 얼굴을 씻는다.
(D) 케미테크에 알린다.

문제 유형 세부 정보 확인하기

(1) keyword 찾기
눈에 들어갈 경우의 대처 방법을 묻고 있으므로 눈(eyes)가 단서 어휘가 된다.

(2) 문제-지문 keyword matching
정답 근거 문장에서 눈에 들어갈 경우 의사에게 진료를 받으라고 했으므로 이는 (A)와 가장 가깝다.

149~151

글의 유형 웹페이지

해석과 구문 확인하기

제트 리모컨 구입을 축하 드립니다.

¹⁴⁹ 리모컨 설정을 위해to set up your remote 텔레비전, VCR, DVD 플레이어 또는 케이블 셋톱 박스의 브랜드를 확인하는 것으로by determining the brand 시작하십시오. 일단 장치의 브랜드the brand of your device를 알게 되면, ¹⁵⁰ 저희 유니버설 리모컨 코드 목록의 링크를 클릭함으로써by clicking on the link 해

당 장치와 연관된 코드the codes associated with를 찾으실 수 있습니다.

그 다음 전원 불빛이 3회 반짝거릴flash three times 때까지 리모컨에 있는 TV, VCR, DVD 또는 케이블의 버튼을 누르고hold button 계십시오. 목록에 있는 첫 번째 코드를 입력하십시오. 그 다음 리모컨이 장치를 향하도록be pointed at the device 한 후 관련 장치 버튼을 누르십시오press the relevant device button. 장치가 꺼지면, 리모컨은 장치를 조종하기 위해 설정된 be set up to control the device 것입니다. ¹⁵¹ 장치가 꺼지지 않으면 목록의 다음 코드를 위한 과정을 반복repeat the process 하십시오.

어떤 이유로든 리모컨이 제대로 작동하지 않으면does not work properly, 저희 무료 고객 서비스 전화toll-free customer service line 1-800-555-2452로 전화하셔서 도움을 받으실 수 있습니다.

149. (C)
리모컨으로 조종되도록 프로그래밍될 수 있는 장치로 언급되지 않은 것은?
(A) 케이블 셋톱 박스
(B) DVD 플레이어
(C) 스테레오 시스템
(D) 텔레비전 세트

문제 유형 진위 추론하기

(1) 보기와 지문 비교
보기와 본문을 대조하면서 일치하지 않는 것을 찾는다.

(2) 풀이 과정 자세히 보기
첫 번째 문장인 정답 근거 문장을 보면 텔레비전, VCR, DVD 플레이어 또는 케이블 셋톱 박스를 언급하고 있으므로 정답은 (C)이다.

150. (B)
사람들이 리모컨을 프로그램화해야 하는 코드를 찾을 수 있는 곳은?
(A) 소책자
(B) 웹사이트
(C) 리모컨
(D) 상점

문제 유형 세부 정보 확인하기

(1) keyword 찾기
리모컨을 프로그래밍하기 위한 코드를 어디에서 찾을 수 있는지 묻고 있으므로 코드(code)가 단서 어휘가 된다.

(2) 문제-지문 keyword matching
두 번째 정답 근거 문장에서 링크를 클릭해서 관련 코드를 찾을 수 있다고 했으므로 (B) 웹사이트가 정답이다.

151. (D)
시도해 본 코드가 작동하지 않으면 사람들이 해야 하는 것은?
(A) 완전히 다른 리모컨을 구입하기
(B) 비슷한 브랜드와 연관 있는 코드를 시도해 보기
(C) 그들을 위해 리모컨을 설정해 줄 기술자에게 전화하기
(D) 가능한 코드를 모두 검토해 보기

문제 유형 세부 정보 확인하기

(1) keyword 찾기
코드가 작동하지 않는 경우의 대처 방안을 묻고 있다. 일반적인 방법이 듣지 않는 경우의 방법이므로 글의 후반에 나올 가능성이 높다.

(2) 문제-지문 keyword matching
세 번째 정답 근거 문장에서 장치가 꺼지지 않으면 리스트에 있는 다음 코드를 반복하라고 하고 있다. 이를 가장 잘 나타낸 것은 (D)이다.

152~153

글의 유형 웹 채팅

해석과 구문 확인하기

레이첼 스티븐스 (11:23) 잭, 오랜만이에요. 어떻게 지내셨나요?

잭 모리스 (11:23) 안녕하세요, 레이첼. 저는 잘 지냈어요. 앨리슨 뉴먼 씨의 은퇴 기념 연회a retirement banquet는 어땠나요?

레이첼 스티븐스 (11:25) ¹⁵³ 아, 행사장이 사람들로 꽉 차 있었어요the venue was packed. 사람들이 정말로 많았어요.

잭 모리스 (11:27) ¹⁵² 그녀는 분명 그런 격려를 받을 만한 deserve a pat on the back 사람이에요. 그녀는 알파 산업의 초창기initial years에 판매부서의 직원sales representative으로 입사를 했었어요.

41

레이첼 스티븐스 (11:28) 우리 모두가 그녀가 이 회사를 위해서 훌륭한 일을 했다는 것을 알고 있어요.

잭 모리스 (11:29) 맞아요. 누가 그녀의 후임이be replacing her 될 지 알고 있어요?

레이첼 스티븐스 (11:30) 이사회는 아직 최종 결정을 내리지 않았어요.

잭 모리스 (11:31) 그것은 분명 힘든 결정일 거에요.

152. (D)
모리스 씨에 대해 암시된 것은?
(A) 그는 은퇴 행사에 갔었다.
(B) 그는 판매부서의 책임자이다.
(C) 그는 이사회의 구성원이다.
(D) 그는 앨리슨 뉴먼에 대해 호의적인 태도를 보였다.

문제 유형 추론하기
(1) 문제 풀이 전략 적용하기
앨리슨 뉴먼의 은퇴 행사에 사람이 많았다는 것을 듣고, 그녀는 그럴 만한 자격이 있다고 말하고 있는 것으로 보아 (D)가 가장 적절하다.

153. (A)
11시 25분에, 레이첼이 "아, 행사장이 사람들로 꽉 차 있었어."라고 말한 것은 어떤 의미인가?
(A) 행사장이 사람들로 혼잡했다.
(B) 행사장은 그 날 폐쇄되어 있었다.
(C) 행사장은 소포들로 가득했다.
(D) 행사장은 정기 검사를 받는 중이었다.

문제 유형 문장 의미 찾기
(1) 문맥상의 의미 해석하기
① 대화 속에서 등장하는 "the venue was packed." 표현의 의미를 찾는 문제이다.
② 바로 다음 문장에서 사람들이 매우 많았다고 하는 것으로 보아 (A)가 가장 적절하다.

154~155
글의 유형 회람

해석과 구문 확인하기

발신: 닉 파파도풀로스
수신: 전 직원
제목: 휴가
날짜: 7월 1일

¹⁵⁴ 제가 8월 1일부터 8월 14일까지 휴가를 떠날 것임을be on vacation 여러분께 알려 드리고 싶습니다. 여러분도 대부분, 특히 날씨가 바뀌기 전에 마지막 캠핑을 하고 싶은 분들이 이 달에 휴가를 가시는 걸로 알고 있습니다. 다행히도 다음 마감일the next wave of deadlines은 9월 말까지는 오지 않을 것입니다. 그러니 갑자기 생기는crop up 문제가 있어도 전 직원이 사무실에 돌아와 전력으로be back at full strength 임할 수 있을 때까지는 미루어put off 놓을 수 있을 겁니다.

그렇기는 하나, 문제는 거의 틀림없이 생길 것이며, 그 가운데 일부는 분명 너무 촉박한 것이라서 미룰 수가 없을too urgent to put off 것입니다. 특히 우리는 사무실에 여전히 있는 사람들의 생산성이 한 달 동안 너무 떨어지는 것을 보고 싶지 않습니다. ¹⁵⁵ 그러니 제가 없는 동안 찰스 렌셔러 부사장에게 여러분이 주고받은 모든 이메일을 보내시기 direct all of your e-mail correspondence 바랍니다. 그는 저만큼 프로젝트를 잘 알고 있으며, 여러분에게 의문이 있거나 용건이 있을 때 그것들을 처리하는 데 문제가 없을have no trouble handling 것입니다.

닉 파파도풀로스 올림

154. (C)
이 회람의 목적은?
(A) 생산성에 관한 문제를 논의하려고
(B) 직원들에게 휴가를 가라고 권하려고
(C) 직원들에게 사장의 부재에 대해 준비하도록 하려고
(D) 직원들에게 마감일 임박에 대해 알리려고

문제 유형 글의 주제/목적 찾기

(1) 글의 구조 분석하기

메모는 회사 내에서 특정 정보를 전달하기 위한 글로 편지나 이메일과 유사한 특징을 갖는다.

(2) 풀이 과정 자세히 보기

첫 문장에서 본인의 휴가 일정을 밝히고, 그 동안의 업무를 어떻게 처리할 것인지를 설명하고 있으므로 정답은 (C)이다.

155. (C)

[1], [2], [3] 그리고 [4]로 표시된 위치 중에서 다음 문장이 들어가기에 가장 적절한 곳은?
"그러니 제가 없는 동안 찰스 렌셔르 부사장에게 여러분이 주고받은 모든 이메일을 보내시기 바랍니다."

(A) [1]
(B) [2]
(C) [3]
(D) [4]

문제 유형 문장 위치 찾기

(1) 글의 구조 분석하기

① 주어진 문장은 글을 쓴 본인이 자리에 없는 동안 찰스 렌셔르라는 사람에게 이메일을 보내라는 문장이다.
② 빈칸으로 처리된 앞뒤 문장에 단서가 있다. [3] 이후를 보면 "그(He)"를 언급하고 있는데, 이 대명사가 지칭하는 사람이 누구인지는 나와 있지 않으므로 이 자리에 주어진 문장이 와야 한다.

156~157

글의 유형 광고

해석과 구문 확인하기

킹스턴 케이터링
귀하의 모든 음식 공급 서비스를 위하여!

• [156] 저희는 귀하의 사무실 파티, 결혼식이나 특별 행사에 음식을 공급할 준비가 되어be ready to cater 있습니다.
• 저희는 맛있는 유기농 및 채식 요리organic and vegetarian dishes를 포함하여 모든 행사에 어울리는 suit every occasion 다양한 음식을 제공하고offer a wide selection of food 있습니다.
• 숙련되고 친절한 저희 직원들experienced and friendly servers을 고용하실 수 있습니다be available for hire.
• 저희는 캘리포니아 산과 수입 고급 와인imported fine wines을 포함한 다양한 음료도 제공해 드립니다.
• 귀하께서 특별한 행사를 위해 완벽한 장소the perfect venue를 찾으실 수 있도록 도와드릴 수도 있습니다.

귀하의 모든 음식 공급 서비스를 위하여 킹스턴 케이터링으로 지금 연락하십시오!
캘리포니아 주 94101, 샌프란시스코, 킹스턴 가 142번지, 킹스턴 케이터링
전화번호: 415-555-465
영업시간: 월~금. 오전 9시~오후 8시

[157] 저희 서비스에 관해 더 자세히 알고 싶으시거나 온라인 할인을 이용하시려면avail of one of our online discounts, 저희 웹사이트 www.kingstoncatering.com을 방문하십시오.

156. (B)

광고에 실리지 않은 정보는?
(A) 회사가 서비스하는 행사의 종류
(B) 회사가 서비스할 수 있는 사람의 수
(C) 메뉴의 예
(D) 회사의 영업시간

문제 유형 진위 추론하기

(1) 보기와 지문 비교

보기와 본문을 대조하면서 일치하지 않는 것을 찾는다.

(2) 풀이 과정 자세히 보기

① 목록 형식으로 정보가 나열되어 있는 광고문이므로 글 전체에 정보가 분산되어 있다.
② 정답 근거 문장인 세 번째 항목을 보면 회사에서 제공하는 직원들을 고용할 수 있다고 되어 있으나 몇 명인지에 대한 정보는 없다.

157. (D)

고객이 제공되는 서비스에 대해 할인받을 수 있는 방법은?
(A) 사무실에 전화함으로써
(B) 편지를 보냄으로써
(C) 추가 서비스를 선택함으로써
(D) 웹사이트를 방문함으로써

문제 유형 세부 정보 확인하기

(1) keyword 찾기

할인(discount)를 키워드로 관련 정보를 찾는다.

(2) 문제-지문 keyword matching

광고 하단에서 할인을 이용하려면 웹사이트를 방문하라고 하고 있다.

158~160

글의 유형 보증서

해석과 구문 확인하기

샘의 복사기 품질 보증서 내역warranty statement

최근의 샘의 복사기 구매에 감사 드립니다. 저희는 귀하께서 새로운 복사기의 품질과 편리성에 만족하셨기를 바랍니다. 저희는 이 제품이 업무 현장에서의 효율성efficiency in your workplace을 증가시킬 수 있을 것이라고 장담합니다. [158]귀하의 구매는 2년의 품질 보증서a two-year warranty와 1년의 무료 업데이트 free update를 포함합니다. 또한, 귀하는 연장 보증서 제도 하에under the extended warranty plan 추가 3년의 보장an additional 3 years of coverage을 선택하실 수도 있습니다.

설치 과정installation process은 꽤 복잡할 수도 있습니다. 그러니 첨부된 사용 설명서attached manual를 사용하거나 제조업체의 웹사이트manufacturer's website를 이용한 복사기의 설치가 불가능하시다면, 01380-268341로 저희에게 연락 주십시오. 노련한 전문가accomplished expert가 귀하를 방문하여 도와드릴 것입니다. 설치가 완료되고 나면, 추가한 복사기가 귀하의 컴퓨터의 이용 가능한 프린터의 목록에 나타나고 제대로 작동할operate properly 것입니다. [159]업무를 위한 복사기만이 아니라, 저희는 다양한 사무 자동화 기기automation equipment, 가정용 프린터, 팩스기와 스캐너도 보유하고 있습니다.

귀하의 주문에 다시 한 번 감사드립니다. [160]질문이나 불편한 점이 있으시다면 주저하지 마시고 저희에게 연락을 해 주십시오. 저희 고객 서비스 담당 직원들은 항상 여러분을 도와드릴 준비가 되어 있습니다.

메이나드 로드, 토튼, SO53 3YJ,
연락처: 01380 268341

158. (B)
보증기간은 얼마인가?
(A) 1년
(B) 2년
(C) 3년
(D) 4년

문제 유형 세부 정보 확인하기

(1) keyword 찾기
기간에 대해 묻고 있으므로 숫자 정보가 있는 부분을 참조한다.

(2) 문제-지문 keyword matching
기본 보증 기간은 2년이며, 추가적으로 3년을 더 보장해주는 플랜을 선택할 수도 있다.

159. (C)
회사의 제품으로 언급되지 않는 장치는?
(A) 복사기
(B) 스캐너
(C) 디지털 프로젝터
(D) 가정용 프린터

문제 유형 진위 추론하기

(1) 보기와 지문 비교
보기와 본문을 대조하면서 일치하지 않는 것을 찾는다.

(2) 풀이 과정 자세히 보기
복사기 이외에도 가정용 프린터, 팩스, 스캐너 등을 취급하고 있다.

160. (D)
프린터가 작동하지 않으면 고객들은 어떻게 해야 하는가?
(A) 첨부된 설명서를 참조한다
(B) 웹사이트를 방문한다
(C) 기계를 재설치한다
(D) 서비스센터에 전화한다

문제 유형 세부 정보 확인하기

(1) keyword 찾기
문제가 생겼을 때 어떻게 해야 하는지에 대한 정보는 주로 글의 마지막 부분에 제시된다.

(2) 문제-지문 keyword matching
질문이 있거나 사용 상의 문제가 발생할 경우에는 고객 서비스 부서에 연락할 것을 당부하고 있다.

161~163

글의 유형 이메일

해석과 구문 확인하기

수신: dstronach@quadforceconsulting.com
발신: c.brin@headhunters.com
제목: 부사장직(職)

스트로내치 씨에게:

귀하께서 충원하기 위해 찾던 부사장직(職)vice-president position에 유망한 후보자promising candidate를 찾았음을 알려 드리게 되어 기쁩니다. 피터 브래그만 씨는 30세밖에 안 되었지만, 이미 인레이 컨설팅의 상무이사직을 맡고 있습니다. 그는 ¹⁶¹누구에게 들어도by all accounts 매우 유능하고 성실extremely competent and hard-working합니다. 더욱이 그는 정부와 기업에 폭넓은 인맥a wide network of government and corporate contacts을 가지고 있어 귀사에 훌륭한 자산asset이 될 것입니다.

그러나 그는 또한 분명 매우 도덕적인 사람apparently a very moral person이기도 합니다. 단지 더 많은 돈이나 근사한 자리를 제안 받는다고 해서 자리를 뜨지도 않을 것이며, 아침에 반응하지도respond to flattery 않을 것입니다. 하지만 그는 인레이가 낮은 직급의 직원들을 위한 급부금을 줄이려는 최근의 조치recent move에 관해 우려해 왔다는 것을 알게 됐습니다. ¹⁶³그는 또한 그 회사의 회계 관행firm's accounting practices 이 기업 관리corporate governance를 잘하는 회사가 당연히 해야 할 만큼 투명하지transparent 않다는 점에 대해서도 우려하고 있습니다. ¹⁶²그가 귀사를 좀 더 도덕적인 회사로서 보도록 유도될 수 있다면, 그와 이야기하여 알맞은 제안으로 귀사에 합류하도록be talked into joining you 해 볼 수 있을 것 같습니다.

찰리 브린 올림

161. (B)
피터가 회사에 귀중한 사람이 될 요소로 나열되지 않은 것은?
(A) 그의 강한 근무 윤리관
(B) 그의 입증된 독창성
(C) 그의 정치적인 인맥
(D) 그의 능력 수준

문제 유형 진위 추론하기

(1) 보기와 지문 비교
보기와 본문을 대조하면서 일치하지 않는 것을 찾는다.

(2) 풀이 과정 자세히 보기
그의 장점을 나열하는 부분을 보면 유능하며 도덕적이고, 정재계에 인맥을 갖추고 있다는 점을 언급하고 있다.

162. (D)
스트로내치 씨가 피터를 설득해서 회사에 들어오도록 할 수 있을 것 같은 방법은?
(A) 그에게 개인적인 칭송으로 아첨함으로써
(B) 그에게 중요하게 들리는 직위를 줌으로써
(C) 그에게 더 나은 봉급 및 복지 혜택을 제시함으로써
(D) 그에게 회사의 윤리 정책을 확신시켜 줌으로써

문제 유형 추론하기

(1) 문제 풀이 전략 적용하기
글의 마지막 부분에서 그를 설득하기 위한 방법을 제시하고 있는데, 도덕적인 회사라는 점을 내세우는 것이 좋을 것이라고 조언하고 있다.

163. (D)
[1], [2], [3] 그리고 [4]로 표시된 위치 중에서 다음 문장이 들어가기에 가장 적절한 곳은?

"그는 또한 그 회사의 회계 관행이 기업 관리를 잘하는 회사가 당연히 해야 할 만큼 투명하지 않다는 점에 대해서도 우려하고 있습니다."

(A) [1]
(B) [2]
(C) [3]
(D) [4]

문제 유형 문장 위치 찾기

(1) 글의 구조 분석하기
① 주어진 문장은 그가 현재 회사에 갖고 있는 불만을 이야기한 부분이다.
② also(또한)이라는 부사를 사용한 것으로 보아 이미 다른 불만 사항을 언급한 뒤에 오는 것이 바람직하므로 최근의 조치에 대해 걱정하고 있다는 문장 뒤인 [4]가 적절하다.

164~167

글의 유형 설문지

해석과 구문 확인하기

퓨처 소프트 주식회사
직원 제안서 Employee Suggestion Form

퓨처 소프트에서는 직원들의 의견과 제안 opinions and suggestions 을 소중히 여깁니다. 근무 생활에 관한 다음 관점에서 어느 정도 만족하시는지 알려 주십시오. 1부터 5까지의 숫자에 동그라미 하십시오 Circle a number from 1–5.

	매우 만족 ←				→ 매우 불만족
¹⁶⁴ 동료와의 관계 Relationship with Coworkers	①	2	3	4	5
경영진과의 관계 Relationship with Management	1	②	3	4	5
물리적인 근무 환경 Physical Working Environment	1	2	③	4	5
¹⁶⁵ 승진 기회 Opportunities for Advancement	1	2	3	4	⑤
전반적인 만족도 Overall Satisfaction with Job	1	2	③	4	5

¹⁶⁶ 적절한 직무 연수 relevant job training 를 받은 적이 있는가?   네 ☒   아니요 ☐
상관이 도움을 주고 대하기 편한가 helpful and approachable?   네 ☒   아니요 ☐
동료 팀원들과 편하게 일하고 있는가 comfortable working with?   네 ☒   아니요 ☐

의견 및 제안
¹⁶⁷ 현재 저는 오전 7시에 첫 교대를 시작해서 오후 1시에 끝납니다. 두 번째 교대가 오후 4시에 시작해서 오후 9시에 끝납니다. 일찍 시작하는 것은 상관없지만 낮에 기다리는 시간이 많습니다. 교대 조를 직원 1명당 하루에 더 긴 근무 교대 1회로 재편해 주기를 restructuring the shifts 제안합니다.

직원 서명: 이안 코너   날짜: 2016년 3월 5일

---

164. (B)
직원이 일에 관해 가장 만족하는 것은?
(A) 아침 일찍 시작하는 것
(B) 팀원들과 함께 일하는 것
(C) 무거운 물건을 들어 올리는 것
(D) 부장에게 보고하는 것

문제 유형 세부 정보 확인하기

(1) keyword 찾기
1에서 5까지의 숫자 중 1에 가까울수록 만족도가 높음을 나타낸다.

(2) 문제-지문 keyword matching
매우 만족인 1이라고 응답한 항목은 동료들과의 관계이다.

165. (C)

직원이 만족스러워하지 않는 것은?
(A) 그가 받는 연수 수준
(B) 상관들의 태도
(C) 승진을 얻을 기회
(D) 그가 받는 존중의 정도

문제 유형 진위 추론하기

(1) 보기와 지문 비교
만족스러워하지 않는 것을 찾는 문제로 보기와 본문을 대조하면서 일치하는 것을 찾는다.

(2) 풀이 과정 자세히 보기
불만족하는 항목은 5라고 답변한 '승진기회'이다.

166. (D)

설문지의 세 번째 단락 1행에 있는 단어 '적절한'과 의미상 가장 가까운 것은?
(A) 공식적인
(B) 도전적인
(C) 가장 최근의
(D) 적합한

문제 유형 유의어 찾기

(1) 문맥상의 의미 해석하기
만족도에 관해 묻고 있다는 점을 고려하면서 뒤에 이어지는 job training을 꾸며 주는 뜻을 가진 어휘를 찾아보면 (D) suitable이 가장 의미가 가깝다.

167. (C)

직원이 제안하고 있는 것은?
(A) 오전 늦게 교대 시작하기
(B) 주당 하루 적게 근무하기
(C) 1일 2회 대신 1회 교대하기
(D) 휴식 시간을 더 늘리기

문제 유형 세부 정보 확인하기

(1) keyword 찾기
전반부는 숫자에 체크하는 항목이고 마지막에 직원이 제안을 적을 수 있는 공간이 있다.

(2) 문제-지문 keyword matching
제안에 대해서는 맨 마지막 단락에 쓰고 있다. 맨 마지막 문장에서 교대 조를 직원 1명당 하루에 더 긴 근무 교대 1회로 재편해 달라고 요청하고 있으므로 (C)가 가장 가깝다.

168~171

글의 유형 팩스

해석과 구문 확인하기

시스코의 팩스소프트

담당자께,

¹⁶⁸ 팩스를 읽고 계시다면, 아마 귀하의 팩스기를 통해 받으셨을 겁니다. 본문이 표준 크기의 표준 서체임에도 불구하고 아주 흐릿하게 보이십니까? 팩스가 이렇게 흐릿해서는 안 됩니다. 이제 귀하의 컴퓨터에서 팩스를 바로 보내실 수 있는 시스코의 팩스소프트 패키지를 사용하는 것을 선택하실 수 있습니다have the option of using.

물론 팩스소프트는 이것을 할 수 있게 해 주는 유일한 소프트웨어 패키지는 아닙니다. 그러나 팩스소프트만이 발송된 팩스가 실제로 수신자의 팩스기the recipient's fax machine로 인쇄되었을 때 더 잘 보이도록 보장해 줍니다.

¹⁶⁹ 팩스소프트는 부적절하게 팩스를 받을 때 잘못된 것을 보정하기 위해to compensate for the inadequacy 에러 예측 시스템error prediction system을 이용합니다. ¹⁷⁰ 기본적으로 이 소프트웨어는 어떤 브랜드의 팩스기를 다루는지dealing with 확인한 후, 그 정보를 이용하여 발송되는 이미지를 고의적으로 왜곡시킵니다deliberately distort the image. 그러면, 프린트된 이미지는 통상적인 수준보다 훨씬 부드럽게end up being much smoother than usual 나오게 됩니다.

따라서 보내시는 팩스가 컴퓨터에서 직접 인쇄된 서류만큼이나 또렷하고 깔끔해 보이기를 원하신다면, 팩스소프트를 오늘 주문하십시오. ¹⁷¹ 기업 고객corporate clients에게는 저희 풀 통신 패키지 – 팩스, 전화, 이메일을 한 프로그램으로 운영 가능run your fax, phone, and e-mail from one program – 로 업그레이드를 무료로 하실 수 있는 자격을be eligible for a free upgrade 드립니다. 좀 더 자세한 사항을 원하시면 1-555-FAX-SOFT로 전화 주십시오.

로저 프리먼 올림
시스코 소프트웨어, CEO

168. (A)
팩스가 겪고 있다고 광고에서 주장하는 문제점은?
(A) 질이 낮은 (인쇄)글자
(B) 비표준 서체
(C) 더딘 프린트 시간
(D) 비효율적인 운영 체계

문제 유형 세부 정보 확인하기

(1) keyword 찾기
일반 팩스가 갖고 있는 문제점을 지적한 후 광고 제품이 이를 어떻게 개선할 수 있는지를 제시하므로 도입부에 나올 정보이다.

(2) 문제-지문 keyword matching
팩스의 본문이 흐릿하지는 않은지 질문하면서 팩스가 이렇게 흐려서는 안 된다고 지적하고 있다.

169. (A)
팩스소프트가 작동하는 방법은?
(A) 수신자의 팩스기에서 예상되는 에러를 보정함으로써
(B) 팩스 소프트웨어를 통해 발송되는 메시지 내용을 왜곡함으로써
(C) 팩스를 컴퓨터로 주고 받는 이메일로 전환함으로써
(D) 훨씬 나아 보이는 팩스 프린트물을 내기 위해 레이저 프린터를 이용함으로써

문제 유형 세부 정보 확인하기

(1) keyword 찾기
광고하고 있는 제품의 직동 원리를 묻고 있는데, 이는 주로 본문에서 소개하는 정보이다.

(2) 문제-지문 keyword matching
정답 근거 문장에서 잘못된 것을 보완하기 위해 에러 예측 시스템을 사용하고 있다고 하고 있다. 이를 가장 잘 나타낸 것은 (A)이다.

170. (C)
팩스소프트가 제대로 기능하기 위해 알아야 할 것은?
(A) 수신자가 선호하는 서체 타입
(B) 운영 체제의 내부 팩스 소프트웨어
(C) 수신자의 팩스기 모델
(D) 팩스가 발송된 날짜

문제 유형 세부 정보 확인하기

(1) keyword 찾기
팩스소프트가 기능하기 위해 알아야 하는 것이 무엇인지 묻고 있다. 이는 작동 원리에 대한 구체적인 정보에 해당하므로 본문에 나올 가능성이 높다.

(2) 문제-지문 keyword matching
정답 근거 문장에서 어떤 브랜드의 팩스기를 다루는지 확인한 후에 이 정보를 이용한다고 하고 있다.

171. (D)
팩스 소프트가 자사의 팩스 소프트웨어를 주문하는 회사에게 제공하는 것은?
(A) 프로그램의 운용 속도를 높여 주기 위한 컴퓨터 업그레이드
(B) 사무실에 걸 그림
(C) 전화와 팩스기 업그레이드 무료 세트
(D) 더 향상된 소프트웨어 버전

문제 유형 세부 정보 확인하기

(1) keyword 찾기
제품을 구매하는 '회사'에게 제공하는 서비스가 무엇인지 묻고 있다. '회사'가 단서 어휘가 된다.

(2) 문제-지문 keyword matching
마지막 단락에서 기업 고객의 경우 풀 패키지로 무료 업그레이드를 제공한다고 하였다. 일반 제품에서 업그레이드를 해준다는 것으로 보아 (D)가 정답이다.

172~175

글의 유형 웹 채팅

해석과 구문 확인하기

제랄딘 파 (11:00) ¹⁷² 안녕하세요. 저는 번스 작문 학원의 강사인 제랄딘 파입니다. 오늘 저는 여러분이 가지고 계신 모든 질문에 답변을 해드리고자 합니다. 뭐든 편하게 질문하세요.

헬렌 손태그 (11:01) 작문 프로그램은 얼마나 긴가요?

제랄딘 파 (11:02) 음, 프로그램의 길이는 귀하의 자녀가 어떤 영역에 등록하는 지에enroll in 달려 있습니다. ¹⁷³ 재능 프로그램gifted program은 4주 동안 운영되며, 표준 프로그램은 6주, 교정remedial 프로그램은 8주 동안 운영됩니다.

헬렌 손태그 (11:05) 프로그램들 간에 어떤 차이가 있나요?

제랄딘 파 (11:06) 각 프로그램의 목표는 같지만, 학생들이 시작하는 수준에 따라 그 목표를 달성하는 데 소요되는 시간이 결정됩니다. 그러나 프로그램의 집중 코스 intensive course는 모두 기초 언어 기술을 포함하고 있습니다.

레이시 터너 (11:08) 그게 다인가요? 저는 고급 수준의 학생들을 위한 교육과정을 기대했는데요.

제럴딘 파 (11:09) 175 당연히 아닙니다. 프로그램은 탄탄한 쓰기 기술a solid set of writing skills을 쌓을 뿐 아니라, 고등학교에서 다룰 것 같은 최고급 읽기 자료의 숙달에 목표를 두고aim to impart the mastery 있습니다.

헬렌 손태그 (11:13) 그거 좋네요. 수학과 관련된 수업도 있나요?

제럴딘 파 (11:15) 174 아직은 없습니다. 현재로서는 계획 단계에 있고 내년에나 배우게 되겠지만, 수학 관련 어휘 수업도 진행할implement lessons 것을 고려하고 있습니다.

레이시 터너 (11:17) 수업을 듣는 학생들의 일과는 어떤가요? 설명을 좀 해주시겠어요?

제럴딘 파 (11:19) 저희 프로그램은 상당히 엄격합니다. 학생들은 오전 9시부터 오후 4시까지 수업에 참석합니다. 30분간의 점심 시간이 있습니다. 학생들에게 각 오전 수업과 오후 수업session 중에 15분간의 휴식 시간이 주어집니다. 학생들은 매일 출석해야 하며 정시에 도착해야 합니다.

헬렌 손태그 (11:24) 음, 규칙을 어겼을 경우에는 어떤 벌이 주어지나요?

제럴딘 파 (11:26) 좋은 질문이네요. 출석과 지각하지 않는 것promptness은 강제 사항obligatory입니다. 의사의 진단서a physician's note없이 수업을 빠지는 학생들은 프로그램을 떠나야 하며, 반복해서 수업에 지각하는 학생들도 마찬가지입니다. 안타깝지만 시간이 다 되었네요. 다른 질문이 있으시면, 주저하지 마시고 제게 연락하십시오.

172. (A)
토론의 목적은?
(A) 프로그램에 대한 정보를 주기 위해
(B) 지난 시험의 결과를 알려주기 위해
(C) 주요 강사들을 소개하기 위해
(D) 작문 학원을 알리기 위해

문제 유형 글의 주제/목적 찾기
(1) 글의 구조 분석하기
첫 문장이나 도입에서 글의 목적을 밝힌다.

(2) 풀이 과정 자세히 보기
첫 문장에서 작문 학원의 강사로 모든 질문에 답할 것이라고 하고 있으므로 (A)가 정답이다.

173. (B)
고급 수준의 학생들을 위한 프로그램의 기간은?
(A) 2주
(B) 4주
(C) 6주
(D) 8주

문제 유형 세부 정보 확인하기
(1) keyword 찾기
고급 수준의 학생들을 위한 프로그램의 길이를 묻는 문제이므로 숫자 정보를 찾는 문제이다.

(2) 문제-지문 keyword matching
① 세 가지 교육 프로그램이 제공되고 있는데 고급(advanced) 수준의 학생들은 재능(gifted) 프로그램을 듣게 될 것이다.
② 재능 프로그램은 4주간 운영된다고 하였으므로 정답은 (B)이다.

174. (C)
프로그램에서 다루지 않는 과목은?
(A) 쓰기
(B) 읽기
(C) 수학
(D) 문법

문제 유형 진위 추론하기
(1) 보기와 지문 비교
보기와 본문을 대조하면서 일치하지 않는 것을 찾는다.

(2) 풀이 과정 자세히 보기
첫 문단의 정답 근거 문장을 보면 수학 관련 어휘는 현재 고려 중이며, 내년에 배울 수 있을 것이라고 하고 있으므로 (C)가 정답이다.

175. (C)
11시 9분에 파 씨가 "당연히 아닙니다"라고 쓴 것은 어떤 의미인가?
(A) 학원은 고급 수준의 직문 수업이 없다.
(B) 학원은 어린 학생들을 위해 관대한 규칙을 제안한다.
(C) 학원은 재능 있는 학생들을 위한 수준 높은 수업을 약속한다.
(D) 학원은 저렴한 수업료를 요구한다.

문제 유형 문장 의미 찾기

(1) 문맥상의 의미 찾기
① 대화 속에서 등장하는 "Of course not"의 의미를 묻는 문제이다.
② 바로 앞에서 고급 수준의 학생들을 위한 수업 과정을 기대했다고 하고 있고, 해당 표현 뒤에서는 최고급 읽기 자료의 숙달을 목표로 하고 있다고 하고 있으므로 (C)가 가장 적절하다.

176~180

글의 유형   지문1: 광고, 지문2: 편지

해석과 구문 확인하기

마스터 이사 회사 – 다른 이사 서비스 회사와 비교 불허

대부분의 이사 회사들은 트럭에 짐을 싣고carry your stuff into a truck 한 곳에서 다른 곳으로 운전해 간 다음, 다시 짐을 내려놓을 뿐입니다. 176 하지만 저희는 그 이상으로 합니다go beyond. 저희는 실제로 고객의 모든 짐, 즉 사진, 정교한 도자기, 크리스탈, 기타 값비싼 물건들에 적절하게 패드를 대어 안전하게 확실히 포장해 드립니다be padded and protected. 이사 도중 귀하의 가구에 생기는incur during the moving process 어떤 손상이든 비용 전액을 보상해 드리겠습니다. 이것은 다른 어떤 경쟁사로부터도 받으실 수 없는 보장 내용입니다.

177 또한 책상, 탁자, 침대 틀 같은 덩치가 큰 가구들을 해체하여disassemble large items 이사 간 곳에서 재조립해reassemble 드리기도 합니다. 이렇게 하면 고객께서 아주 힘든 일backbreaking labour을 하시는 시간을 덜 수 있습니다.

특히 저희는 다른 이사업체들에 비해 경쟁력 있는 가격으로at competitive rate 이러한 모든 추가 서비스extra service를 제공해 드리고 있습니다.

179

품목	소형트럭	중형트럭	대형트럭
2명 / 월 중순	$90	$90	$99
2명 / 월 말	$99	$99	$115
3명 / 월 중순	$125	$125	$135
3명 / 월 말	$145	$145	$155

*3시간이 최소이며 이동 시간에 드는 비용travel time charges이 포함됩니다.

담당자분께

'인테리어'의 지난 호에 실린 귀사의 광고에 관심이 있습니다.

현재, 저는 가정용 가구home furnishing와 실내 장식품을 판매하는 소매점을 소유하고 있습니다. 저는 사업을 확장할 예정이기 때문에, 178 현재 장소에서 3마일 떨어진 더 큰 건물로 이사를 가려고 합니다. 따라서, 저는 귀사가 저를 도와줄 수 있는지 궁금합니다.

179 저는 이번 달 말까지 이사를 끝내야complete the relocation 합니다. 제 가게는 파손되기 쉬운 유리로 된 장식품들을fragile glass decorations 갖고 있기 때문에 제 상품들을 매우 조심스럽게 다뤄주시길 바랍니다. 저는 숙련된 세 명의 직원이three experienced staff 필요하고, 큰 트럭이 필요합니다.

제가 요청한 일을 하실 수 있다면, 제게 01277 23855로 연락 주십시오. 그러면 자세한 사항을 논의하기 위해 회의 일정을 잡을schedule a meeting 수 있을 것입니다.

프레이저 넬슨 올림

176. (C)
마스터 이사 회사가 다른 이사 회사와 다른 점은?
(A) 정교한 도자기 작품들을 수송한다.
(B) 물건들을 새로운 곳에 배달한다.
(C) 모든 포장을 해 준다.
(D) 서비스에 대한 청구서를 보낸다.

문제 유형 세부 정보 확인하기

(1) 문제가 지시하는 지문 읽기
광고의 대상인 업체 정보를 묻고 있으므로 첫 번째 지문을 참조한다.

(2) keyword 찾기
광고는 해당 업체가 다른 업체보다 어떤 점이 뛰어난지를 홍보하는 글이므로 글의 본문에 이 정보가 있을 가능성이 높다.

(3) 문제-지문 keyword matching
일반적인 이사업체가 하는 일 그 이상을 한다고 말하고 있다. 그리고 다음 문장에서 모든 물건을 포장해 준다고 설명하고 있다.

177. (A)
마스터 이사 회사는 고객들의 큰 일을 어떻게 덜어 주는가?
(A) 무거운 가구를 해체함으로써
(B) 우수한 이사 담당 팀을 구성함으로써
(C) 필요한 사람들에게 침대를 제공함으로써
(D) 이사를 저녁 무렵에 마침으로써

문제 유형 세부 정보 확인하기
(1) 문제가 지시하는 지문 읽기
광고의 대상인 업체 정보를 묻고 있으므로 첫 번째 지문을 참조한다.

(2) keyword 찾기
고객들의 일을 어떻게 덜어주는지 그 방법을 묻고 있다. 방법을 묻는 문제는 동사가 단서 어휘가 된다.

(3) 문제-지문 keyword matching
힘든 일을 하는 시간을 줄여 준다고 하면서 큰 가구를 해체하고 다시 조립해 준다고 하고 있으므로 이를 가장 잘 나타낸 것은 (A)이다.

178. (D)
편지가 보내진 이유는?
(A) 인테리어 장식품을 홍보하기 위해
(B) 제대로 이뤄지지 않은 서비스에 대해 불평하기 위해
(C) 비어있는 일자리를 알리기 위해
(D) 서비스 공급업체를 고용하기 위해

문제 유형 글의 주제/목적 찾기
(1) 문제가 지시하는 지문 읽기
이메일의 목적을 묻는 문제이므로 두 번째 지문을 참조한다.

(2) 글의 구조 분석하기
이메일의 목적은 주로 도입부에 제시된다.

(3) 풀이 과정 자세히 보기
도입부에서 지난 호에 실린 광고에 관심이 있다고 말하면서 이사를 갈 예정인데 자신을 도울 수 있는지 묻고 있다.

179. (D)
넬슨 씨가 지불할 금액은 얼마인가?
(A) 99 달러
(B) 125 달러
(C) 135 달러
(D) 155 달러

문제 유형 추론하기
(1) 문제가 지시하는 지문 읽기
넬슨 씨가 어떤 서비스를 이용할 것인지와 가격 정보를 알아야 하므로 두 지문을 모두 참조한다.

(2) 문제 풀이 전략 적용하기
이메일에서 넬슨 씨는 월말에 이사를 할 것이고, 직원 3명과 대형 트럭을 고용했다. 가격표에서 이에 해당하는 금액은 $155이다.

180. (C)
넬슨 씨에 대해 언급되지 않은 것은?
(A) 그는 소매점의 주인이다.
(B) 그는 사업을 확장하기 위해 이사를 가기 원한다.
(C) 그는 이동 시간 때문에 발생하는 추가 서비스를 요구하고 있다.
(D) 그는 업체에게 월 말에 이사를 끝내달라고 요청하고 있다.

문제 유형 진위 추론하기
(1) 문제가 지시하는 지문 읽기
넬슨 씨에 대한 정보이므로 두 번째 지문을 참조한다.

(2) 보기와 지문 비교
언급되지 않은 것을 찾는 문제로 보기와 본문을 대조하면서 일치하는 것을 찾는다.

(3) 풀이 과정 자세히 보기
본문 전체가 정답 근거 문장으로 추가 서비스에 대한 언급은 없으므로 (C)가 정답이다.

181~185

글의 유형 지문1: 이메일, 지문2: 편지

해석과 구문 확인하기

수신: 베티 아버클@ITnow.com
발신: 존48@ITnow.com
날짜: 2016년 6월 7일
제목: 사직

아버클 씨에게

181 저는 IT나우에서의 대리직에서 사임하려는resign from the job 제 결정을 알려드리기 위해 이 편지를 씁니다. 이 사임은 2016년 6월 27일부터 유효effective on합니다. 3년간 근무한 IT나우에서 떠나기로 한 결정을 내리는 것은 쉽지 않았습니다.

IT나우에서 근무하는 동안 얻은 기회, 경험, 그리고 지식에 깊이 감사드립니다. 귀하의 관리 하에서under your supervision 많은 사람들과 일하는 것은 즐거운 일이었습니다. 저는 귀하와 제 동료들, 그리고 직원들의 행운을 빕니다. 만일 남은 기간 동안 더 순조로운 인수인계smoother transition를 위해 제가 할 수 있는 일이 있다면 제게 알려 주십시오.

185 저는 정보 기술 분야에서 더 나은 경력을 찾고자 하므로 추천서 한 부를 부탁 드리고자 합니다. 폭스컴, 뉴욕 주 뉴욕 25373, 알프릭 레인 794의 주소로 CEO인 스티븐 시몬스 씨 앞으로 보내 주십시오.

제 요청에 대한 귀하의 도움과 지체 없는 관심prompt attention에 미리 감사 드립니다.

존 카메론 올림

스티븐 시몬스
뉴욕 주 뉴욕 25373
알프릭 레인 794

시몬스 씨에게,

존 카메론 씨를 위하여on behalf of John Cameron 이 편지를 씁니다. 184 존은 제 회사인 IT나우에서 3년 넘게 근무했는데, 저는 그의 업무 수행에 항상 만족스러웠습니다. 그는 매우 친화력이 있어서 다른 사람들과 함께 일을 잘합니다. 그는 언제 솔선수범을 하고 언제 다른 사람들의 지시를 따라야follow the instructions 하는지 알고 있습니다. 그는 또한 182 시간을 엄수하며, 자신의 일에 헌신적이어서punctual and dedicated, 불평 없이 주어진 마감일마다 맞춰 왔습니다.

사실 존의 업무 수행 능력이 워낙 뛰어났기 때문에, 제가 바랐던 만큼 빨리 회사가 성장했더라면, 저는 오래 전에 그를 프로젝트 총책임자 또는 부서장으로 승진시켰을 것입니다. 183 하지만 현재로서는 저는 그가 당연히 받을 자격이 있는richly deserves 승진을 시켜 줄 수가 없습니다. 한편 귀하의 회사는 그를 위한 진급 자리room for advancement를 주실 만큼 규모가 크십니다. 직원으로서 그와 함께했던 때가 아쉽겠지만, 떠나겠다는 그의 결정을 비난할 수는 없습니다. 장담하건대, 제 손실이 곧 귀사의 득이 될 것입니다.

저를 위해 일했던 존의 구체적인 업무specific duties나 경력에 관해 질문이 있으시면, 언제든지 근무 시간 중에 555-6802로 주저하지 말고 제게 전화 주십시오. 또한 존의 관리자였던 빌 버클리 씨에게 연락하셔도 좋을 겁니다. 그도 제가 알기로는 저만큼 그를 높게 평가하고 있습니다. 그에게는 555-9236으로 연락하실 수 있습니다.

베티 아버클 올림

---

181. (B)
아버클 씨에게 이메일이 보내진 이유는?
(A) 경쟁력 있는 후보를 추천하기 위해
(B) 사직서를 제출하기 위해
(C) 면접일을 알려주기 위해
(D) ITNOW에서의 일자리를 수락하기 위해

문제 유형 글의 주제/목적 찾기

(1) 문제가 지시하는 지문 읽기
아버클 씨가 수신자인 이메일의 목적을 묻고 있으므로 첫 번째 지문에 대한 문제이다.

(2) 글의 구조 분석하기
편지나 이메일의 목적은 주로 도입부에 제시된다.

(3) 풀이 과정 자세히 보기
첫 문장에서 사직 의사를 밝히고 있다.

182. (B)
편지의 첫 번째 단락 4행에 있는 단어 '시간을 엄수하는'과 의미상 가장 가까운 것은?
(A) 말이 많은
(B) 신속한
(C) 결정적인
(D) 단호한

문제 유형 유의어 찾기

(1) 문제가 지시하는 지문 읽기
편지의 어휘의 문맥상의 의미를 묻고 있으므로 두 번째 지문을 참조한다.

(2) 문맥상의 의미 해석하기
뒷부분을 보면 마감일을 잘 맞추었다고 하고 있으므로 (B)가 적절하다.

183. (A)
IT나우에 관해 추론할 수 있는 것은?
(A) 시몬스 씨의 회사보다 규모가 작다.
(B) 파산할 위험에 처해 있다.
(C) 재정적으로 아주 양호하게 운영되어 오고 있다.
(D) IT 잡지 출판을 전문으로 하고 있다.

문제 유형 추론하기
(1) 문제가 지시하는 지문 읽기
ITNOW라는 회사의 정보를 묻고 있는데 두 지문 모두에서 이 회사가 언급되고 있으므로 두 지문을 모두 참조한다.

(2) 문제 풀이 전략 적용하기
두 번째 지문 정답 근거 문장에서 회사가 바라는 만큼 빨리 성장하지 못해 존을 승진시켜 주지 못한 데 비해, 존이 옮겨 갈 회사는 커서 승진시켜줄 여력이 될 것이라고 하였으므로 (A)가 적절하다.

184. (D)
IT나우의 사주는 누구인가?
(A) 스티븐 시몬스
(B) 존 카메론
(C) 빌 버클리
(D) 베티 아버클

문제 유형 세부 정보 확인하기
(1) 문제가 지시하는 지문 읽기
ITNOW는 두 지문에서 언급되고 있으므로 두 지문을 모두 참조한다.

(2) keyword 찾기
보기가 사람 이름이므로 수신자, 발신자 정보를 확인하고 본문에 언급되는 다른 이름은 없는지 확인한다.

(3) 문제-지문 keyword matching
① 첫 번째 지문에서 ITNOW의 직원인 존 카메론이 베티 아버클에게 사직 의사를 전달하고 있다.
② 두 번째 지문에서 베티 아버클은 존이 자신의 회사를 위해 일했다고 하고 있으므로 그녀가 ITNOW의 사주이다.

185. (B)
존 카메론에 대해 암시되는 것은?
(A) 그는 ITNOW의 대리가 될 것이다.
(B) 그는 더 나은 채용 기회를 찾고 있다.
(C) 그는 쏙스캠을 인수할 계획을 짓고 있다.
(D) 그는 ITNOW에서 관리직으로 승진하는 것을 거절했다.

문제 유형 추론하기
(1) 문제가 지시하는 지문 읽기
첫 번째 지문의 발신자이자, 두 번째 지문에서 추천하고 있는 대상인 존 카메론에 대한 문제이므로 두 지문을 모두 참조한다.

(2) 문제 풀이 전략 적용하기
첫 번째 지문에서 더 나은 기회를 위해 회사를 그만 두려 한다고 언급했다. 두 번째 지문에서도 현재 회사는 그를 승진시켜 줄 수 없기 때문에 그가 떠나는 것을 이해한다고 하고 있다.

186~190
글의 유형   지문1: 이메일, 지문2: 광고, 지문3: 회람

해석과 구문 확인하기

수신: 밥 트레메인 btremaine@footware.com
발신: 필립 하이워터 phighwater@footware.com
날짜: 2016년 5월 4일
제목: 마케팅 보고서

트레메인 씨에게,

저는 우리가 고용한 시장 조사 회사marketing research firm로부터 최근에 받은 일련의 보고서 분석을 끝냈습니다. 다음은 제가 한 번 훑어본 후 처음 들었던 생각들입니다:

첫째, 우리의 광고는 제품의 품질보다는 사람들의 마음 속에 우리 브랜드를 각인시킬stick in people's minds 수 있는 기억에 남을 만한 광고를 만드는 데 초점을 맞추어야 합니다. 둘째로, 우리 브랜드는 186 간결하면서concise 두운체가 있는alliterative 이름이 필요합니다. 듀러빌리티 풋웨어는 너무 길어서 사람들의 관심을 끌 수가 없습니다. 정밀한 세부 작업은 당신에게 맡기겠습니다. 또한, 어떤 운동화를 구매할 지 결정할 때 고객들이 고려하는 주 요소main factors 중 하나는 외관입니다.

어쨌든 보고서에 기초하여 어떤 종류의 광고 캠페인을 만들 수 있을지 검토해 보시고 이달 말까지 제게 초안을 가져오세요.

필립 하이워터 올림

플라이프리

완벽한 달리기를 위한 완벽한 맞춤을 느껴보세요.

플라이프리 러닝화는 1년 이상 디자인 작업을 해왔습니다. 이제 디자인이 마침내 실행될to be implemented 준비가 되었습니다. 운동화의 특허인patent 파워 점프 바닥창 기술은 올해 7월 4일 마켓 플라자에서 열릴 기술 특별 쇼케이스에서 집중 조명될be highlighted 것입니다. 플라이프리 러닝화는 7월 10일을 시작으로 온라인 사전 주문이 가능하며, ¹⁸⁷ 7월 15일에는 전국에 있는 마트월즈에 선보일 것입니다. 시어스, 큐마트, 그리고 엘러스 체인에서 이달 말쯤 구입 가능하게 됩니다.

하지만 가장 좋은 소식은 플라이프리 러닝화는 기존의 제품이 제공하던 가격과 비교하여compared with 20달러 이상을 절약하는 49달러 99센트부터 시작될 것이라는 점입니다. 보통 운동화 가격의 일부 금액으로 사실 수 있는 가장 훌륭한 운동 성과athletic performance를 위해, 여러분은 플라이프리를 원하시게 될 것입니다.

그러니 기억하십시오. 자유롭게 달리고 싶으시면, 플라이프리와 함께 달리십시오.

안녕하세요, 밥

¹⁸⁹ 저는 방금 당신이 보낸 언론 공개 자료의 초안을the draft copy of the press release 받았습니다. 고쳐야 할 부분이 몇 부분a few revisions 있는데, 이는 새 포맷을 따라following our new format 작업하신 첫 시도임을 볼 때 놀랍지 않을 일입니다.

첫째로, 당신의 초안은 성능을 우선에 두고put performance first 미적인 요소는 나중에 덧붙인 것 같습니다leave aesthetics second. ¹⁹⁰ 제가 전에 언급했듯이, 우리는 스타일을 중시하는 고객들을style-conscious consumers 염두에 두어야 합니다. 둘째로, 높이나 무게, 뻣뻣함, 뒤꿈치의 쿠션과 같은 특징들을 포함하는 부분을 추가할 수 있을까요? 달리는 사람들은 무거운 신발shoes to weigh them down 을 원하지 않으므로 이런 특징들은 필수적인 정보

imperative information가 될 것입니다.

또한 7월로 예정되어 있는 쇼케이스와 관련해서 당신을 만나고 싶습니다. 가능 여부를 확인하기confirm your availability 위해 이 이메일에 답장을 해 주십시오.

열심히 일해주시는 것에 감사 드립니다.

필립 하이워터

186. (D)
이메일의 2번째 단락 2행에 있는 '간결한'과 의미상 가장 가까운 것은?
(A) 정직한
(B) 우스운
(C) 무명의
(D) 간결한

문제 유형 유의어 찾기

(1) 문제가 지시하는 지문 읽기
이메일의 어휘 concise의 어휘를 묻고 있으므로 첫 번째 지문을 참조한다.

(2) 문맥상의 의미 해석하기
사람들의 기억에 남아야 하고, 기존 이름은 너무 길다고 하고 있으므로 (D)가 가장 적절하다.

187. (D)
플라이프리의 새 운동화 제품이 오프라인 매장에 출시되는 시기는?
(A) 7월 2일
(B) 7월 4일
(C) 7월 10일
(D) 7월 15일

문제 유형 세부 정보 확인하기

(1) 문제가 지시하는 지문 읽기
제품에 대한 정보이므로 광고인 두 번째 지문을 참조한다.

(2) keyword 찾기
여러 날짜 중 하나를 고르는 문제이므로 날짜 정보가 있는 부분을 참조한다.

(3) 문제-지문 keyword matching
7월 15일에 전국에 있는 마트월즈에 선보일 것이라고 하고 있다.

188. (C)
이메일에서 개요로 정리된 마케팅 전략을 반영하는 광고의 관점은?
(A) 운동화의 경쟁력 있는 가격에 대한 강조
(B) 운동화의 품질에 대한 구체적인 강조
(C) 짧고 기억에 남을 만한 브랜드명의 이용
(D) 신발 외관의 묘사

문제 유형 세부 정보 확인하기

(1) 문제가 지시하는 지문 읽기
이메일과 광고의 내용을 비교해야 하므로 첫 번째, 두 번째 지문을 참조한다.

(2) keyword 찾기
이메일에서 요구하는 사항 중 광고에 반영된 부분을 찾는다.

(3) 문제-지문 keyword matching
(A) 가격 정보와 (B) 품질 정보와 강조는 이메일에서 언급되지 않았고, 디자인에 오랜 시간을 들였다는 표현은 있지만 (D) 외관을 묘사하고 있지는 않다. 기존의 이름보다 짧고 운율이 있는 이름으로 변경하였으므로 (C)가 정답이다.

189. (B)
회람의 목적은?
(A) 시장 조사 결과를 요청하려고
(B) 초안에 대한 피드백을 제공하려고
(C) 플라이프리 운동화를 홍보하려고
(D) 연구 개발을 보고하려고

문제 유형 글의 주제/목적 찾기

(1) 문제가 지시하는 지문 읽기
회람의 목적을 묻는 문제이므로 세 번째 지문을 참조한다.

(2) 글의 구조 분석하기
회람의 목적은 주로 도입부에 제시된다.

(3) 풀이 과정 자세히 보기
도입부에서 초안에서 수정해야 할 부분이 몇 가지 있다고 언급하고 있다.

190. (C)
회람에 따라 트레메인 씨가 다음에 할 것은?
(A) 언론에 광고 보내기
(B) 새 브랜드명 만들기
(C) 인론 공개 지료 수정하기
(D) 쇼케이스 발표 내용 준비하기

문제 유형 글의 주제/목적 찾기

(1) 문제가 지시하는 지문 읽기
문제에서 '회람에 따라'라고 하고 있으므로 세 번째 지문을 참조한다.

(2) 문제 풀이 전략 적용하기
몇 가지 수정해야 할 부분이 있다고 하면서 이를 설명하고 있으므로 (C)가 적절하다.

191~195

글의 유형   지문1: 광고, 지문2: 송장, 지문3: 이메일

해석과 구문 확인하기

페이리스 자동차 대여와 함께 당신의 여행 시간을 단축하세요accelerate

페이리스는 저렴한 가격으로 차량을 대여해 드릴 것을 보장합니다guarantee an affordable price. [192] 저희는 세계에서 가장 큰 자동차 대여 업체입니다. 저희는 유럽에서 30년 이상 높은 품질의 자동차를 대여하는 서비스를 제공해 왔습니다. 현재에는, 유럽과 미국, 캐나다와 남미 곳곳의 60개가 넘는 나라들에 지점을 보유하고 있습니다. 당신의 필요와 예산에 적합한fit your needs and budget 다양한a wide range of 세단과 SUV, 승합차와 특수 차량이 이용 가능합니다. 페이리스는 차량의 신뢰성reliability을 보장해 드립니다.

[192] **한정 서비스Limited Offer**
이번 달 말까지 푸조 207 모델에 대한 특별한 제안을 해드리고 있다는 것을 알려드리고 싶습니다. [193] 이 차량의 정상 가격regular fee은 하루에 52유로이지만, 이를 주행 거리 무제한으로 45유로에 대여하실 수 있습니다. 대여 시에 현금이나 신용카드로 지불하실 수 있습니다. 지불이 가능한 카드는 비자, 아메리칸 익스프레스, 마스터카드, 그리고 유니온 페이입니다. 예약 시에 at the time of reservation 온라인으로 지불하시면, 5% 할인을 받으실 수 있습니다. 예약하시려면 이 이메일에 답장을 해 주세요.

* 이 요금은 5%의 대여 세금rental tax을 포함하고 있지 않습니다.
* 페이리스는 500달러 반환 가능한 보증금refundable deposit을 요구합니다.

대여자 정보	페이리스 자동차 대여	
애비 파버 러더포드 로드 애쉬포드 TN25 4BN	송장 #890428	
	수령일: 3월 26일	
	반납일: 3월 28일	
차량명 푸조207	주행거리: 0	
	반납시 주행거리: 15	
품목 Description	단가 Unit Price	총액
¹⁹³일일 (3일)	€ 52	€ 156
추가 주행 거리	€ 0	€ 0
	소계 Subtotal	€ 156
	보증금	€ 500
	대여세(5%)	€ 7.8
	연료 부과 금액 Fuel Charge	€ 0
	총 금액	€ 163.8

*결제 종류: 현금

수신: Alan Becker@payless.com
발신: Abby Faber@kumedia.com
날짜: 2016년 3월 31일
제목: 페이리스 자동차 대여

베커 씨에게

저는 귀사로부터 제공받은 서비스에 대해 이 글을 쓰고 있습니다. 저는 오늘 아침에 청구서를 받았는데 ¹⁹⁴&¹⁹⁵귀사가 잘못된 금액을 청구하신 charge the wrong amount 것 같습니다. ¹⁹⁴제게 일일 대여 비용이 45유로가 될 것이라는 이메일을 보내셨습니다. 귀사의 직원 또한 푸조 207 모델을 할인된 가격 discounted price 으로 사용할 수 있을 것이라는 것을 보증해 주었습니다. 그러나 청구서에는 푸조 207모델에 대한 일일 청구 비용이 52유로로 되어 있습니다.
이 문제에 관해 제게 연락을 주시고, 서비스에 대해 수정된 청구서를 보내 주십시오.

애비 파버 올림

---

191. (C)
이 광고는 누구를 위해 쓰여진 것인가?
(A) 프로 운전자
(B) 푸조사의 직원
(C) 자동차 대여 서비스의 고객
(D) 보험사의 중개인

문제 유형 추론하기

(1) 문제가 지시하는 지문 읽기
광고의 예상 독자를 묻고 있으므로 첫 번째 지문에 대한 문제이다.

(2) 문제 풀이 전략 적용하기
차를 대여하고자 하는 고객들을 대상으로 쓰여진 광고이다.

192. (D)
페이리스사에 대해 언급하지 않은 것은?
(A) 30년도 더 전에 설립되었다.
(B) 전 세계에 가맹점을 가지고 있다.
(C) 할인 가격을 제공하고 있다.
(D) 고급 차량에 주력하고 있다.

문제 유형 진위 추론하기

(1) 문제가 지시하는 지문 읽기
광고를 하고 있는 주체에 대한 문제이므로 첫 번째 지문을 참조한다.

(2) 보기와 지문 비교
고급 차량을 부유하고 있는 것은 맞지만 이것에 주력하고 있는지는 알 수 없다.

193. (C)
파버 씨에게 잘못 청구된 품목은?
(A) 보증금
(B) 대여세
(C) 일일 요금
(D) 총 금액

문제 유형 추론하기

(1) 문제가 지시하는 지문 읽기
잘못 청구된 금액을 확인하려면, 송장과 광고, 그리고 고객의 이메일을 모두 참조한다.

(2) 문제 풀이 전략 적용하기
고객의 이메일에서 일일 대여 비용이 잘못되었다고 지적하고 있다. 이를 광고에서 확인해 보면 이 금액은 45유로여야 하는데 송장에는 52유로로 청구되어 있음을 확인할 수 있다. 이 내용이 이메일에도 언급되어 있다.

194. (C)

파버 씨가 베커 씨에게 편지를 쓴 이유는?
(A) 한정 서비스를 광고하기 위해서
(B) 지불 기한을 알려주기 위해서
(C) 대여 비용이 과다 청구된 것에 항의하기 위해서
(D) 부가적인 상해 보험을 구매하기 위해서

문제 유형 글의 주제/목적 찾기

(1) 문제가 지시하는 지문 읽기
고객인 파버 씨가 쓴 이메일의 목적을 묻는 문제이므로 세 번째 지문을 참조한다.

(2) 문제 풀이 전략 적용하기
이메일의 목적은 주로 도입부에 제시된다.

(3) 풀이 과정 자세히 보기
도입부에서 요금이 잘못 청구되었음을 지적하고 있다.

195. (B)

파버 씨는 그녀가 이용한 서비스에 대해 무엇이라고 언급했는가?
(A) 그녀는 광고의 세부 사항을 잘못 이해했다.
(B) 그녀는 페이리스사가 대여 비용을 잘못 청구했다고 생각한다.
(C) 그녀는 회사가 제공한 서비스에 만족하고 있다.
(D) 그녀는 문제를 해결하기 위해 본사에 방문하는 것에 동의했다.

문제 유형 진위 추론하기

(1) 문제가 지시하는 지문 읽기
파버 씨의 의견을 묻고 있으므로 세 번째 지문을 참조한다.

(2) 보기와 지문 비교
세 번째 지문에서 글쓴이는 비용이 잘못 청구되었음을 지적하고 있다.

196~200

글의 유형 지문1: 제안서, 지문2: 회람, 지문3: 기사

해석과 구문 확인하기

수신: 그레이엄 타카노라
발신: 아돌프 바이스
제목: 떨어지는 판매를 막기 위한 제안

아시다시피 사실상 우리 모든 소매 대리점에서 매출액이sales figures 지난 4개월간 느리지만 꾸준히 떨어져decline slowly but steadily 왔습니다. 이 추세를 반전시키기reverse this trend 위해, ¹⁹⁶ 저는 직원들이 더 많은 거래를 성사시킬 수 있도록 자극할 motivate employees to close more deals 새로운 방식을 제시해야 한다고 제안합니다. 현재 우리 영업 사원들은 200달러 이상의 판매에 대해서만 5%의 수수료commission를 받을 뿐인데, 이는 값이 비싼 상품big ticket items의 판매를 장려하는 정책입니다. ¹⁹⁷ 그러나 최근 경제 침체recent economic downturn로 높은 정가표의 상품들은 사람들이 사실 구매하지 않고 있으며, 호경기 때가 돌아올 때까지boom times return 소비자들이 그런 구매를 미루는 경향tend to hold off입니다.

한편 사람들은 일상생활의 가전제품everyday appliances이나 기타 가정용 제품은 여전히 필요하므로, 소비자들이 좀 더 작은 고급품에서 만족감을 느끼고 싶어하는by indulging in smaller luxuries 것이 당연합니다. ^{196&199} 이에, 저는 영업 사원들에게 50달러 이상의 모든 판매에 대해 5%의 수수료를 제공함으로써, 그들이 이러한 제품의 판매에 집중하도록 장려할 것을 제안하는 바입니다. 이러한 변화는 틀림없이 직원들이 더 만족하고 자극받게 할 것이며, 이는 판매에 있어서 분명한 변화를 가져올lead to a clear increase 것입니다.

아돌프 바이스 올림

수신: 전 영업 담당 직원all Sales Personnel
제목: 수수료 정책 변경

빅 마트의 수수료 정책이 7월 1일부로 변경됩니다. ¹⁹⁹ 수수료율이 5%에서 4%로 줄어들 것입니다. 하지만 이에 대한 보상compensate으로, 200달러 이상의 판매에 대해서만이 아닌, 50달러 이상의 모든 판매에 대해 수수료를 받게 될 것입니다. 판매가 현 수준을 유지한다고 가정하면, 전 영업 직원의 실소득은 대충 비슷한 수준이 될 remain at current levels 것입니다. 예전과 마찬가지로, 판매가 증가하면 급여 역시 증가합니다. 결과적으로 이런 새 체계로 여러분은 더 광범위한 제품의 판매를 늘림으로써 가장 큰 혜택을 보게 될 것입니다. 이러한 정책 변경으로 여러분이 판매 기술 salesmanship을 유례없이 높은 수준으로 ¹⁹⁸ 올릴 수 있기를 기대하는 바입니다. 행운을 빕니다.

그레이엄 타카노라

빅 마트가 성장세로 돌아서다

벤 클라크

200 빅 마트가 2015년 하락 이후 내년에는 수익이 약간 성장modest revenue growth할 것으로 전망했다. 빅 마트는 2015년에 힘든 시기를 보냈다. 2016년 3월 31일에 종료되는 12주의 기간 동안의 매출이 2015년 1월 이후로 처음으로 성장세로 돌아섰으며, 이는 작년 이 시기와 비교했을 때compared to this time last year 0.2% 높은 수치이다.

재정 전문가와 함께 연례 회의를 주최한host its annual meeting 이 회사는 또한 주식 배당금이 증가했다는dividend increase 사실도 알렸다. 빅 마트의 최고 경영자인 데이브 루이스는 2015년의 3천4백10만 달러의 수익을 올렸다는 것을 언급하면서 회의를 시작했다kick off the meeting with remarks. 빅 마트는 수익의 대부분을 주요 가정용 가전제품에서 올렸다. 루이스 씨는 tv 요리 프로그램의 성장세rising trend에 따라 2016년에는 가정과 주방용 가전기기들에 대한 높아진 수요가 있기를 바란다고 말했다. 그는 또한 경기 침체가 계속되고 있음에도 불구하고 빅 마트가 성장할 수 있었던 것은 시장 변화에 대처하기 위한 즉각적인 조치prompt measure와 모든 직원들의 헌신 때문이라는 것을 강조했다.

196. (C)
바이스 씨가 제안하는 것은?
(A) 200달러 이상의 품목에 대한 수수료율을 높이는 것
(B) 좀 더 작은 고급 제품의 판매를 늘리지 못하는 영업 사원들을 해고하는 것
(C) 영업 사원들이 수수료를 받을 수 있는 품목의 범위를 늘리는 것
(D) 동기 부여를 받은 것으로 확인된 영업 사원들에게만 보상하는 것

문제 유형 글의 주제/목적 찾기

(1) 문제가 지시하는 지문 읽기
바이스 씨가 쓴 글인 첫 번째 글을 참조한다.

(2) 글의 구조 분석하기
바이스 씨가 제안하는 것을 묻고 있는데 이는 주제와 밀접한 관련이 있다. 글 전체를 읽고 글쓴이의 주장을 포괄할 수 있는 보기를 고른다.

(3) 풀이 과정 자세히 보기
수수료율을 유지하되 수수료를 받을 수 있는 금액을 낮춰 값이 비싼 상품 이외의 제품들의 판매를 높일 수 있도록 하는 정책을 제안하고 있다.

197. (B)
바이스 씨가 가격이 높은 품목 판매가 증가할 것으로 생각하는 시기는?
(A) 더 많은 영업 사원이 채용될 때
(B) 경제가 좋아질 때
(C) 가격이 내려갈 때
(D) 수수료가 배제될 때

문제 유형 세부 정보 확인하기

(1) 문제가 지시하는 지문 읽기
바이스 씨의 의견을 묻고 있으므로 첫 번째 지문을 참조한다.

(2) 문제-지문 keyword matching
경기가 회복 될 때까지 비싼 제품의 구매를 미루는 경향이 있다고 하였으므로 (B)가 정답이다.

198. (B)
회람의 8행에 있는 '오르다'라는 단어와 의미상 가장 가까운 것은?
(A) 무게를 재다
(B) 오르다
(C) 논쟁하다
(D) 판매하다

문제 유형 유의어 찾기

(1) 문제가 지시하는 지문 읽기
회람의 어휘 scale의 문맥상 의미를 묻고 있으므로 두 번째 지문을 참조한다.

(2) 문맥상의 의미 해석하기
수수료 정책 변경이 판매 기술을 유례없이 높은 수준으로 올릴 수 있을 것이라는 맥락으로 말하고 있다.

199. (D)
성색이 바이스 씨의 제안과 다른 점은?
(A) 수수료가 모든 판매에 대해 지급될 것이다.
(B) 높은 가격의 제품에는 영향을 미치지 않는다.
(C) 사원이 영업 할당량을 충족시켜야 할 것이다.
(D) 수수료율이 떨어질 것이다.

문제 유형 세부 정보 확인하기
(1) 문제가 지시하는 지문 읽기
바이스 씨의 제안과 정책을 비교하는 글이므로 첫 번째, 두 번째 지문을 참조한다.

(2) 문제-지문 keyword matching
제안서에서는 5%의 수수료율을 유지한 채 수수료를 받을 수 있는 판매 금액을 50달러 이상으로 낮추자고 제안했지만, 회람에서는 수수료율을 4%로 낮추었다.

200. (B)
빅 마트에 대해 사실인 것은?
(A) 파산 위기를 해결하기 위해 연례 회의를 열었다.
(B) 이번 분기에 약간의 수익이 증가했다.
(C) 실적이 떨어지는 직원들에게 일을 그만둘 것을 요구했다.
(D) 임금을 줄이기 위해 새 정책을 실시했다.

문제 유형 진위 추론하기
(1) 문제가 지시하는 지문 읽기
빅 마트에 대한 진술 중 사실인 것을 고르는 문제이므로 세 지문을 모두 읽고 푸는 것이 좋다.

(2) 보기와 지문 비교
세 번째 지문의 첫 문단에서 이번 분기에 판매 실적이 증가했음을 명시했다. 새로운 정책은 판매를 증가시키기 위한 것으로 (D)는 답이 될 수 없다.

KEY 01 입사 지원서

Short Quiz

Q1. Applicants should submit their résumé and **cover letter** by October 1.
지원자는 이력서와 자기소개서를 10월 1일까지 제출해야 한다.

Q2. **Previous** experience is a definite asset, but not required.
이전 경력은 유리한 조건이기는 하지만 필수 사항은 아닙니다.

Q3. Mr. Hudson earned a **master's degree** in international relations.
허드슨씨는 국제 관계학에서 석사 학위를 취득했다.

KEY 02 면접 결과 기다리기

Short Quiz

Q1. I hope to hear from you soon regarding my **application**.
제 지원 상황에 대해 곧 소식을 들을 수 있기를 바랍니다.

Q2. Interested **applicants** should e-mail a résumé and cover letter.
관심이 있는 지원자는 이력서와 자기 소개서를 이메일로 보내 주십시오.

Q3. Thank you for inviting me to interview for the position of instructor in your **department**.
귀 학과의 강사 자리에 면접을 볼 수 있게 해 주셔서 감사 드립니다.

KEY 03 채용 공고, 지원 & 면접

Short Quiz

Q1. Applicants must be prepared to **commit** to one-year contract.
지원자는 1년 계약을 약속할 준비가 되어 있어야 합니다.

Q2. Knowledge of Korean, Chinese, or Japanese is an **asset**, but not necessary.
한국어, 중국어, 일본어를 알고 있다면 장점이 되겠지만, 필수 사항은 아닙니다

Q3. We are pleased to inform you that you have been **selected** for an interview.
귀하가 면접 대상자로 선정되었다는 것을 알려드리게 되어 기쁩니다.

KEY 04 고용 계약서

Short Quiz

Q1. Your **salary** will be $32,000 per year.
급료는 연 32,000달러가 될 것입니다.

Q2. Your **paid vacations** will be 15 working days per year.
유급 휴가는 근무일 기준 연 15일입니다.

Q3. The Company may decide to offer you a permanent **contract**.
회사는 당신에게 정규직 계약을 제안할 수도 있습니다.

KEY 05 인사 이동

Short Quiz

Q1. I know you wanted the **promotion** to a director.
당신이 부장으로 승진하기를 원했다는 것을 알고 있습니다.

Q2. I greatly appreciate the hard work and **commitment** you have shown.
당신이 보여준 근면과 헌신에 감사 드립니다.

Q3. The employee is required to give a **notice** in writing four weeks earlier.
직원은 4주 전에 서면으로 공지할 것을 요청 받습니다.

KEY 06 새 부서장 안내 & 공지

Short Quiz

Q1. Hopefully, you can **smooth** things over.
문제를 잘 해결하실 것을 기대합니다.

Q2. Your **predecessor** made some serious missteps.
당신의 전임자가 몇 가지 중대한 실수를 저질렀습니다.

Q3. But in this case we need you to **take over** and start immediately.
하지만 이번 경우에는 이어받아 바로 일을 시작하시기를 원합니다.

KEY 07 안내 편지

Short Quiz

Q1. We refer to your complaint letter of 14 December 2016.
2016년 12월 14일에 보내신 항의 편지를 참조 하였습니다.

Q2. We hope that this will settle the matter to your full satisfaction.
저희는 이 문제가 잘 해결되어 귀하께서 완전히 만족하시기를 바랍니다.

Q3. We investigated the situation and found that it was damaged during delivery process.
저희는 그 상황을 조사했고, 배송 과정 중에 손상되었다는 것을 발견했습니다.

KEY 08 보고서 피드백

Short Quiz

Q1. You could make the report stronger by adding a section.
한 부분을 추가하면 보고서를 보다 설득력 있게 만드실 수 있을 것입니다.

Q2. If you're interested, I will compile a full report by the end of the week.
만일 관심이 있으시다면 제가 이번 주말까지 정식 보고서를 작성하겠습니다.

Q3. I would recommend you to revise or replace those ads to convey a sense of energy.
저는 생동감을 전달할 수 있도록 그 광고를 수정하거나 교체할 것을 추천합니다.

KEY 09 항의, 웹 채팅 & 대책

Short Quiz

Q1. I got through to one of your service agents.
저는 귀사의 서비스 직원 한 명과 연결이 되었습니다.

Q2. The notice is proposed to respond to the recent complaint raised by a customer.
이 공지사항은 한 고객으로부터 제기된 최근의 불만에 대응하기 위해 제안되었다.

Q3. I am writing this e-mail to let you know how unpleasant I am with your service hotline.
귀사의 고객 서비스 긴급 전화에 제가 얼마나 불쾌했는지 알려드리고자 이 편지를 씁니다.

KEY 10 기업의 인수와 합병

Short Quiz

Q1. This merger is a critical milestone in our firm's strategy.
이번 합병은 저희 회사의 전략에 있어서 대단히 획기적인 사건입니다.

Q2. The transaction is expected to close in the next quarter.
이 거래는 다음 분기에 끝날 것으로 예상된다.

Q3. The Colton Corporation agreed to acquire L&G Corporation from GynCorp.
콜튼이 진으로부터 L&G를 인수하는 데에 동의했다.

KEY 11 박람회 초대장

Short Quiz

Q1. Sorry you couldn't make it on the day of the trade fair.
무역 박람회가 열린 날 참석하지 못하셔서 안타깝습니다.

Q2. It is a special opportunity to form new partnerships.
이것은 새로운 동업관계를 형성할 수 있는 흔치 않은 기회입니다.

Q3. As a leading software provider, you will be well aware of the importance.
선두적인 소프트웨어 공급 업체로서 그 중요성을 잘 아실 것입니다.

KEY 12 회의록 & 이메일

Short Quiz

Q1. I'd say the Durbin project is shaping up rather nicely.
더빈 프로젝트는 잘 진행되고 있는 편이라고 말할 수 있습니다.

Q2. We are not prepared to do it unless they are prepared to go over budget.
그들이 예산을 검토하지 않는 한 우리는 이것을 할 준비가 되어 있지 않습니다.

Q3. This seems to be rooted in misunderstanding arising from cultural expectations.
이는 문화적 차이에서 생긴 오해에 원인이 있는 것으로 보입니다.

KEY 13 홈페이지

Short Quiz

Q1. Sign up now and receive a free e-mail address!
지금 등록하시고 무료 이메일을 받아가세요.

Q2. To get one of our online discounts, visit our website.
온라인 할인을 얻으려면, 저희 웹사이트를 방문해 주세요.

Q3. The latest model is capable of storing up to three gigabytes of pictures and videos.
최신 모델은 사진과 동영상을 3기가바이트까지 저장할 수 있다.

KEY 14 기업의 성공 요인

Short Quiz

Q1. The policy leads to a clear increase in sales.
그 정책은 매출액의 확실한 증가를 가져올 것이다.

Q2. Competitors have posted multi-million dollar losses year after year.
경쟁업체들은 매년 수백만 달러의 손실을 발표해 오고 있다.

Q3. Sales figures have been declining slowly over the past four months.
매출액이 지난 4개월 동안 천천히 감소해오고 있다.

KEY 15 컨설팅 광고, 의뢰 & 가격표

Short Quiz

Q1. We should arrange a meeting as soon as possible.
우리는 가능한 빨리 회의 준비를 해야 합니다.

Q2. My furniture retail company has a website and a mail-order catalog.
저의 가구 소매 회사는 웹사이트와 통신 판매용 목록을 갖고 있습니다.

Q3. We help people install, upgrade, and enhance their computer systems.
저희는 컴퓨터 시스템 설치와 갱신, 그리고 향상시키는 일을 돕습니다.

KEY 16 학회 프로그램

Short Quiz

Q1. I'll brief you in full detail tomorrow as soon as the office opens.
내일 사무실이 열리자마자 모든 자세한 사항을 요약해서 설명해 드리겠습니다.

Q2. Our final address will be given by renowned author, Stuart Cunningham.
마지막 연설은 유명 작가인 스튜어트 커닝엄씨가 하실 것입니다.

Q3. An experienced energy consultant will lead a discussion on the current energy issues.
경력이 많은 에너지 자문이 현재 에너지 문제에 대한 토론을 이끌 것입니다.

KEY 17 새로운 기술 개발

Short Quiz

Q1. The A.I. lacks any of the traits necessary to make it sentient.
인공지능은 지각이 있도록 만드는 특질은 가지고 있지 않다.

Q2. It has no control over any combat robots capable of actually harming people.
이것은 실제로 사람을 해칠 수 있는 전투 로봇을 조종할 능력은 없다.

Q3. Dyne CyberSystems is revolutionizing the way that the military carries out its operations.
다인 사이버시스템즈는 군의 작전 수행 방식에 혁신을 일으키고 있다.

KEY 18 최신 제품 광고 & 리뷰

Short Quiz

Q1. The Bluberry F is the most sophisticated cell phone in the world.
블루베리 F는 세계에서 가장 고성능의 휴대폰 입니다.

Q2. The device is the centrepiece of the launch presided over by Zach Epstein.
그 장치는 자크 앱스타인에 의해 주도된 신제품 출시의 가장 중요한 항목입니다.

Q3. The technical specs are accurate enough, but its quality are clearly exaggerated.
기술적인 사양은 정확하지만 이것의 품질은 분명 과장되어 있습니다.

KEY 19 연체 알림과 독촉

Short Quiz

Q1. We call your attention to the enclosed account statement.
첨부된 거래 명세서를 봐 주시기를 바랍니다.

Q2. Your annual subscription to the club due on July 1 still remains unpaid
7월 1일이 마감인 연간 구독료가 아직 납부되지 않았습니다.

Q3. Your membership may be cancelled if the subscriptions for two successive months are not paid.
두 달간 연속적으로 구독료를 납부하지 않으시면 회원 자격이 취소될 것입니다.

KEY 20 송장

Short Quiz

Q1. The total due is one thousand nine hundred dollars with sales tax.
총 지불금액은 판매세를 포함하여 천구백 달러입니다.

Q2. A copy of the invoice is enclosed with the package.
송장의 복사본 한 부가 소포에 동봉되었습니다.

Q3. Kill Them Off sells pesticides, and they ship to American and foreign post office address.
킬뎀오프사는 살충제를 판매하며 미국과 전세계 주소지로 배송해 드립니다.

KEY 21 광고, 제품 주문서 & 항의

Short Quiz

Q1. Ms. Mrill asked Ms.Kavett to refund her money right away.
메릴 씨는 카벳 씨에게 그녀의 즉시 돈을 환불해 줄 것을 요청했다.

Q2. I would appreciate it greatly if you would resolve this matter.
이 문제를 해결해 주시면 감사하겠습니다.

Q3. Our items are priced 30% off the regular price during the special promotion.
저희 제품은 이 특별 행사 동안에 정가에서 30% 할인 됩니다.

KEY 22 보수 공사 알림

Short Quiz

Q1. The cafeteria will remain open during the renovation period.
카페테리아는 보수 기간 동안에 계속 영업할 것입니다.

Q2. We hope to have the first phase of the renovations completed by mid-March.
수리의 첫단계가 3월 중순까지 완료되기를 바랍니다.

Q3. The planned renovations to the sports complex will commence next week.
예정되어있는 스포츠 단지의 수리는 다음 주에 시작할 것입니다.

KEY 23 도시 계획에 대한 항의

Short Quiz

Q1. He approved the motion through the council meeting in a single session.
그는 지방 의회 회의에서 한 번의 회의만으로 법안을 승인했습니다.

Q2. The mayor is attempting to make this happen with a minimum consultation.
시장은 이를 최소한의 협의만으로 이루어지도록 하려고 하고 있습니다.

Q3. The committee is calling on people to meet at the park to protest the mayor's decision.
위원회는 시장의 결정에 반대하기 위해 사람들이 공원에서 모일 것을 촉구합니다.

KEY 24 입찰 공고 & 건축제안서

Short Quiz

Q1. The first floor will **house** the lobby and lounge.
1층에는 로비와 라운지를 수용할 것입니다.

Q2. This is a **proposal** submitted to Frump Industries, Inc.
이것은 프럼프 산업 주식회사에 제출하는 제안서입니다.

Q3. All offices are built on only the window side of the **corridors**.
모든 사무실이 복도의 창가 쪽으로만 지어질 것입니다.

KEY 25 사내 스포츠 팀 창단

Short Quiz

Q1. We are starting a softball team and **joining** a local softball league.
우리는 소프트볼 팀을 출범시켜 이 지역 소프트볼 리그에 가입하려고 합니다.

Q2. The company is finally in a position to afford to create and **sponsor** a team.
회사에서는 마침내 팀을 창설하여 후원할 수 있는 상황이 되었습니다.

Q3. This has been proposed by many employees as a way to **boost** employees' morale.
이것은 직원들의 사기를 북돋울 수 있는 방법으로 많은 직원들에 의해 제안되었습니다.

KEY 26 공연 단체 관람

Short Quiz

Q1. The famous "Holmes and Watson Murder Mystery **Dinner**" has come to Sydney.
유명한 "홈즈와 왓슨의 살인 미스터리 만찬"이 시드니에 왔습니다.

Q2. We are trying to organize a trip to the **performance** on Monday, October 25.
저희는 10월 25일 월요일에 공연에 갈 준비를 하려고 합니다.

Q3. The company will **cover** the cost of the tickets for any employee who signs up.
등록하는 직원의 표 값은 회사에서 부담할 것입니다.

KEY 27 여행 광고, 안내 & 신청서

Short Quiz

Q1. Try one of our weeklong **fabulous** cruises.
일주일간의 근사한 크루즈 휴가 여행 중 하나를 체험해 보십시오.

Q2. Your regular insurance provider can likely offer you any **supplementary** coverage.
귀하의 정규 보험 제공업체는 추가의 보장 사항을 제공할 수 있을 것입니다.

Q3. Now couples can enjoy a cruise to any of our major **destinations** for only $225/night.
이제 부부는 하룻밤에 단돈 225달러로 주요 여행지 어디든 크루즈를 즐기실 수 있습니다.